Informatik – Fachberichte

Band 22: Kommunikation in verteilten Systemen. Workshop der Gesellschaft für
Informatik e.V.. Herausgegeben von S. Schindler und J. Schröder. VIII, 338 Seiten. 1979.

Band 23: K.-H. Hauer, Portable Methodenmonitoren. XI, 209 Seiten. 1980.

Band 24: N. Ryska, S. Herda: Technischer Datenschutz. Kryptographische Verfahren
in der Datenverarbeitung. V, 401 Seiten. 1980.

Band 25: Programmiersprachen und Programmierentwicklung. 6. Fachtagung, Darmstadt,
1980. Herausgegeben von H.-J. Hoffmann. IV, 236 Seiten. 1980.

Band 26: F. Gaffal, Datenverarbeitung im Hochschulbereich der USA. Stand und Entwicklungstendenzen. IX, 199 Seiten. 1980.

Band 27: GI-NTG Fachtagung, Struktur und Betrieb von Rechensystemen. Kiel,
März 1980. Herausgegeben von G. Zimmermann. IX, 286 Seiten. 1980.

Band 28: Online-Systeme im Finanz- und Rechnungswesen. Anwendergespräch, Berlin,
April 1980. Herausgegeben von P. Stahlknecht. X, 547 Seiten, 1980.

Band 29: Erzeugung und Analyse von Bildern und Strukturen. DGaO – DAGM Tagung,
Essen, Mai 1980. Herausgegeben von S. J. Pöppl und H. Platzer. VII, 215 Seiten. 1980.

Band 30: Textverarbeitung und Informatik. Fachtagung der GI, Bayreuth, Mai 1980.
Herausgegeben von P. R. Wossidlo. VIII, 362 Seiten. 1980.

Band 31: Firmware Engineering. Seminar veranstaltet von der gemeinsamen Fachgruppe
„Mikroprogrammierung" des GI Fachausschusses 3/4 und des NTG-Fachausschusses 6
vom 12. – 14. März 1980 in Berlin. Herausgegeben von W. K. Giloi. VII, 295 Seiten. 1980.

Band 32: M. Kühn, CAD Arbeitssituation. VII, 215 Seiten. 1980.

Band 33: GI – 10. Jahrestagung. Herausgegeben von R. Wilhelm. XV, 563 Seiten. 1980.

Band 34: CAD-Fachgespräch. GI - 10. Jahrestagung. Herausgegeben von R. Wilhelm. VI,
184 Seiten. 1980.

Band 35: B. Buchberger, F. Lichtenberger: Mathematik für Mathematiker I. Die Methode der
Mathematik. XI, 315 Seiten. 1980.

Band 36: The Use of Formal Specification of Software. Berlin, Juni 1979. Edited by H. K. Berg
and W. K. Giloi. V, 388 pages. 1980.

Band 37: Entwicklungstendenzen wissenschaftlicher Rechenzentren. Kolloquium Göttingen,
Juni 1980. Herausgegeben von D. Wall. VII, 163 Seiten. 1980.

Band 38: Datenverarbeitung im Marketing. Herausgegeben von R. Thome. VIII, 377 pages.
1981.

Band 40: Kommunikation in verteilten Systemen. Herausgegeben von S. Schindler und
J.C.W. Schröder. IX, 459 Seiten. 1981.

Band 41: Messung, Modellierung und Bewertung von Rechensystemen. GI-NTG Fachtagung. Jülich, Februar 1981. Herausgegeben von B. Mertens. VIII, 368 Seiten. 1981.

Band 42: W. Kilian, Personalinformationssysteme in deutschen Großunternehmen. XV,
352 Seiten. 1981.

Band 43: G. Goos, Werkzeuge der Programmiertechnik. VI, 262 Seiten. 1981.

Informatik-Fachberichte

Herausgegeben von W. Brauer
im Auftrag der Gesellschaft für Informatik (GI)

43

Werkzeuge
der Programmiertechnik

GI-Arbeitstagung
Karlsruhe, 16. – 17. März 1981
Proceedings

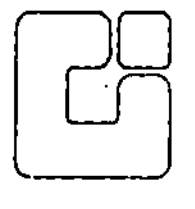

Herausgegeben von G. Goos

Springer-Verlag
Berlin Heidelberg New York 1981

Herausgeber

Gerhard Goos
Institut für Informatik II
der Universität
Postfach 6380
7500 Karlsruhe

AMS Subject Classifications (1979):
CR Subject Classifications (1980): 4.0, 4.6

ISBN-13: 978-3-540-10725-5   e-ISBN-13: 978-3-642-68064-9
DOI: 10.1007/978-3-642-68064-9

Vorwort

In diesem Band sind die Vorträge zusammengestellt, die auf der Tagung
"Werkzeuge der Programmiertechnik" am 16./17. März 1981 in Karlsruhe
gehalten wurden. Die Tagung kam zustande auf Anregung des FA 3/4
der GI "Rechnerorganisation und Betriebssysteme" und wurde vom FA 2
der GI "Programmiersprachen" unterstützt, der jetzt für die Betreuung
des Themas Software Engineering zuständig ist. Das spezielle Thema
"Werkzeuge der Programmiertechnik" wurde gewählt, um eine Gelegenheit
zu schaffen, den heutigen Stand der Diskussion im Bereich des Software
Engineering zu erfassen, der vielfach aus dem Stadium der Methodendis-
kussion in das Stadium der handfesten Unterstützungsprogramme für die
Software-Entwicklung getreten ist.

Das Programmkomitee, bestehend aus den Herren

        Dr. A. Endres, IBM
        Prof. Dr. G. Goos, U Karlsruhe
        Prof. Dr. J. Griese, U Dortmund
        Dr. G. Heldmann, Softlab
        Dipl.-Ing. D. Meysing, Bayer AG
        Prof. Dr. J. Nehmer, U Kaiserslautern
        Prof. Dr. G. Seegmüller, TU München
        Dr. H. Strunz, mbp
        Dr. J. Witt, Siemens
        Dipl.-Phys. P. Wüsten, Siemens

hatte die erfreuliche, wenn auch mühsame Aufgabe, aus insgesamt 33
eingereichten Vortragsmeldungen die hier abgedruckten 14 Beiträge
auszuwählen. Um die Aktualität der "Arbeits"-Tagung zu gewährleisten,
mußte dies sowie die Fertigstellung der endgültigen Manuskripte in
verhältnismäßig kurzer Zeit erfolgen.

Die Veranstalter danken den Vortragenden, den Gutachtern und allen,
die zum Gelingen der Tagung beigetragen haben. Schließlich gilt unser
Dank dem Springer Verlag, der die Herstellung dieses Tagungsbandes in
außergewöhnlich kurzer Zeit ermöglichte.

Karlsruhe, im Februar 1981   G. Goos

I n h a l t

SOFTWARE-PRODUKTIONS-UMGEBUNGEN:

ENTWICKLUNGSSTAND UND TRENDS

H.L. Hausen und M. Müllerburg

Institut für Software-Technologie
Gesellschaft für Mathematik und Datenverarbeitung mbH
Schloß Birlinghoven
D-5205 St. Augustin 1

Zusammenfassung

Es wird ein Überblick über Software-Produktions-Umgebungen gegeben. Grundlage hierfür sind ca. 20 solcher Systeme, die aus etwa 75 Hilfs- mitteln für die Software-Entwicklung ausgewählt wurden. Die Untersu- chung der Systeme orientiert sich am Fragenkatakog, der für das Sym- posion on Software Engineering Environments [Hünk81] erstellt wurde. Diskussionsthemen sind: Motivation und Ziel, Anwendungsbereiche, Werk- zeuge und Funktionen, Konzepte, Entwicklung und Nutzung von Software- Produktions-Umgebungen. Dabei wird der heutige "Stand der Kunst" darge- legt, und Mängel werden aufgezeigt: Z.B. fehlen adäquate Modelle für die Entwicklung und Anwendung von Software, und mögliche Auswirkungen der Anwendung von Software-Systemen werden bei der Entwicklung nicht genügend berücksichtigt.

Schlagwörter

Software-Produktions-Umgebung, Programmier-Umgebung, Software- Produktion, Software-Management, Produktkontrolle, Produktionskontrol- le, Automatisierung der Software-Produktion

Inhaltsverzeichnis

1 EINLEITUNG

Die hier vorgestellten Ergebnisse beruhen auf einer Untersuchung von etwa 20 Ansätzen zu Software-Produktions-Umgebungen, abgekürzt SPUen [Haus81c]. Diese Ergebnisse wurden beeinflußt vom "Symposium on Software Engineering Environments (S^2E^2)", das von der GMD im Juni 1980 in Lahnstein veranstaltet wurde [Hünk81]. Die ausgewählten Systeme (sowie die Auswahlkriterien) werden im Anhang A kurz beschrieben. Außerdem enthält dieser Anhang die im Text verwendeten Abkürzungen für SPUen und für jede SPU Literaturhinweise.

1.1 Bedeutung des Begriffs Software-Produktions-Umgebung

Der Begriff Software-Produktions-Umgebung bezeichnet ein instrumentiertes und organisiertes Software-Entwicklungs-Laboratorium, in dem viele Personen arbeiten, um gemeinsam in einem vollständig organisierten Arbeitsprozeß Software zu entwerfen, zu konstruieren, zu prüfen, zu ändern und zu warten. Eine SPU bietet software-gestützte Modelle, Methoden, Verfahren, Beschreibungsmittel und Werkzeuge für diese Arbeit. SPUen unterstützen die Software-Entwicklung und -Anwendung dadurch, daß sie diese Mittel bereitstellen und dadurch daß sie die Handhabung dieser Mittel festlegen.

1.2 Geschichte der Software-Produktions-Umgebungen

Als Antwort auf die Software-Krise wurde Ende der 60er Jahre die Disziplin Software-Technologie (Software engineering) eingeführt. Damals wurde Software-Produktion verstanden als das Entwerfen und Dokumentieren von Programmen. Beides sollte verbessert werden durch methodisches Vorgehen bei Strukturierung und Dokumentation von Programmen. Inzwischen ist der Aufgabenbereich der Software-Produktion gewachsen: Anforderungsanalyse, Spezifikation von Problem und Software sowie Verifikation und Validation von Software werden heute ebenfalls als Entwicklungsaufgaben angesehen. Außerdem wird dem Management der Software-Produktion und der Organisation von Entwicklergruppen ein besonderes Gewicht beigemessen. Erkennbar ist heute bereits die Notwendigkeit, die Auswirkungen der Anwendung eines Systems schon während seiner Entwicklung zu beachten. Der Einsatz eines Computer-Systems beeinflußt nicht nur die Arbeitsbedingungen des einzelnen Benutzers an seinem Arbeitsplatz, er kann unter Umständen die gesamte Organisation verändern, in der es verwendet wird. Betroffen sind aber nicht nur diejenigen, die mit einem Computer-System arbeiten müssen, sondern auch diejenigen, für die z.B. Dienstleistungen mit Computerhilfe erbracht werden. Eine mögliche Auswirkung ist die, daß eine Rechnung nicht mehr lesbar ist.

In Übereinstimmung mit diesem wachsenden Aufgabenbereich werden neue und komplexere Instrumente entwickelt, die nicht nur den einzelnen Software-Entwickler unterstützen, sondern auch die Planung und Organisation großer Software-Projekte. Angesichts dieser Geschichte ist verständlich, daß die früheren Programmierwerkzeuge zu Programmier-Umgebungen erweitert wurden (einschließlich Sprachprozessoren und speziell zugeschnittenen Editoren), denen heute Software-Produktions-Umgebungen folgen.

SPUen sind nicht etwa Spielzeuge für "verrückte Software-Fetischisten": Ansätze zu SPUen sind bereits erfolgreich eingesetzt worden, und man braucht sie heute in vielen Bereichen, um Entwicklung und Nutzung von Software rational zu gestalten. Der Bedarf in diesen Bereichen ist verschieden:

• Im industriellen Bereich werden Instrumente gebraucht, die die Lösung
  spezieller Produktionsprobleme erleichtern.
• Im Forschungsbreich verwendet man SPUen als Vehikel zum Experimentieren, d.h. zum Ausprobieren und Überprüfen wissenschaftlicher Ideen.
• Im öffentlichen Bereich möchte man Normen für Softwareprodukte durch-
  setzen und benötigt dafür Systeme, die die Softwareproduktion und die
  Software entsprechend kontrollieren.

1.3 Was sollen Software-Produktions-Umgebungen leisten?

SPUen sollen Modelle, Methoden, Beschreibungsmittel und Werkzeuge für
die verschiedenen Aufgaben der Software-Entwicklung und -Nutzung anbieten; sie sollen somit Fachabteilung, DV-Abteilung und Management unterstützen. Die Aufgaben der Software-Produktion sind:
• Software-Management,
  d.h. Planung, Organisation und Kontrolle von Projekten;
• Software-Produktion und -Kontrolle,
  d.h. Anforderungsanalyse, Systementwurf und -Konstruktion sowie Wartung; hierzu gehört auch die Produktkontrolle oder Qualitätssicherung
  und -Kontrolle;
• Software-Anwendung und Anwendungsvorbereitung,
  d.h. auch Antizipation möglicher Auswirkungen und Partizipation der
  Benutzer und Betroffenen.

In den folgenden Kapiteln werden einige Aspekte ausführlich diskutiert, die für die Beurteilung des Entwicklungsstandes von SPUen wichtig sind.

2 MOTIVATION UND ZWECK DER SOFTWARE-PRODUKTIONS-UMGEBUNGEN

Allgemeine Ziele bei der Erstellung und Anwendung von SPUen sind:
• Rationalisierung,
  nämlich Kostenreduzierung und Produktivitätssteigerung,
• Standardisierung und Normung,
  sowie nicht zuletzt
• Verbesserung der Qualität von Software.

2.1 Unterscheidung der Motivationen

Die Motivationen, SPUen zu entwickeln oder zu verwenden, unterscheiden
sich entsprechend der speziellen Umwelt des Herstellers oder Benutzers:
• in der Industrie: Handhabung großer Produktionsprojekte,
• im Forschungsbereich: Bereitstellung eines Forschungsvehikels für
                            die Untersuchung und Demonstration neuer
                            Forschungsergebnisse und
• im öffentlichen Bereich: Standardisierung und Normung von Produkten
                            und Produktionsverfahren, um bestimmte
                            Qualitätsmerkmale zu sichern.

In der Industrie müssen konkrete praktische Probleme bei der Produktion bewältigt werden. Bemerkenswert ist, daß verschiedene SPU-
Entwickler unterschiedliche Probleme der Software-Produktion als besonders kritisch empfinden. Die in der Industrie entstandenen SPUen sind
stark beeinflußt durch die Umgebung der DV-Abteilung sowie durch die
Branche, für die das jeweilige Werk arbeitet. In diesem Kontext der
SPU-Entwicklung ist Forschung zu Themen der Software-Produktion in erster Linie darauf ausgerichtet, zur Lösung der eigenen aktuellen
Schwierigkeiten beizutragen. Forschung wird hier auch durch die praktischen Probleme angeregt, die mit der Anwendung bestehender Software
verbunden sind.

Beispiele für industrielle SPUen sind CADES und AIDES:
- CADES wurde konstruiert, weil man die Entwicklung eines Betriebssystems für ein neues Computersystem rationalisieren wollte. In der ersten Entwicklungsphase übernahmen die Entwickler von CADES den TOPD-Ansatz aus Newcastle [Snow80] und fügten Funktionen für das technische Personal sowie Instrumente für das Management hinzu.
- AIDES wurde entwickelt, weil man die Handhabung umfangreicher Diagramme unterstützen wollte. Dieses Problem war beim AIDES-Hersteller aufgetreten, als die Entwurfs-Methode "Structured Design" (s.a. Composite Design; Myers, Yourdon, Constantine und Stevens) eingeführt wurde. Für AIDES wurden Werkzeuge für den Umgang mit großen Struktur-Diagrammen entwickelt. Instrumente kamen hinzu, mit denen Aussagen über die Qualität eines Software-Entwurfs möglich sein sollen. Die Entwicklung dieser Instrumente beruht auf Forschung auf dem Gebiet der Qualitätsmessung.

Die Ansätze im Forschungs- und Entwicklungsbereich sind durch andere Zielsetzungen geprägt. In fast allen akademischen SPU-Entwicklungen ist die wesentliche Motivation die, ein Mittel zu schaffen, mit dem Methoden, Modelle, Verfahren, Techniken oder Werkzeuge für Software-Produktions-Aufgaben laborartig entwickelt und erprobt werden können. Es wurden verschiedene Ansätze entwickelt, die jeweils auf einem speziellen Konzept (für einen bestimmten Aspekt der Software-Produktion) basieren (z.B. Sprache, Modellierungsprinzip). Typische Beispiele sind DREAM, COSY und DELTA/BETA. Eine ausführliche Erörterung einzelner· Aspekte dieser SPUen ist in den folgenden Kapiteln zu finden.

2.2 Ursprung der Ideen für Software-Produktions-Systeme

SPUen können auch durch die Ideen unterschieden werden, auf denen sie wesentlich beruhen. Solche Ideen (oder Ausgangspunkte) sind z.B. eine Methode der Software-Entwicklung, ein Sprachkonzept, eine "Sichtweise" oder ein Management-Verfahren. Dafür einige Beispiele:
- AIDES ist ein Beispiel für eine SPU, die auf einer speziellen Methode beruht, nämlich auf "Structured Design".
- Sprachkonzepte sind Ausgangspunkt für das CDL2-Lab, COSY und PDS:
  - Das CDL2-Lab beruht auf der Compiler Description Language CDL2.
  - Die grundlegende Idee von COSY ist, nicht-sequentielle Systeme mit Path-expressions zu beschreiben.
  - Basis von PDS ist die Sprache EL1, die durch die Forschung auf dem Gebiet der künstlichen Intelligenz (insbesondere automatische Programmsynthese) beeinflußt wurde.
- Ein besonderer Ansatz ist DELTA/BETA. In dieser SPU-Entwicklung wird die Rolle der Personen betont, die durch den Einsatz von Computer-Systemen betroffen sind. Grundlage für diesen Ansatz ist ein besonderer Systembegriff. Nach Nygaard [Nyga81] ist ein Computer- (oder Software-) System nur ein Teilsystem in einem umfassenden sozio-technischen System, das nicht zuletzt auch Menschen umfaßt.
- Software-Management ist das zentrale Thema in SDEM/SDSS. Diese SPU unterstützt Software-Management, das mit einem Projekt-lenkungsausschuß arbeitet. Der Produktionsprozeß wird durch einen detaillierten Life-cycle festgelegt. Für die technischen Komponenten wird Vorhandenes genutzt; so soll z.B. PSL/PSA (von ISDOS [Teich77]) übernommen werden.

3 ZIELE BEI DER ENTWICKLUNG VON SOFTWARE-PRODUKTIONS-UMGEBUNGEN

Die Ziele bei der Entwicklung von SPUen können grob unterteilt werden
in
* wissenschaftliche (oder Forschungs-) Ziele,
* technische (oder Produktions-) Ziele und
* wirtschaftliche (oder marktstrategische) Ziele.
Wissenschaftliche Ziele beherrschen die SPU-Entwicklung im Forschungsbereich. Technische Ziele gibt es sowohl in der Industrie als auch im
Forschungsbereich. Wirtschaftliche Ziele bestimmen die Entwicklung von
SPUen in der Industrie. Staatlich unterstützte SPU-Entwicklungen können
ebenfalls nach diesen Zielkategorien klassifiziert werden, da deren
Ziele nicht von von oben erwähnten Zielen abweichen.

3.1 Entwicklungen mit wissenschaftlichen Zielen

Im Bereich der Universitäten und Forschungsinstitute beherrschen wissenschaftliche Ziele die SPU-Entwicklungen. Hier werden Methoden zur
Systemkonstruktion ebenso entworfen und entwickelt wie System-
beschreibungssprachen und Werkzeuge zur Synthese und Analyse dieser
Beschreibungen. Als charakteristische Beispiele können COSY, DREAM,
GYPSY und das CDL2-Lab angeführt werden:
* COSY verwendet Path-expressions für die Definition nebenläufiger Pro-
  zesse. Es wurde eine Sprache geschaffen, die die Entwicklung nicht-
  sequentieller Systeme unterstützt. Dazu wurde eine neue Technik der
  Sprachdefinition entwickelt, nämlich die Spezifikation mittels Petri-
  Netzen [Brau80].
* In DREAM führte die Modellierung paralleler Systeme durch die Be-
  schreibung von Message-transfers zur Entwurfssprache DDN (DREAM
  Design Notation). Die Sprache erlaubt die Spezifikation eines Systems
  mit Event-expressions. Mit DDN soll man das Systemverhalten in der
  Entwurfsphase definieren können, ohne gleichzeitig die Implementie-
  rung festzulegen.
* GYPSY ermöglicht die Verifikation verteilter Softwaresysteme. Die Me-
  thode des Beweisens der Korrektheit von Programmen mittels induktiver
  Zusicherungen hat GYPSY in zweifacher Weise beeinflußt.
  Verifikationstechnik und Sprachkonzepte sind auf diese Methode ausgerichtet. Daneben wird die Verifikation mittels Zustandsmaschinen
  ebenso unterstützt wie algebraische Verifikation. In den Augen der
  GYPSY-Entwickler ist keine dieser Methoden den anderen überlegen.
  Offensichtlich möchte das GYPSY-Team mit der Verifikation kleiner Systeme experimentieren, indem kritische Funktionen einzelner
  Verifikationsansätze erprobt und die Ergebnisse zur Rechtfertigung
  der Benutzung des ausgewählten Verifikationsansatzes herangezogen
  werden.
* Mit dem CDL2-Lab sollte eine bequeme Umgebung für die Systementwicklung mit der Sprache CDL2 geschaffen werden. Basis ist hier der neue-
  ste Stand der Compiler-Compiler-Entwicklung. Die Anpassung der Techniken des Compilerbaus (z.B. Bootstrapping und Cross-Compiling) an
  die Erfordernisse der Systementwicklung scheint erfolgreich zu sein:
  Dieses System ist mehr als ein akademisches Spielzeug, erste industrielle Anwendungen finden statt.

3.2 Entwicklungen mit technischen Zielen

Als technische Ziele werden z.B. genannt: Verbesserung der Qualität von
Software und Verbesserung des Produktionsprozesses sowie Berücksichtigung der Anwendungsauswirkungen von SPUen auf die betroffene Organisation und die beteiligten Personen.
    Für das Ziel besserer Softwarequalität werden als Teilziele ge-
nannt: Verbesserung der Zuverlässigkeit sowie der Änderungs- und

Wartungsfreundlichkeit. ARGUS ist ein typisches Beispiel einer SPU, mit der solche Ziele erreicht werden sollen. Hier sollen auch Werkzeuge entwickelt werden, die es erlauben, Werkzeuge anzuwenden, die ihrerseits gestatten, Software mit solchen Qualitätsmerkmalen zu entwickeln.

Zur Verbesserung des Produktionsprozesses bieten einige SPU-Ansätze Life-cycle Modelle. Damit kann das Herstellungsverfahren organisiert und seine Instrumentierung festgelegt werden. SDEM/SDSS kann hier als typisches Beispiel angesehen werden; es bietet (sowohl für Manager als auch für technische Mitarbeiter) organisatorische Richtlinien und eine Menge von heterogenen Werkzeugen an.

Ein anderes technisches Ziel ist die Unterstützung von Methoden der Software-Entwicklung:

* Ein Ansatz wie PWB/UNIX, der eine Menge von Werkzeugen zur Verfügung stellt, hat dieses Ziel nicht; er ist methodenunabhängig.
* AIDES dagegen ist eine SPU, die speziell auf eine Methode zugeschnitten ist, nämlich auf "Structured Design".
* CADES kann man als Implementierung einer Methode auffassen; "Structural Modelling" wurde bereits vor der Entwicklung von CADES eingeführt, um die Produktion von Betriebssystemen bei ICL zu erleichtern.
* ARGUS ist der wohl ehrgeizigste Ansatz bezüglich der Methodenunterstützung: hier wird die Möglichkeit gefordert, abhängig von speziellen Benutzerwünschen, Methoden und entsprechende Werkzeuge auswählen zu können.

3.3 Entwicklungen mit wirtschaftlichen Zielen

Unter den wirtschaftlichen Zielen werden am häufigsten erwähnt: Produktionssteigerung, Kostenreduzierung, Produktionstransparenz und -kontrolle sowie Qualität von Software. Beispiele hierfür sind APSE, ARCTURUS, ARGUS, CADES, SDEM/SDSS und SWB. Allerdings ist nicht ersichtlich, wie diese Ziele im einzelnen erreicht werden sollen.

Bemerkenswert ist, daß SPUen nicht mit dem Ziel entwickelt werden, sie zu verkaufen — Ziel der Entwicklung ist vielmehr, die eigenen Schwierigkeiten zu bewältigen.

Bei den meisten Entwicklungen werden mehrere Ziele verfolgt, und fast immer sind diese Ziele widersprüchlich. Die Auflösung dieser Konflikte verlangt nach Prioritäten, und sie wird durch verschiedene Faktoren beeinflußt, wie z.B. durch den Anwendungsbereich, einen anderen Forschungsbereich (etwa Computer Aided Design, Computer Aided Instruction oder Artificial Intelligence), durch das Projektbudget oder häufig auch durch ein älteres System. Die meisten SPUen in den USA wurden durch das MUST-Projekt des US-Verteidigungsministeriums (US-DoD) beeinflußt; ASSET und SDS können hier stellvertretend genannt werden. Die beiden Ansätze, die am häufigsten als Vorgänger oder Modell außerhalb der DoD-Umgebung genannt werden, sind ISDOS (insbesondere PSL/PSA [Teic77]) und TOPD [Snow80].

4 ANWENDUNGSBEREICH VON SOFTWARE-PRODUKTIONS-UMGEBUNGEN

Der Anwendungsbereich hat, wie oben bereits erwähnt, wesentlichen Einfluß auf den Character einer SPU. Zu einer Diskussion der Anwendungsbereiche gehören auch die Frage nach dem Typ der Software, die mit einer SPU erstellt werden soll, und die Frage nach der Art der Anwendung einer SPU.

4.1 Typen von Anwendungsbereichen

In verschiedenen Bereichen der Industrie werden SPUen für rationa-
lisierte Software-Produktion eingesetzt. Fortschrittliche SPU-Ansätze
gibt es im militärischen Bereich (z.B. SDS) und in der Luftfahrt-
Industrie (z.B. ARGUS, AIDES). Auffällig ist ein lebhaftes Interesse
der energie-erschließenden Industrie an SPU-Ansätzen (insbesondere an
Expert systems), die die Entwicklung von sozio-technischen Systemen unterstützen. Dies sind Systeme, die im Gegensatz zu Military embedded
systems auch Menschen umfassen.
  Auch in Forschungs- und Entwicklungsinstitutionen werden SPUen genutzt, z.B. in Universitäten wie Harvard und Newcastle upon Tyne und in
Forschungsinstituten wie SRI in den USA oder INRIA in Frankreich. Hier
hat die Anwendung in erster Linie das Ziel, durch eigene Erprobung eine
Basis für die Verbesserung der SPU und ihrer Konzepte zu bekommen.

4.2 Typen von Software

Die Untersuchung heutiger SPUen zeigt, daß mit ihrer Hilfe verschiedene
Arten von Software produziert werden. Eine Unterscheidung zwischen
numerischer und nicht-numerischer Software ist nicht hilfreich. Es ist
bekannt, daß die Entwicklung numerischer Software seit den frühen Tagen
der Programmierung von Softwaresystemen unterstützt wird. Diese Systeme
können jedoch nicht als SPUen angesehen werden, da sie nur die Aufgabe
haben, die Umsetzung der mathematisch formulierten Algorithmen in Programme zu unterstützen.
  Aus historischen Gründen sollten zwei Typen von Software erwähnt
werden, die Einfluß auf SPU-Entwicklungen hatten, nämlich Betriebssysteme und Military embedded systems. Der erste Anwendungsbereich führte
zu Systemen wie CADES und HDM; für den zweiten Bereich sind AIDES, APSE
und SDS zu nennen.

4.3 Art der Anwendung

Die heutigen SPUen werden auf verschiedene Art und Weise und unter verschiedenen Bedingungen genutzt. Eine SPU stellt bestimmte Forderungen
an ihre Umgebung, z.B. an ihre Benutzer und an ihre organisatorische
Umwelt. Ein SPU-Benutzer benötigt spezielle Qualifikationen, und das
Management von Projekten, die SPUen nutzen, unterscheidet sich meist
wesentlich vom "manuellen" Projekt-Management. Beide Seiten, technische
Mitarbeiter und Management, müssen über Fachwissen verfügen. Insbesondere Systeme im akademischen Sektor können oft nur durch Benutzer angewendet werden, die mit internen Strukturen und Implementierungstricks
vertraut sind.
  Es ist bedauerlich, daß bei der Entwicklung von SPUen (mit Ausnahme
von DELTA/BETA) der Aspekt "Benutzerrolle(n)" nicht als wichtiges Problem betrachtet wird. Weder der Benutzer noch die Nutzung einer SPU
läßt sich modellieren.
  In diesem Zusammenhang ist die Frage interessant, wo und wie häufig
eine SPU installiert ist. Die meisten SPUen werden - wie AIDES und
CADES - nur beim Entwickler genutzt; einige existieren auch in der Umgebung des Entwicklers - wie HDM, SDEM/SDSS, SWB.
  Das einzige der hier betrachteten Systeme, das an mehreren Stellen
und auf verschiedenen Maschinen verfügbar ist, ist das CDL2-Lab.
PWB/UNIX wird ebenfalls an vielen Stellen eingesetzt, ist aber an eine
bestimmte Maschine gebunden.

5 WERKZEUGE UND FUNKTIONEN VON SOFTWARE-PRODUKTIONS-UMGEBUNGEN

Für die Betrachtung von SPUen gibt es mehrere charakteristische Aspekte:
* Modell für die Produktion (Life-cycle model),
* Methoden und Konzepte,
* Beschreibungsmittel und
* Werkzeuge.

Wir wollen uns hier auf den Aspekt der Werkzeuge konzentrieren; eine Diskussion aller Themen findet man in [Haus81b].

Von heutigen SPUen wird eine große Palette von Hilfsmitteln angeboten; sie reicht von einfachen Werkzeugen zur Programmierung (wie sie bereits seit mehr als einem Jahrzehnt bekannt sind) bis zu komplexen Instrumenten zur Unterstützung von Anforderungsanalyse und -spezifikation, Systementwurf und Produktkontrolle – Themen, die in jüngster Vergangenheit Gegenstand intensiver Forschung waren. Das Thema Software-Management wird heute zwar lebhaft diskutiert, spezielle Instrumente oder konkrete Verfahren sind aber bei existierenden SPUen noch wenig zu finden. Noch weniger Unterstützung findet man für die Einbeziehung von späteren Nutzern und anderen Betroffenen.

Folgende technische Komponenten werden von vielen SPU-Entwicklern als wesentlich angesehen:
* Informationssysteme für technische Mitarbeiter und für das Management (z.B. Software-Datenbank, Projektbibliothek),
* Sprachen für die Anforderungsdefinition sowie für System-Spezifikation und -Implementierung, instrumentiert mit Sprachumgebungen (z.B. Compiler, Editor ....),
* Werkzeuge zur graphischen Darstellung von Software (z.B. Diagramm-manipulierende Systeme),
* Instrumente und Verfahren zur Kontrolle und Verbesserung der Software-Qualität (z.B. Testbett),
* Arbeitsplätze für technische Mitarbeiter und Manager sowie
* Werkzeuge für Produktionsplanung, Plankontrolle und Kontrolle des Produktionsprozesses.

5.1 Informationssysteme in Software-Produktions-Umgebungen

In den meisten SPUen, insbesondere in denen der Industrie, werden Datenbanken genutzt, um Beschreibungen von Software aufzuheben, z.B. Programmtext und Systemspezifikation. Damit werden sämtliche Aufgaben der technischen Produktion und dabei insbesondere der Produktkontrolle unterstützt. Einige Ansätze nutzen Datenbanken auch zur Unterstützung des Projekt-Management. Die Verwendung von Datenbanken in der Software-Produktion ist notwendig, da die Menge der Informationen über das Produkt nicht mehr manuell handhabbar ist. Software-Systeme sind immaterielle Objekte, die auf verschiedenen Beschreibungsebenen während des gesamten Produktions- und Nutzungs-Prozesses (life cycle) beschrieben, analysiert und dokumentiert werden, und zwar sowohl von technischen Mitarbeitern als auch vom Management.

CADES kann als Beispiel einer SPU angesehen werden, die Datenbank-Funktionen sowohl für Software-Entwicklung als auch für Software-Management einsetzt. Zu Beginn der CADES Entwicklung wurde die Datenbank PEARL erstellt und von den technischen Mitarbeitern eingesetzt. Mitte der 70er Jahre wurde dieses Datenbanksystem mehrmals revidiert und schließlich durch IDMS ersetzt. Das heutige CADES-Informationssystem ist geeignet, Entwurf, Programmierung und System-integration zu unterstützen; es bietet aber nur wenig Hilfestellung für Managementaufgaben.

Das CDL2-Lab stellt ein Informationssystem bereit, in dem die Struktur der manipulierten Daten stark beeinflußt wird durch das Konzept der Sprache des Systems, nämlich CDL2. Zur Strukturierung der Daten werden Baumstrukturen verwendet, die auch Basis für das Editier-System sind. Mit diesem läßt sich ein "focus of interest" definieren [Baye81]. Dadurch kann man sich bei der Bearbeitung eines Objekts auf den Teil beschränken, der gerade besonders interessiert. Baumstrukturen erlauben eine solche Aufteilung problemlos. Statt des gesamten Syntax-Baums eines CDL2-Programms wird nur ein Teilbaum betrachtet.

Das Informationssystem von DREAM ist auf ein spezielles Thema der Software-Entwicklung zugeschnitten, nämlich auf System-Modellierung und -Konstruktion. Die Entwickler von DREAM sind besonders interessiert an dem Aspekt Entscheidungsfindung im Entwurfsprozeß. Deshalb erstellten sie ein Datenbanksystem, mit dem sie - auf der Basis schematischer, konzeptioneller Modelle des zu entwickelnden Systems - Enscheidungen aufzeichnen, noch offene Entscheidungen identifizieren und Entscheidungen kontrollieren können.

Diese Beispiele mögen die Anwendung von Informationssystemen innerhalb von SPUen charakterisieren. Erstaunlich ist, daß Management-Informationsssteme in SPUen nicht zu finden sind.

5.2 Sprachen und Sprachumgebungen

Sprachen und zugehörige Instrumente sind wesentlich für eine SPU, und hier unterscheiden sie sich auch am meisten. Klassische Sprachinstrumente sind Programmier-Umgebungen aus Editor, Compiler oder Interpreter, Linker, Loader und Laufzeitsystem. Diese Instrumente sind entweder auf eine spezielle Sprache zugeschnitten oder sie sind sprach-unabhängig. Sprachunabhängige SPUen sind z.B. ARGUS und PWB/UNIX. Typische Einsprachen-SPUen sind

• APSE und GANDALF, die die Programmierung mit Ada unterstüzen,
• COSY, das die COSY-Sprache nutzt, die sich zur Definition nicht-sequentieller Systeme durch Path-expressions eignet,
• das CLD2-Lab, das die Systembeschreibungssprache CDL2 instrumentiert und
• PDS, das die LISP-ähnliche Programmiersprache EL1 und ihre Umgebung ELC anbietet.

Es gibt SPUen, die keine eigene Programmier-Umgebung bereitstellen, sondern die Sprachumgebung der Wirtmaschine übernehmen. Ein solcher Ansatz führt aber in den meisten Fällen zu unabgestimmten Werkzeugen, denn die übernommenen Werkzeuge können auf Konzepten beruhen, die nicht verträglich sind mit den Konzepten, auf denen die SPU basiert.

ARGUS ist ein Beispiel für einen SPU-Ansatz, der die Programmier-Umgebungen der Wirtmaschine übernimmt. Darüberhinaus soll dieser SPU-Ansatz ein evolutionäres Toolbox-System werden. Es wird interessant sein, in welcher Weise das endgültige ARGUS verschiedene Sprachumgebungen übernehmen wird - Sprachumgebungen, bei deren Entwicklung ARGUS nicht berücksichtigt wurde, meist nicht einmal bekannt war. Weiterhin interessant wird sein, in welcher Weise durch solche Übernahmen die Organisation des Produktionsprozesses beeinflußt wird.

Viele SPUen sind Erweiterungen von Programmier-Umgebungen. Solche SPUen enthalten z.B. Instrumente für Sprachen zur Anforderungs- und oder System-Spezifikation. Beispiele für SPUen mit Sprachen in mehr als einer Entwicklungs-Phase sind HDM, SDS und SDEM/SDSS:
• HDM stellt mehrere Sprachen zur Verfügung. Mit HSL (Hierarchy Specification Language) wird das Software-System als Hierarchie von abstrakten Maschinen definiert. Das Kernstück ist die Sprache SPECIAL (Specification and Assertion Language), mit der die Komponenten des Systems spezifiziert werden. Diese Teile lassen sich dann mit der Sprache ILPL (Intermediate Level Programming Language) abstrakt implementieren. Aus diesen abstrakten Implementationen werden inter-

aktiv MODULA- oder PASCAL-Programme hergestellt, deren Korrektheit mit Hilfe eines Theorem-Beweisers nach Boyer und Moore [Boye79] gezeigt werden kann.

* SDS bietet Sprachen und assoziierte Werkzeuge für fast jede Entwicklungsphase an. Bisher fehlen aber Aussagen darüber, wie diese Mittel gemeinsam verwendet werden können, d.h. es ist nicht klar, ob die Mittel kompatibel sind. Es sollte erwähnt werden, daß SDS den wohl besten Ansatz für die Anforderungsanalyse enthält, nämlich SREM (Software Requirements Engineering Methodology) mit der Sprache RSL (Requirements Statement Language) und dem Instrumentarium REVS (Requirements Evaluation and Validation System).
* SDEM/SDSS, verbindet ein PSL/PSA-Derivat mit einer selbstentwickelten Programmierumgebungen. Es bleibt aber unklar, ob diese Verbindung funktioniert.

5.3 Graphische Werkzeuge in Software-Produktions-Umgebungen

Bei der Entwicklung von Software werden umfangreiche Objekte mit komplexen Strukturen behandelt. Da Graphiken besonders gut geeignet sind, Strukturen darzustellen, liegt es nahe, graphische Werkzeuge insbesondere in den frühen Phasen der Softwareentwicklung zu verwenden. Einige Methoden des Software-Entwurfs (wie z.B. "Structured Design" und die Methode von Jackson) verwenden Diagramme, um Software darzustellen und zu dokumentieren. Anwender solcher Methoden haben dann das Problem, umfangreiche "structure charts" zu handhaben. Es überrascht deshalb nicht, daß sie hierfür rechnergestützte graphische Werkzeuge einsetzen möchten.

Ein Beispiel für eine SPU mit graphischen Hilfsmittel ist AIDES, die die Methode "Structured Design" unterstützt. Ein anderes Beispiel ist ARGUS. Hier wird ein graphisches System (STRADA) bereitgestellt, das neben der Methode "Structured (oder Composite) Design" auch SADT von Softech und SAMM von Boeing unterstützen können soll. Die Daten aus dieser graphischen Beschreibung werden auch genutzt, um ein Data dictionary und um PSL/PSA-Definitionen automatisch zu erzeugen.

ISES ist ein interessantes System unter dem Gesichtspunkt integrierter graphischer und textlicher Darstellung und Manipulation von Software. Diese SPU liefert Werkzeuge zur Darstellung von Software in textlicher und in graphischer Form sowie Werkzeuge zur Abbildung dieser unterschiedlichen Repräsentationen aufeinander. Basis hierfür ist eine Life-cycle-Datenbank. Das System unterstützt diese Art von Objekt-Handhabung von der Anforderungsdefinition bis zur Bearbeitung von Fehlermeldungen und Änderungen in der Wartungsphase.

5.4 Werkzeuge und Verfahren für die Verbesserung der Software-Qualität

In Anlehnung an [Fuji78] lassen sich Qualitäts-Sicherung und -kontrolle aufgliedern in
* Qualitätssicherung
  (d.h. Definition und Kontrolle von Software-Standards),
* Abnahmetest
  (d.h. Demonstration für den Kunden oder den Benutzer, daß die Software tut, was sie soll)
* Verifikation und Validation (V&V)
  (d.h. Überprüfung der Software mit dem Ziel zu zeigen, daß sie frei von Fehlern ist; dabei wird Validation noch als Test verstanden und Verifikation als formale Prüfung der Übereinstimmung von Implementierung und Spezifikation).

Das Thema V&V wurde im letzten Jahrzehnt ausführlich diskutiert. So überrascht es nicht, daß einige SPUen Werkzeuge und Verfahren für diesen Bereich bereitstellen. Abnahmetests wurden ebenfalls diskutiert; aber dies hat - zumindest im Kontext von SPUen - bisher nicht zu speziellen Werkzeugen und Verfahren geführt (abgesehen davon, daß Mittel für Validation auch für Abnahmetests verwendet werden). Qualitätssicherung - wie sie heute verstanden wird - ist relativ neu und hat bisher nicht zu entsprechenden Instrumenten in SPUen geführt. Allgemein kann man feststellen, daß einige SPUen zwar einzelne dieser Aspekte abdecken, daß es aber keine SPU gibt, die alle drei Aspekte unterstützt oder automatisiert.

Beispiele für SPUen mit Werkzeugen für Verifikation sind GYPSY und HDM:
- In GYPSY wird die Floyd-Hoare-Methode der induktiven Zusicherungen verwendet, um Programme inkrementell zu verifizieren. Die Programmiersprache von GYPSY wurde aus PASCAL entwickelt, und zwar durch Erweiterung um ein Modulkonzept und um Konstrukte für Zusicherungen. Experimente mit Teilen der ARPA-Netz-Software haben gezeigt, daß GYPSY im gegenwärtigen Entwicklungsstand geeignet ist, die Korrektheit von Kommunikationssoftware für Microcomputer nachzuweisen.
- In HDM gibt es Systeme für die Verfikation von PASCAL- und von MODULA-Programmen. Diese Systeme basieren auf dem Theorem-Beweiser von Boyer und Moore und verbinden diesen mit einem Prüfsystem für die Konsistenz der Spezifikationen. Es scheint, daß ein Neu-Entwurf der Spezifikationssprache SPECIAL erforderlich ist, um eine effiziente Hand-in-Hand-Arbeit der Verifikationssysteme mit dem Spezifikations-Prüfsystem zu ermöglichen. Dies scheint insbesondere deshalb notwendig, weil sich die Sprach-Konzepte in PASCAL und MODULA wesentlich von denen in SPECIAL unterscheiden.

Werkzeuge für Validation findet man in vielen SPUen; sie reichen von einfachen Fehlersuchhilfen (Debugger) bis zu komplexen Instrumenten zur Analyse des Systemverhaltens. Ein Beispiel ist ARGUS. Mit den ARGUS-Werkzeugen läßt sich ein Programm in mehrfacher Hinsicht überprüfen. Das Werkzeug DYNA überwacht und dokumentiert das Verhalten der Software während der Ausführung und erkennt Anomalien, wie z.B. Abbruch von Schleifen oder Unterprogrammen. Ein interaktives Qualitäts-Metrik-System verarbeitet die Analyse-Ergebnisse von DYNA, nämlich Fehlerraten und Anzahl von Befehls- und Anweisungs-Ausführungen, und berechnet Qualitätswerte. Das Architektur-Analysesystem ARCA analysiert Systemstrukturen, wie Schnittstellen-Definitionen und Modulbeziehungen. Die vorhandenen Werkzeuge validieren Standard-Fortran (66 und 77). Aber die Anwendung dieser Werkzeuge auf Sprachen, die auf möglichen Wirtmaschinen von ARGUS verfügbar sind, wird sprachunabhängige Werkzeuge erfordern. Dies kann zu einem Neu-Entwurf der Validationswerkzeuge von ARGUS führen.

In PDS wird die Programmierung mit der LISP-ähnlichen Sprache EL1 kontrolliert. Dafür gibt es eine Reihe von Werkzeugen, wobei jedes einen einzelnen Aspekt der Programm-Validation berücksichtigt:
- Der Integrity-Checker prüft die Schnittstellen sowie die Beziehungen zwischen Schnittstellen und Rumpf von EL1-Einheiten.
- Der Expression-Analyser prüft die Konsistenz von Konstanten- und Modus-Informationen.
- Der System-Evaluator prüft das Systemverhalten, das in symbolischen Ausdrücken auf Variablen und Rechenschritten beschrieben ist.
Jedes Instrument basiert auf einer Theorie. Aber die gemeinsame Anwendung der Werkzeuge, ob sequentiell oder parallel, hat bisher keine theoretische Basis.

Einige SPUen enthalten Trace- oder Schritt-orientierte Testsysteme oder Fehlersuchhilfen (Debugger). Das am weitesten entwickelte Testsystem dieser Art wird durch SWB bereitgestellt. SWB bietet Instrumente und Verfahren, um Tests zu planen, zu spezifizieren und Ergebnisse zu

dokumentieren. Dies ist möglich sowohl für ein komplettes System als
auch für Systemteile. SWB liefert als einzige SPU auch Werkzeuge zum
Testen von Software am Ort der Installation.

5.5 Arbeitsplätze in Software-Produktions-Umgebungen

Manager und technische Mitarbeiter, die in der Software-Entwicklung tä-
tig sind, brauchen Arbeitsplätze, die auf ihre speziellen Aufgaben zugeschnitten sind. Die Untersuchung heutiger SPUen zeigt jedoch, daß das
Thema Arbeitsplatz selten berücksichtigt wird. Falls es doch behandelt
wird, wird dies lediglich in der Art einer gewöhnlichen Mensch-
Computer-Interaktion getan. In den meisten Fällen werden die Inter-
aktionseinrichtungen übernommen, die auf der Wirtmaschine verfügbar
sind.

5.6 Instrumentierung des Software-Management

Software-Management befaßt sich mit Planung, Kontrolle und Steuerung
von Software-Produktion und -Anwendung. Dieses Thema wird in den SPUen
sehr unterschiedlich behandelt. Die meisten SPUen liefern keine speziellen Werkzeuge für die Unterstützung des Management. In diesen Fällen
muß sich das Projekt-Management mit Richtlinien begnügen, die mehr oder
weniger auf einzelne Phasen des Life-Cycle-Modells bezogen sind. Ein
typisches Beispiel ist SDEM/SDSS.
Einige SPUen übernehmen Management-Verfahren und -Instrumente, die
nicht speziell für Software-Produktion entwickelt wurden. ARGUS z.B.
verwendet solche Projekt-Management-Systeme (z.B. PROJECT2, PC-70), um
Pläne und Meilenstein-Diagramme zu erstellen.
In einigen SPUen werden die vorhandenen (Software-) Datenbanken
auch für Managementaufgaben genutzt. Aber dieser Einsatz beruht nicht
auf einem präzisen Management-Konzept.
Im allgemeinen muß man feststellen, daß Konzepte für das Management
von Software-Projekten fehlen mit der Folge, daß heutige SPUen nur ma-
gere Instrumente für Planung und Kontrolle der Produktion und der Nutzung bereitstellen.

Abschließend ist zu erwähnen, daß (1) die am weitesten entwickelten
Werkzeuge in heutigen SPUen die sprachbezogen Mittel sind, daß (2) entweder eine Sprache oder eine (Software-) Datenbank für eine SPU von
zentraler Bedeutung ist, und daß (3) Instrumente für die Aspekte Arbeitsplätze und Management noch sehr wenig entwickelt sind. Es gibt
keine SPU, die alle Aspekte der Software-Produktion abdeckt, nämlich
Management, technische Produktion und Anwendung sowie Anwendungsvorbereitung. Außerdem muß man feststellen, daß die von einer SPU be-
reitgestellten Werkzeuge oft nicht aufeinander abgestimmt sind. Dies
liegt im wesentlichen daran, daß ein übergreifendes Konzept fehlt, auf
dem alle drei Aspekte der Software-Produktion aufbauen könnten.

6 GRUNDLEGENDE KONZEPTE IN SOFTWARE-PRODUKTIONS-UMGEBUNGEN

Einige SPUen beruhen wesentlich auf einigen speziellen Konzepten. Solche Konzepte sind z.B. eine Methode, ein Organisationskonzept, ein
Sprachkonzept oder auch ein Systemmodell.
Eine Entwurfsmethode ("Structured Design")und ein Organisationskonzept ("Design Team" Konzept) bestimmen AIDES. Das Team-Konzept bestimmt
die Zusammensetzung der Entwicklergruppe während des Entwurfs. Das Team
besteht aus System-Entwerfern, Software-Entwerfern, Chefprogrammierern
und Programmierern.
Sprachkonzepte sind Grundlage für die SPUen CDL2-Lab (vgl. Abschnitt 5.1), APSE, GANDALF und GYPSY.

Einige SPUen beruhen auf einer speziellen Art der Systemmodellie-
rung oder -strukturierung. HDM z.B. modelliert Softwaresysteme durch
Hierarchien abstrakter Maschinen, wogegen DREAM nicht-sequentielle Systeme durch Folgen von Message-Transfers definiert, und COSY die gleich
Aufgabe durch Path-expressions löst.

Diese Aufzählung von Konzepten, die die jeweilige SPU wesentlich
bestimmen, ist skizzenhaft, sie zeigt jedoch, daß ein umfassendes Konzept von Software-Produktion und -Nutzung in heutigen SPUen fehlt.

7 ENTWICKLUNG VON SOFTWARE-PRODUKTIONS-UMGEBUNGEN

Entwicklung und Nutzung von Software sind anspruchsvolle und aufwendige
Aufgaben, Effektivität und Effizienz müssen sorgfältig untersucht werden. Aus den Zielen für SPU-Entwicklungen kann man entnehmen, daß dies
auch die Auffassung der SPU-Entwickler ist. Nun ist interessant festzustellen, wie die SPUen selbst entwickelt wurden, d.h. Kosten und Zeitbedarf, Entwicklungs-Strategie und Entwicklungs-Geschichte sind interessante Themen.
Leider muß man feststellen, daß die Beschreibungen existierender
SPUen im allgemeinen wenig über Kosten und Zeitbedarf der Entwicklungen
aussagen. Man findet – wenn überhaupt – lediglich Informationen über
den Beginn und das Ende einer Entwicklung oder einer Überarbeitung
(Neu-Entwurf). Die zu diesem Punkt vorhandenen Aussagen zeigen sehr
verschiedene Entwicklungszeiten. Das CDL2-Lab wurde z.B. in ca. 3 Jahren von etwa 7 Personen entwickelt; für CADES werden etwa 4 Jahre und
25 Personen angegeben; bei SDS läßt sich der Aufwand daran abschätzen,
daß erste Arbeiten von BMDATC (Ballistic Missile Defense Advanced Technology Center) Anfang dieses Jahrzehnts initiert wurde und daß etwa 6
Firmen beteiligt sind. Allgemein ist zu bedauern, daß präzise Kosten-
Nutzen-Analysen nicht zu finden sind.

Konkrete Aussagen über Entwicklungsstrategien sind selten.
Strategien sind meist bestimmt durch die Erfordernisse der Umgebung und
durch die Ziele einer SPU-Entwicklung.
Eine Strategie besteht darin, ein System als Kombination von Methoden und Werkzeugen aufzubauen und, soweit möglich, Vorhandenes zu nutzen. Als Beispiele kann man AIDES und SDEM/SDSS anführen. Vorteil dabei
ist, daß die SPU relativ schnell aufgebaut werden und daß der Aufbau
stückweise erfolgen kann. Der Nachteil ist darin zu sehen, daß die Teile unter Umständen nicht optimal zueinander passen.
Eine andere Strategie besteht darin, einen Kern festzulegen und von
diesem Ausgangspunkt aus schrittweise Teile zu ergänzen. Beispiele sind
APSE und GANDALF, die von Ada ausgehen. Wichtig ist, daß die Ergänzungen geplant sind; Ergänzungen, die zufällig zustande kommen, können zu
unübersichtlichen Systemen führen.
Bei der Entwicklung von APSE wird die gleiche Strategie verfolgt
wie bei der von Ada: Die Anforderungen an die technischen Komponenten
werden ausführlich diskutiert, bevor sie dann schließlich als Requirements festgelegt werden. Diese Strategie muß man angesichts der
Entwicklung von Ada wohl als erfolgreich ansehen.
Es gibt SPUen, die schrittweise entwickelt werden. Dabei wird die
jeweils existierende Version zur Weiterentwicklung eingesetzt
(Bootstrap-Verfahren). Beispiele dafür sind ARGUS und das CDL2-Lab.

Die heutigen SPUen wurden während des letzten Jahrzehnts entwickelt. Die Systeme, die die Entwicklung mathematischer Software unterstützt haben, können kaum als Vorläufer heutiger SPUen angesehen
werden, denn sie überführen lediglich mathematisch formulierte Algorithmen in ausführbare Programme; Spezifikation und ähnliches spielen

in diesen Systemen keine Rolle. Bedeutenden Einfluß hatten (1) das
MUST-Projekt der US-Armee, (2) das TOPD-System der Universität von
Newcastle upon Tyne [Snow80] und (3) das ISDOS-Projekt der University
of Michigan (insbesondere PSL/PSA [Teic77]). Alle drei werden von einigen SPU-Entwicklern als Modell oder Vorbild verwendet und PSL/PSA wird
manchmal direkt übernommen oder weiterentwickelt.

Leider sind keine Berichte über den Erfolg und die Auswirkungen von
Entwicklungsstrategien vorhanden. So können Entwickler von SPUen im
allgemeinen nicht auf Erfahrungen anderer zurückgreifen, wenn sie ihre
Entwicklungsstrategie bestimmen wollen. Die Tatsache, daß Aussagen über
Entwicklungsstrategien selten sind, legt die Vermutung nahe, daß bei
der Entwicklung von SPUen häufig die Erkenntnis vernachlässigt wird,
daß Software (also auch Instrumente für die Software-Produktion) geplant und kontrolliert entwickelt werden sollte. Die Frage bleibt:
Warum setzen SPU-Entwickler ihrerseits nicht vorhandene SPUen ein, und
warum werden SPUen so selten evolutionär entworfen und entwickelt?

8 EINFLUSS DER NUTZUNGSPHASE AUF SOFTWARE-PRODUKTIONS-UMGEBUNGEN

Bei der Entwicklung von Software hat es sich als nützlich erwiesen, Erfahrungen mit der Anwendung eines erstellten Systems für seine Verbesserung zu nutzen. Dies gilt natürlich auch für die Entwicklung von
SPUen. Zudem könnten solche Erfahrungsberichte falsche Entwurfsentscheidungen und andere Mängel oder Probleme von SPUen aufzeigen.
   Der Einfluß der Anwendung auf die Entwicklung und Weiterentwicklung
von SPUen läßt sich an den Beispielen CADES, GYPSY und HDM zeigen:
• In den Anfängen der CADES-Entwicklung wurde dem Versionenproblem
   wenig Aufmerksamkeit geschenkt. Erst im Laufe der Entwicklung der Betriebssysteme bei ICL wurde (in den frühen 70er Jahren) deutlich, daß
   die Handhabung von Versionen nicht genügend unterstützt wurde. Dies
   führte dann zu einer entsprechenden Änderung von CADES.
• GYPSY wurde versuchsweise für das Network Communication System im
   IMP-Teilnetz des ARPANET [Good78] eingesetzt. Diese Anwendung führte
   zu Änderungen sowohl der in GYPSY verwendeten Methode als auch der
   Spezifikationssprache.
• Die Anwendung von HDM, insbesondere die der Spezifikationssprache
   SPECIAL, hat deutlich gemacht, daß diese Sprache nur für gut ausge-
   bildete und geschulte Wissenschaftler geeignet ist [Bail79]. Nicht
   zuletzt diese Kritik führt nun zu einem neuen Entwurf von SPECIAL
   [Silv81].

   Die Kritik in [Bail79], die auf die Schwierigkeiten der Anwendung
hinweist, zeigt ein allgemeines Problem auf, das in fast jeder Diskussion über die Bedingungen und Sachzwänge bei der Anwendung von SPUen
angesprochen wird. Es ist dies das Problem der Qualifikation der Softwareentwickler (Entwerfer, Programmierer usw.). Der fundamentale Kon-
flikt besteht darin,
• daß einerseits eine Verbesserung der Qualität von Software gefordert
   wird, und deshalb SPUen geeignete Instrumente liefern müssen,
• daß aber andererseits die an der Software-Entwicklung Beteiligten
   nicht die Ausbildung und Schulung haben, die für die Anwendung der
   Werkzeuge notwendig ist.
Eine unmittelbare Hilfe ist sicherlich, wenn eine SPU durch eine spezielle Installationsphase eingeführt wird, die ein Training On the job
umfaßt. Langfristig ist aber eine sorgfältigere Ausbildung erforderlich; denn Methoden und Verfahren, die von erfahrenen Chefanalytikern
auf der Basis ihrer Vorstellung von Software-Produktion entwickelt wurden, lassen sich nur schwer an (Nachwuchs-) Entwerfer oder Programmierer weitergeben, denen solche Erfahrungen noch fehlen [Stuc81].

Es bleibt die Frage, welche Anforderungen man an die Qualifikation der Entwickler stellen muß, damit die Anforderungen an die Qualität von Software erfüllt werden können.

9 AUTOMATISIERUNG DURCH SOFTWARE-PRODUKTIONS-UMGEBUNGEN

Rationalisierung und Mechanisierung können als Schlüsselprobleme in der Automatisierung der Software-Entwicklung und -Anwendung angesehen werden. Dabei ergibt sich die Frage: Welche Aufgaben sind geeignet, automatisiert oder maschinell unterstützt zu werden? Wenn eine Aktivität nach einem algorithmischen Schema abläuft, ist sie für eine Automatisierung geeignet. Andere Aktivitäten können lediglich durch mehr oder weniger komplexe Instrumente unterstützt werden. Eine Automatisierung in diesem Sinne ist z.B. möglich für die Änderungskontrolle von Dokumenten des Produktionsprozesses sowie der Software.

Hier soll nicht für automatische Programm-Synthese plädiert werden, denn Software ist kein Produkt, das aus einer Anforderungs-Spezifikation vollständig automatisch abgeleitet werden kann. Software-Produktion ist vielmehr vergleichbar mit der Bauindustrie oder der Raumfahrtindustrie; hier wie dort gelten die Gesetze der Massenproduktion nicht. Produktion in diesen Bereichen hat mehr den Charakter einer Einzelfertigung oder Kleinserienfertigung als den einer Massenfertigung.

Ein wichtiges Feld für die Unterstützung durch den Computer ist Beschreibung und Dokumentation: Große Mengen von Informationen über das Produkt und über den Produktionsprozeß fallen während der gesamten Lebensdauer eines Programms und müssen verarbeitet werden. Es ist unmöglich, diese Informationen manuell korrekt und sicher zu verarbeiten – nur eine Datenbank und ein computergestütztes Informationssystem können helfen, die damit verbundenen Probleme lösen. Ein Computer ermöglicht nicht nur die automatische Analyse von Beschreibungen, sondern auch Interaktionen zwischen Mensch und Maschine in Form von Fragen und Antworten. Es ist dann auch möglich, korrekte Dokumentationen (z.B. Benutzerhandbücher) halbautomatisch zu erstellen. Es gibt wohl-bekannte Probleme, wenn man Programmtexte ändert, ohne gleichzeitig die entsprechenden Dokumente zu ändern. Bei großen Software-Systemen kann die Konsistenz zwischen Programmtexten und entsprechenden Unterlagen nur durch computergestützte Hilfsmittel garantiert werden.

In heutigen SPUen wird Informationsverarbeitung im Produktionsbereich durch die bekannten Datenbank-Einrichtungen automatisiert.
Ein Beispiel ist CADES, das – gesteuert durch eine "Generierungsbeschreibung" – die einzelnen Software-Komponenten zum Gesamtsystem integriert.
In PWB/UNIX wird die Kommunikation und Information in einem Team durch ein Mailing-system unterstützt. Es ist erstaunlich, daß die Korrespondenz zwischen Software-Entwicklern nicht auch in anderen SPUen unterstützt wird. Leistungsfähiger als Mailing-systems sind Konferenz-Systeme, die jedoch von keiner existierenden SPU angeboten werden; ein solches System wäre z.B. auch besonders für die Verhandlungen zwischen Kunden und Lieferanten geeignet.

Die Kontrolle des Produkts und des Produktionsprozesses läßt sich durch den Computer unterstützen und zum Teil automatisieren. Die Aufgaben, die automatisch durchgeführt werden können , sind Prüfungen auf Vollständigkeit und Konsistenz. Der größte Teil der Arbeit im Bereich der Qualitätssicherung kann jedoch lediglich unterstützt werden. So ist z.B. Verifikation als ein interaktiver Prozeß zu sehen. Ein

Verifikationssystem ist im Kern ein Beweis-Prüfsystem oder ein interaktiver Theorem-Beweiser. Diese sind erweitert um spezielle Funktionen in Anlehnung an die jeweilige Technik des Beweisens der Korrektheit. Ein Beispiel für eine SPU mit einem hoch entwickelten Prüfsystem ist GYPSY.

Die in einigen SPUen enthalten Testbetten arbeiten ebenfalls nicht automatisch. Sie operieren auf der Basis von Testfällen, die halbautomatisch durch Test-Generatoren aus einem Programm abgeleitet werden. Beispiele sind die Testsysteme in SDS und in der ASSET/ARGUS-Familie.

Geben SPUen eine Antwort auf die Frage der Automatisierung? Die Untersuchung moderner SPUen zeigt, daß nur solche Aufgaben automatisiert wurden, die keine Intelligenz erfordern. Wir fragen uns, warum für die Software-Produktion nicht Ergebnisse genutzt werden aus der Forschung auf dem Gebiet der künstlichen Intelligenz, insbesondere über Expert systems. Auf dem Gebiet der Expert systems werden Probleme ausführlich diskutiert, die auch bei der Software-Produktion relevant sind, wie Darstellung von Wissen und Handhabung alternativer (Entwurfs-) Entscheidungen.

Zusammenfassend muß man feststellen, daß die weitgehende Automatisierung der Aktivitäten in den verschiedenen Phasen der Software-Produktion ein noch ungelöstes Problem ist. Es ist notwendig, sowohl die Aktionen des Management als auch die der technischen Mitarbeiter zu analysieren und formal zu beschreiben.

10 AUSBLICK

Die Diskussion von SPUen, ihrer Architektur, ihrer Entwicklungsstrategie und ihrer Anwendung hat begonnen. Neue SPUen oder Teile von ihnen werden geplant und entwickelt.

Neue Entwicklungen und Veränderungen in der Hardware werden die Konzeption zukünftiger SPUen wesentlich beeinflussen (vgl. Zemanek in [Bjor80] und Standish in [Stan81]). Verteilte Datenbanken und Rechnernetze werden die die Software-Entwicklung und -Wartung bestimmen. Verteilte Datenbanken werden zur Erstellung und Wartung der Softwaresysteme in ihren verschiedenen Entwicklungs- und Anwendungsphasen eingesetzt werden; Rechnernetze werden die Wirtsysteme zukünftiger SPUen sein.

Entwickler von SPUen benötigen Verfahren und Instrumente zur Bewertung von Software (Software-Entwürfen und Architekturen) einerseits und von Entwicklungs- und Wartungskonzepten (Modellen, Methoden, Verfahren, Techniken und Werkzeugen) andererseits (vgl. [Stuck81] und [Ridd81]). Diese Forderungen müssen zu Werkzeugen und Verfahren zur Qualitätssicherung führen. Dabei wird neben der Sicherung der Qualität des Produkts Software auch die Qualität des Entwicklungsprozesses beachtet werden müssen.

Bei den gegenwärtigen Entwicklungen von SPUen können folgende Trends unterschieden werden:
- Bestehende Systeme werden durch Funktionen zur Bewältigung bisher noch nicht behandelter Zielsetzungen erweitert. Ein typisches Beispiel ist SWB, das von einer Werkbank für Implementierung und Test zu einem System werden soll, das auch Spezifikation, Wartung und Projektmanagement und Produktionskontrolle einbezieht [Mats81].
- SPUen werden entwickelt, die neue Systembeschreibungstechniken nutzen, wie z.B. algebraische Abstraktion und funktionale Programmierung. Entwürfe von SPUen zur Unterstützung der Systementwicklung durch letztere Technik existieren bereits heute für den von Backus

[Back78] vorgeschlagenen Ansatz. Ein Ansatz zu einer SPU mit der Nutzung der funktionalen Programmierung in einem LISP-ähnlichen Stil ist ARCTURUS.

* Eine Denkrichtung, die die Entwicklung der künftigen SPUen beeinflussen wird, ist, Software-Systeme als Teilsysteme "sozio-ökonomischer" Systeme zu sehen, d.h. auch ihre Auswirkungen auf Entwickler, Benutzer und anderweitig betroffene Personen zu berücksichtigen. Insbesondere in den Bereichen, in denen derartige Auswirkungen z.Z. intensiv diskutiert werden, werden SPUen zumindest Verfahren liefern, um die betroffenen Personen am Entscheidungsprozeß zu beteiligen.
* Last but not least, SPUen werden im Hinblick auf Konzepte, Modelle, Methoden, Verfahren, Techniken und Werkzeuge für Software-Mangement, -Produktion und -Anwendung präzise und konsistent entwickelt werden. In Japan arbeitet fast jede Computerfabrik an ihrer eigenen SPU, und alle forschen gemeinsam mit staatlicher Unterstützung auf dem Gebiet der Automatisierung der Software-Produktion und -Nutzung. Man muß davon ausgehen, daß diese Arbeiten zu Systemen wie den oben erwähnten führen. Aber auch in anderen Ländern der westlichen Welt sind Entwicklungen solcher SPUen der Zukunft im Gange, wenn auch nicht mit der gleichen Konzentration — abgesehen von der APSE-Entwicklung.

Was sollte man tun? Kurzfristig sollten vorhandene und erprobte Hilfsmittel sachgerecht eingesetzt werden. Mittelfristig sollte ein vereinheitlichtes Instrumentarium eingeführt und genutzt werden. Langfristig, d.h. bis Ende der 80er Jahre, werden komplette SPUen die Software-Produktion und -Nutzung bestimmen.

Ein Wort des Dankes

Wir möchten uns bei unseren Kollegen E. Wegner und H. Züllighoven für ihre wertvollen Hinweise und Anregungen bedanken. E. Wegner sei auch für seine kritische Durchsicht des vorliegenden Textes gedankt.

ANHANG A

Liste ausgewählter Systeme

In diesem Anhang werden die ausgewählten Systeme kurz beschrieben und für jedes System wird Literatur angegeben. Die hier angegebenen Systeme wurden aus etwa 75 Werkzeugen, Werkzeugsammlungen und Werkzeugsystemen ausgewählt, die wir in der Literatur über Software-Technologie fanden. Eine ausführliche Bibliographie zum Thema SPU ist [Haus81a].

Die Systeme wurden nach folgenden Kriterien ausgewählt, wobei ein System zumindest ein Kriterium erfüllen sollte.
Ein ausgewähltes System sollte
* mehr sein als eine unabgestimmte Sammlung von Werkzeuge;
* einsetzbar sein in mehr als einer Phase eines Life-cycle, bestehend aus zumindest den Phasen Anforderungsanalyse, Entwurf, Implementierung und Validation;
* auf zumindest einem wissenschaftlich interessanten Konzept basieren;
* ein neues theoretisches Konzept realisieren und in einen Produktionsansatz umsetzen;
* im Kontext seiner eigenen Produktion interessant sein;
* realisiert und eingesetzt sein; so daß Erfahrungen im Anwendungsbereich vorliegen.

AIDES
(Automated Interactive Design and Evaluation System)
Das System unterstützt den interaktiven Entwurf von Software nach der Methode Structured (oder Composite) Design von Myers und anderen durch die Bereitstellung graphischer Beschreibungsmittel. Es besteht aus Werkzeugen für Entwicklung, Manipulation und Dokumentation von "structure charts" sowie für die Berechnung von Daten, die auf eine Entwurfsqualität hinweisen. Eine Integration mit Mitteln für andere Phasen ist geplant.
[Will79], [Will81]

APSE
(Ada Program Support Environment)
APSE ist ein Zwiebel- oder Schichten-Ansatz zur Entwicklung von SPUen für die Sprache Ada. Die Funktionen der beiden unteren Schichten sind definiert: Zur untersten Schicht K(ernel)APSE gehören Datenbank-, Kommunikations- und Laufzeitfunktionen, die mittlere Schicht ist M(inimal)APSE, die Programmierumgebung von Ada. Darauf können (in der Schicht APSE) verschiedene Anwendungs- und Methoden-Systeme aufbauen.
[Buxt81], [Wegn81]

ARGUS
Der Ansatz wird von seinen Entwicklern als "Advanced Software Engineering Workbench" bezeichnet. ARGUS soll von speziellen Methoden und Beschreibungsmitteln unabhängig sein. Kern ist eine Software-Datenbank.
[Stuc81]

ARCTURUS
ARCTURUS ist "An Advanced Highly-Integrated Programming Environment". Der Ansatz ist durch die Hardware der Zukunft motiviert und soll die Software-Entwicklung in den späten 80er Jahren unterstützen.
[Stan81]

ASSET
(Automated Systems and Software Engineering Technology)
Sammlung von einzelnen Werkzeugen zur Modellierung und zum Testen von Software für Embedded systems. Zum Ansatz gehört eine Datenbank.
[Tayl78]

CADES
(Computer Aided Development and Evaluation System)
Der Ansatz dient der computerunterstützten Software-Produktion auf der Grundlage einer Methode ("Structural Modelling"). Es enthält eine Software-Datenbank (für Manager und Entwickler), die auch zur System-generierung verwendet wird.
[Pear79], [Prat76], [Snow81]

CDL2-Lab
(CDL2-Laboratory)
Sprachumgebung für die interaktive Entwicklung von Programmen mit der Compiler Description Language CDL2.
[Baye81]

COSY
(Concurrent Systems)
Umgebung für die Entwicklung paralleler Systeme basierend auf der Sprache COSY. Diese Sprache erlaubt die Beschreibung nebenläufiger Systeme durch Path-expressions. Zur Definition der Sprache selbst wird die Netztheorie von Petri verwendet.
[Laue78], [Laue81]

DELTA/BETA
Der Ansatz wird im "Joint Computer Language Project" verfolgt. Er versteht Software-Systeme als Teile umfassender sozio-technischer Systeme. Es werden Sprachen für die verschiedenen Beschreibungsebenen von Software vorgeschlagen. Man will auch die Bedürfnisse solcher Benutzer berücksichtigen, die nicht in Informatik ausgebildet sind.
[Hand81], [Nyga81]

DREAM
(Design Realization Evaluation and Modelling System)
Entwurfssprachen-orientierter Ansatz für interaktive Software-Entwicklung. Stark betont wird der Aspekt Entscheidungsfindung und -kontrolle. Er enthält eine (zentrale) Software-Datenbank.
[Ridd78], [Habe79]

EPOS
(Entwurfsunterstüzendes Prozeß-orientiertes Spezifikationssystem)
Rechnergestütztes Hilfsmittel für "Automatisierungsingenieure". Es dient zur Beschreibung, Dokumentation und Überprüfung von Systemen zur Prozeßautomatisierung.
[Biew79]

GANDALF
GANDALF wird als "Integrated Programming and System Development Environment" bezeichnet. Der Ansatz will eine Umgebung für die Sprache Ada schaffen. Insbesondere dient er zur Überprüfung von Konzepten der Spache und ihrer Umgebung APSE.
[Habe80], [Habe81]

GYPSY
GYPSY ist ein System für die Unterstützung von "Specification and Construction of Verified Programs". Der sprachorientierte Ansatz soll den Entwurf unterstützen und und stufenweise Verifikation von Software für Kommunikations-Systeme ermöglichen. Das System ist auf Minicomputer-Software zugeschnitten.
[Good78], [Hare79]

HDM
(Hierarchical Development Methodology)
Mehrsprachen-Ansatz für Spezifikation und Implementierung mit Verifikationswerkzeugen auf der Basis allgemeiner Konzepte der Software-Technologie.
[Robi79], [Silv81]

ICAS
(Integrated Computer Aided Software Engineering)
Sammlung von Werkzeugen und Methoden. Der Ansatz erlaubt, Standard-Spezifikationen und -Moduln zu verwenden.
[Miur80]

ISES
(Integrated Software Engineering System)
Der Ansatz soll verschiedene ("optional") Methoden unterstützen. Die technischen Komponenten sind ähnlich aufgebaut wie in CADES. Der Schwerpunkt liegt aber auf der Entwicklung graphischer Mittel für den Entwurf und auf ihrer Integration mit den textlichen Mitteln.
[Pear78], [Pear79]

PDS
(Program Development System)
Sammlung von sprachorientierten Werkzeugen für die Konstruktion und Wartung von Software. Besonders betont wird die Systemvalidation. Es ist das letzte in einer Folge von Systemen zur Unterstützung der Programmierung in der Sprache EL1.
[Chea79], [Chea81]

PLASMA
(Programming Language for System Development, Modularization and Data Abstraction)
Sprachenorientierter Ansatz zur Unterstützung der Software-Produktion in fast allen Phasen. Er enthält eine zentrale Software-Datenbank und eine Methodenbank.

PWB/UNIX
(Programmer's Workbench)
Konstruktion eines "software production computer" ("workbench") durch Erweiterung des Betriebssystems UNIX um spezielle Werkzeuge für die Software-Entwicklung.
[Dolo76], [Dolo77], [Mitz81]

SDEM/SDSS
(Software Development Engineering Methodology / Software Development Support System)
Der Ansatz ist primär Management-orientiert. SDEM legt den Produktionsprozeß fest (life cycle) und regelt den Einsatz von Werkzeugen. SDSS wird von Programmentwurf bis Testen eingesetzt und für Anforderungsanalyse und Systementwurf wird PSL/PSA übernommen.
[Mura81], [Naka78]

SDS
(System Development System)
Fast vollständiger Ansatz zur computergestützten Software-Produktion in militärischen Bereichen (Military embedded systems). Mit SDS entwickelte Software wird nur in technischen Prozessen eingesetzt; deshalb kann der Ansatz die Probleme der Nutzung von Software durch Menschen vernachlässigen. Ein besonderer Schwerpunkt in SDS ist die Behandlung der Anforderungsanalyse durch SREM.
[Alfo80], [Alfo81], [Belf78], [Davi77], [Davi78]

SEF
(Software Engineering Facility)
Vorschlag einer methodenunabhängigen SPU, die vorhandene Betriebssystem-Funktionen nutzt. Teilsysteme für die einzelnen Entwicklungsphasen sind um eine Datenbank gruppiert. Dieser SPU-Ansatz hat eine einheitliche Benutzerschnittstelle (eine Sprache) für alle Systemfunktionen.
[Irvi78], [Eane79], [Pede78]

SPS/SWB
(Software Production System / Software Workbench)
Management-orientiertes System für dezentrale Software-Produktion mit halbautomatischer Bibliothek und Unterstützung für die Abfassung von Reports.
[Mats78], [Mats81]

22

ANHANG B

<u>Literatur</u>

Alfo79   Alford, M.W.
REQUIREMENTS FOR DISTRIBUTED DATA PROCESSING DESIGN
in: Proc. First International Conference on Distributed Data
Processing, October 1979, IEEE

Alfo80   Alford, M.W.
TOWARDS THEORETICAL FOUNDATIONS FOR TOOLSMITHING
TRW Memo, Huntsville, Alabama

Alfo81   Alford, M.W.
SDS : EXPERIENCE WITH THE SOFTWARE DEVELOPMENT SYSTEM
in: [Hünk81]

Back78   Backus, J.
CAN PROGRAMMING BE LIBERATED FROM THE VON NEUMAN STYLE
CACM Vol.21, No.8, pp 613-641

Bail79   Bail, B.G.
USER EXPERIENCES WITH SPECIFICATION TOOLS
in: Software Engineering Notes, Vol.4, No.3, July 1979

Balz80   Balzert, H.; Weber, D.
PLASMA/D - EINE SPRACHE FÜR DEN SYSTEMENTWURF
in: Proc. Softwareengineering, -Entwurf und -Spezifikation,
German Chapter of the ACM, TU Berlin, Sept.1980

Basi78   Basili, V.R.; Ely, E.H.; Young, D.
EXECUTIVE SUMMARY OF THE SECOND LIFE CYCLE MANAGEMENT WORKSHOP
in: Proc. of the Second Life Cycle Management Workshop,
Atlanta, Georgia, 1978, IEEE

Baye81   Bayer, M.; Böhringer, B.; Dohatty, J.P.; Feuerhahn, H.;
Jasper, J.; Koster, C.H.A.; Schmiedecke, U.
SOFTWARE DEVELOPMENT IN THE CDL2 LABORATORY
in: [Hünk81]

Belf78   Belford, P.C.
EXPERIENCE UTILIZING COMPONENTS OF THE SOFTWARE DEVELOPMENT
SYSTEM
in: IEEE COMPSAC 1978

Bell76   Bell, T.E.; Thayer, T.A.
SOFTWARE REQUIREMENTS: ARE THEY REALLY A PROBLEM?
in: Second International Conference on Software Engineering,
San Francisco, Oct.1976, IEEE

Biew79   Biewald, J.; Goehner, P.; Lauber, R.; Schelling, H.
EPOS - A SPECIFICATION AND DESIGN TECHNIQUE FOR COMPUTER
CONTROLLED REAL TIME AUTOMATION SYSTEMS
in: Proc. Fourth International Conference on Software
Engineering, Munich, Sept.1979, IEEE

Bjor80   Bjorner, D.
          ABSTRACT SOFTWARE SPECIFICATION
          Proc. Copenhagen Winter School 1979
          Lecture Notes in Computer Sience,   Vol 86,   Springer-Verlag,
          Heidelberg

Boye79   Boyer, R.S.; Moore, J.S.
          A COMPUTATIONAL LOGIC
          Academic Press, New York, San Francisco, London, 1979

Brau80   Brauer, W. (ed.)
          NET THEORY AND APPLICATION
          Proc. of the Advanced Course on General Net Theory of Proces-
          ses and Systems
          Lecture Notes in Computer Science,   Vol.84,   Springer-Verlag,
          Berlin, Heidelberg, New York, 1980

Buxt80   Buxton, J.N.
          REQUIREMENTS   FOR   ADA   PROGRAMMING   SUPPORT   ENVIRONMENTS
          (Stoneman)
          Department of Defense, USA, Feb.1980

Chea79   Cheatham, T.E.; Townly, J.A.; Holloway, G.H.
          A SYSTEM FOR PROGRAM REFINEMENT
          Harvard University, Tech. Report Tr-05-79, Cambridge, MA

Chea81   Cheatham, T.E.
          PDS : OVERVIEW OF THE HARVARD PROGRAM DEVELOPMENT SYSTEM
          in: [Hünk81]

Davi77   Davis, C.G.; Vick, C.R.
          THE SOFTWARE DEVELOPMENT SYSTEM
          in: IEEE Trans. on Software Engineering, Vol.SE-3, No.1,
          Jan.1977

Davi78   Davis, C.G.; Vick, C.R.
          THE SOFTWARE DEVELOPMENT SYSTEM: STATUS AND EVOLUTION
          in: IEEE COMPSAC 1978

Dolo76   Dolotta, T.A.; Mashey, J.R.
          AN INTRODUCTION TO THE PROGRAMMER'S WORKBENCH
          in: Second International Conference on Software Engineering,
          San Francisco, Oct.1976, IEEE

Dolo77   Dolotta, T.A.; Haight, R.C.
          PWB/UNIX - OVERVIEW AND SYNOPSIS OF FACILITIES
          Bell Laboratories, Naperville, Illinois, June 1977

Eane79   Eanes, R.S.; Hitchon, K.; Thall, R.M.; Brackett, J.W.
          AN ENVIRONMENT FOR PRODUCING WELL-ENGINEERED MICROCOMPUTER
          SOFTWARE
          in: Fourth International Conference on Software Engineering,
          Munich, Sept.1979, IEEE

Fuji78   Fujii, M. S.
          A COMPARISON OF SOFTWARE ASSURANCE METHODS
          Software Engineering Notes, Vol.3, No.5, November 1978

Good78   Good, D.I.; Cohen, R.M.; Hunter, L.D.
          A REPORT ON THE DEVELOPMENT OF GYPSY
          ICSA-CMP-11, Institute of Computer Science and Application,
          University of Texas at Austin, Austin, June 1978

Habe80   Habermann, A.N.
          TOOLS FOR SOFTWARE SYSTEM CONSTRUCTION
          in: Riddle and Fairly (eds.), Software Development Tools,
          Springer Verlag, Heidelberg, Germany, 1980

Habe81   Habermann, A.N.; Perry, E.
          SYSTEM COMPOSITION AND VERSION CONTROL FOR ADA
          in: [Hünk81]

Hand81   Handlykken, P.; Nygaard, K.
          THE DELTA SYSTEM DESCRIPTION LANGUAGE: MOTIVATION, MAIN
          CONCEPTS AND EXPERIMENTS FROM USE
          in: [Hünk81]

Haus81a   Hausen, H.L.; Müllerburg, M.; Riddle, W.E.
          SOFTWARE ENGINEERING ENVIRONMENTS : A BIBLIOGRAPHY
          in: [Hünk81]

Haus81b   Hausen, H.L.; Müllerburg, M.
          CONSPECTUS OF SOFTWARE ENGINEERING ENVIRONMENTS
          in: Fifth International Conference on Software Engineering,
          San Diego, March 1981, IEEE

Haus81c   Hausen, H.L.; Müllerburg, M.
          ÜBERSICHT ÜBER SOFTWARE-PRODUKTIONS-SYSTEME
          Gesellschaft für Mathematik und Datenverarbeitung,
          5205 St. Augustin 1, Germany, IST-Bericht, in Vorbereitung

Hare79   Hare, D.F.
          A STRUCTURE EDITOR FOR THE GYPSY VERIFICATION ENVIRONMENT
          ICSCA-CMP-16, Institute of Computer Science and Application,
          Un of Texas at Austin, Austin, July 1979

Hünk81:   Hünke, H. (ed.) :
          SOFTWARE ENGINEERING ENVIRONMENTS
          Proc. of a Symposium (S^2E^2), June 1980, Lahnstein, Germany
          North-Holland Pub. Co., Amsterdam, The Netherlands, Jan.1981

Irvi78   Irvine, C.A.; Brackett, J.W.
          A SYSTEM FOR SOFTWARE ENGINEERING
          in: Structured Analysis and Design, Vol.2, State of the Art
          Report, Infotech, Maidenhead, England, 1978

Ivie77   Ivie, E.L.
          THE PROGRAMMER'S WORKBENCH -
          A MACHINE FOR SOFTWARE DEVELOPMENT
          in: Comm. ACM, Vol.20, No.10, Oct.1977

Knud76   Knudsen, D.B.; Barofsky, A.; Satz, L.R.
          A MODIFICATION REQUEST CONTROL SYSTEM
          in: Second International Conference on Software Engineering,
          San Francisco, Oct.1976, IEEE

Laue78   Lauer, P.E.; Shields, M.W.; Best, E.
          ON THE DESIGN AND CERTIFICATION OF ASYNCHRONOUS SYSTEMS OF
          PROCESSES
          University of Newcastle upon Tyne, Computing Laboratory, Final
          Report, Period 1976-1977

Laue81   Lauer, P.E.; Shields, M.W.
          COSY: AN ENVIRONMENT FOR DEVELOPMENT and ANALYSIS OF CONCUR-
          RENT AND DISTRIBUTED SYSTEMS
          in: [Hünk81]

Mats78   Matsumoto, Y.; Nakajima, S.; Yamamoto, S.; Sakai, T.
          SPS: A SOFTWARE PRODUCTION SYSTEM FOR MINI-COMPUTERS AND
          MICRO-COMPUTERS
          in: IEEE COMPSAC 1978

Mats81   Matsumoto, Y.; Sasaki, O.; Nakajima, S.; Takezewa, K.;
          Yamamoto, S.; Tanaka, T.
          SWB SYSTEM: A SOFTWARE FACTORY
          in: [Hünk81]

Mitz81   Mitze, R.W.
          UNIX AS A SOFTWARE ENGINEERING ENVIRONMENT
          in: [Hünk81]

Miur80   Miura, T.; Kawasaki, J.
          SYSTEMS DEVELOPMENT LABORATORY
          Laboratory Report, HITACHI, Kawasaki, Japan, Oct.1980

Mura81   Murakami, N.; Miyanari, I.; Yabuta, K.
          SDEM AND SDSS: OVERALL APPROACH TO IMPROVEMENT OF THE SOFTWARE
          DEVELOPMENT ENVIRONMENT
          in: [Hünk81]

Naka78   Nakamura, Y.; Miyahara, R.; Takeuchi, H.
          COMPLEMENTARY APPROACH TO THE EFFECTIVE SOFTWARE DEVELOPMENT
          ENVIRONMENT
          in: IEEE COMPSAC 1978

Nyga81   Nygaard, K.; Handlykken, P.
          THE SYSTEM DEVELOPMENT PROCESS - ITS SETTING, SOME PROBLEMS
          AND NEEDS FOR METHODS
          in: [Hünk81]

Pear78   Pearson, D.J.; Snowdon, R.A.
          ISES - A SYSTEM FOR THE FORMAL CAPTURE OF INFORMAL DESIGN
          presented to IFIP TC10

Pear79   Pearson, D.J.
          THE USE AND ABUSE OF A SOFTWARE ENGINEERING SYSTEM
          in: Proc. AFIPS National Computer Conference, Anaheim,
          California, June 1979

Pede78   Pedersen, J.T.; Buckle, J.K.
          KONGSBERG'S ROAD TO AN INDUSTRIAL SOFTWARE METHODOLOGY
          in: Third International Conference on Software Engineering,
          Atlanta, May 1978, IEEE

Prat76   Pratten, G.D.; Snowdon, R.A.
          CADES - SUPPORT FOR THE DEVELOPMENT OF COMPLEX SOFTWARE
          in: Proc. of the European Computing Conference on Software
          Engineering, 1976, ONLINE, Uxbridge, England

Ridd78   Riddle, W.E.; Sayler, J.H.; Segal, A.R.; Stavely, A.M.; Wile-
          den, J.C.
          DREAM - A SOFTWARE DESIGN AID SYSTEM
          in: Proc. Third Jerusalem Conference on Information Technology
          Moneta, J. (ed.), North-Holland Pub. Co., Amsterdam, The
          Netherlands, Aug.1978

Ridd81   Riddle, W.E.
          AN ASSESSMENT OF DREAM
          in: [Hünk81]

Robi79   Robinson, L.; Levitt, K.N.; Silverberg, B.A.
          HDM HANDBOOK,
          Vol.I: THE FOUNDATIONS OF HDM
          Vol.II: THE LANGUAGES AND TOOLS OF HDM
          Vol.III: A DETAILED EXAMPLE IN THE USE OF HDM
          SRI International, Menlo Park, California, June 1979

Roch75   Rochkind, M.J.
          THE SOURCE CODE CONTROL SYSTEM
          in: IEEE Trans. on Software Engineering, SE-1,No.4, Dec.1975

Silv81   Silverberg, B.A.
          AN OVERVIEW OF THE HIERARCHICAL DEVELOPMENT METHODOLOGY
          in: [Hünk81]

Snow80   Snowdon, R.A.
          AN EXPERIENCE-BASED ASSESSMENT OF DEVELOPMENT SYSTEMS
          in: Riddle and Fairley (eds.), Software Development Tools,
          Springer-Verlag, Heidelberg, 1980

Snow81   Snowdon, R.A.
          CADES AND SOFTWARE SYSTEM DEVELOPMENT
          in: [Hünk81]

Stan81   Standish, T.A.
          ARCTURUS: AN ADVANCED HIGHLY-INTEGRATED PROGRAMMING ENVIRON-
          MENT
          in: [Hünk81]

Stuc81   Stucki, L.G.
          CONCEPTS AND PROTOTYPES FOR ARGUS - AN ADVANCED SOFTWARE
          ENGINEERING ENVIRONMENT
          in: [Hünk81]

Tayl78   Taylor, R.N.; Osterweil, L.J.
          A FACILITY FOR VERIFICATION, TESTING AND DOCUMENTATION OF
          CONCURRENT PROCESS SOFTWARE
          in: IEEE COMPSAC 1978

Teic77   Teichroew, D.; Hershey, E.A.
          PSL/PSA: A COMPUTER AIDED TECHNIQUE FOR STRUCTURED DOCUMENTA-
          TION AND ANALYSIS OF INFORMATION PROCESSING SYSTEMS
          in: IEEE Trans. on Software Engineering, Vol.SE-3, No.1,
          Jan.1977

Wegn80   Wegner, P.
          THE ADA LANGUAGE AND ENVIRONMENT
          CS-56, Dept. of Computer Science, Brown Univ., Providence,
          Rhode Island, 1980

Will79   Willis, R.R.; Jensen, E.P.
          COMPUTER AIDED DESIGN OF SOFTWARE SYSTEMS
          in: Fourth International Conference on Software Engineering,
          Munich, Sept.1979, IEEE

Will81   Willis, R.R.
          AIDES: COMPUTER AIDED DESIGN Of SOFTWARE SYSTEMS - II
          in: [Hünk81]

DEVELOPING ALGEBRAIC SPECIFICATIONS OF
THREADED DATA STRUCTURE IMPLEMENTATIONS[*]

Alfred Laut
Technische Universität München
Institut für Informatik
Postfach 20 24 20

8000 München 2

Abstract:

This paper contributes to the systematic development of abstract data types which
specify "low level" implementations of data structures like threaded trees or
traversable stacks. In particular, a technique is described to "freeze" an operation
of an abstracttype such that its arguments become reconstructable. Thus an algebraic
specification of a data structure with "construction history" evolves, which may be
viewed as a formal description of an implementation using pointers.

1. Introduction

In the past few years algebraic types have been approved as a powerful but still
comfortable tool for the abstract specification of data structures. If programming
is understood as the formal development of an implementation from a specification,
the algebraic types are also involved in the programming process (cf. literature
of the project CIP, e.g. [1], [10]). Usually this means that a type is either substituted by an operatively defined but still applicative model or by a procedural
implementation satisfying the algebraic specification (cf. [6]). In some cases,
however, it is impossible to separately develop the data structure and the algorithm
using it, for example if the transition to a specific implementation would provide
additional information that allows to improve the algorithm. A trivial way of doing
such a combined development is to lay open the implementation of the data structure;
this solution, however, violates the principle of "data abstraction" by information
hiding, which was the most important motivation for introducing algebraic specifi-

---

[*] This work was partially sponsored by the Sonderforschungsbereich 49
    - Programmiertechnik - Munich.

cations.

Instead the present paper suggests to develop the specification such that the information necessary for improving the algorithm is incorporated into the algebraic type. Then the algorithm can be defined over the original type, maybe run in an inefficient way using an implementation of this type, improved by passing to the more sophisticated type, and finally installed over an efficient implementation of the data structure. Throughout this development the implementations of the types may completely be hidden from the user as well as an implementor of the types need not know anything about the algorithms applying them.

In the sequel, the method is described for the data structure of labeled, ordered, rooted trees (section 2) and a typical recursive function over trees, which generalizes pre-, in-, and postorder (section 6). This function is not in "tail recursion" form, i.e. it cannot be implemented without using a stack. The reason is that the child operation of the tree structure is not invertible and hence it is impossible to return from the depth of a tree. Thus the algebraic type is extended by an operation called ichild ("invertible child") which preserves the construction history of the tree it is applied to (section 3). Then the inverse operation parent is essentially specified by the axiom

$$\text{parent}(\text{ichild}(t,i)) = t.$$

The well-definedness of the resulting type is confirmed in section 4 by constructing a model over pairs of an ordinary tree (the history) and a selector pointing to the current subtree.

Now operations yielding the first and, resp., the next child are easily introduced (section 5). Thus a specification of Knuth's "triply linked trees" evolves (cf. [4], p. 352), over which the tree traversal function can be converted into tail recursion form and by mere transliteration into a "goto" program (section 6). If the parent operation is only applied to trees with undefined successor, Knuth's "right-threaded binary trees" result as a special case (cf. [4], p. 336, and for historical reasons [11]).

As another example, the technique of "freezing" an operation of an algebraic type is applied to the pop operation of stacks (section 7). Here a specification of "traversable stacks" evolves: The invertible pop walks down the stack without destroying it; its inverse walks up again. Thus it is shown that a data structure which has created some disturbance (cf. [8] and many subsequent papers, e.g. [3]) can be developed in a systematic and suggestive way.

2. Trees

For a labeled, rooted tree t, value(t) yields the label of the root, rank(t) the number of children of the root, and child(t,i) its i-th child where $1 \leq i \leq$ rank(t). (Instead of employing error elements, we work with partial functions and specify their domains of definition in a sufficiently complete way; cf. [12]).

In order to construct trees, we use a unary operation maketree(v) , which generates a singleton tree with node value v, and a binary operation addchild(t,t') , which attaches t' as rightmost child of t. (These operations were independently described in [9].)

Presupposing primitive types B for Booleans, N for natural numbers, and V for node labels, we get the following algebraic type T (for hierarchical types cf. [12]; we denote a type and its "sort of interest" by the same symbol):

```
value   :  T → V
rank    :  T → N
child   :  {t ∈ T,  i ∈ N : 1 ≤ i ≤ rank(t)} → T
maketree : V → T
addchild : T x T → T
```

```
(T1)   value(maketree(v)) = v
(T2)   value(addchild(t,t')) = value(t)
(T3)   rank(maketree(v)) = 0
(T4)   rank(addchild(t,t')) = rank(t) + 1
(T5)   child(addchild(t,t'),  rank(t) +1) = t'
(T6)   1 ≤ i ≤ rank(t)  ⟹  child(addchild(t,t'), i) = child(t,i)
```

Note that if T6 is strictly viewed as equational formula, it reads

$$le(1,i,rank(t)) = true \implies child(addchild(t,t'),i) = child(t,i)$$

with an appropriate ternary predicate le over N. In the sequel the suffix "= true" will often be omitted. - Note also that error axioms like

$$i = 0 \ \lor \ i \geq rank(t) + 2 \implies child(addchild(t,t'),i) = error$$

could be added in a straightforward way.

Example:

$$t_1 = \text{addchild}(\text{addchild}(\text{maketree}(a), \text{maketree}(b)), \text{maketree}(c))$$

$$t_2 = \text{addchild}(\text{maketree}(a), \text{addchild}(\text{maketree}(b), \text{maketree}(c)))$$

In order to prove the sufficient completeness of the specification, we have to show that every term over T of primitive sort is reducible to a primitive term or to "undefined". (A term built by a partial function reduces to "undefined" if the according definedness predicate is not reducible to true.) For example, for every primitive term v over V the term value(maketree(v)) is reducible to v using the axiom T1 whereas for the term ·value(child(maketree(v),1)) the definedness predicate $1 \leq 1 \leq \text{rank}(\text{maketree}(v))$ reduces to $1 \leq 1 \leq 0$ by T3 and (hopefully) to false by axioms of the type N. The sufficient completeness of T can be proved analogously to Guttag's Theorem 6 [2] if we devide the operations with range T into the "constructors" maketree and addchild and the "extension" child and show by structural induction that every defined term containing the extension can be converted into a term over the constructors only and that all applications of output operations to these terms are reducible.

Particularly, no (finitely generated) model of the tree type can comprise more objects than those represented by terms over the constructors. Further we can show that each two of these terms are differently interpreted in every model. Thus the terms over maketree and addchild are a "normal form" representation of trees and all models of the type are isomorphic.

We still have to ensure that the type is consistent. Indeed the normal form algebra is naturally extended to a model by defining:

- val(t) is the leftmost subterm of sort V ;
- rank(t) counts the leading "addchild"-symbols;
- child(t,i), $1 \leq i \leq \text{rank}(t)$, deletes rank($t$)$- i$ leading "addchild"-symbols together with their second arguments and takes the second argument of the remaining term.

These operations obviously satisfy the axioms.

Summarizing, T is a sufficiently complete and monomorphic type.

3. Trees with History

The stimulus for the further development of the tree type is the desire for an invertible child operation, which arises during the conversion of a typical recursive function over trees into tail recursion (i.e. into a "goto" program - cf. section 6).

So far, the child operation is not invertible: In the example of section 1 both $child(t_1,2)$ and $child(child(t_2,1),1)$ are the singleton tree labeled by c. Hence an inverse operation cannot be defined unambiguously. The reason is that the axioms T5 and T6 reduce every term beginning with the symbol child , i.e. child drops information by destroying the construction history of the tree.

In order to overcome this difficulty, we introduce a new operation ichild ("invertible child") with the same signature as child but without an axiom like T5 and T6. For all terms beginning with ichild we define an inverse operation parent, the domain of which is specified by the predicate hasparent:

$$\text{ichild} : \{t \in T, i \in N : 1 \le i \le rank(t)\} \to T$$
$$\text{hasparent} : \quad T \to B$$
$$\text{parent} : \{t \in T : hasparent(t)\} \to T$$

(T7)   hasparent(maketree(v)) = false
(T8)   hasparent(addchild(t,t')) = false
(T9) $1 \le i \le rank(t) \to$ hasparent(ichild(t,i)) = true
(T10) $1 \le i \le rank(t) \to$ parent(ichild(t,i)) = t

What happens when one of the original operations is applied to an ichild term ?

First, the envisaged application does not require the construction of trees from "invertible children". So we restrict addchild to

$$\text{addchild} : \{t, t' \in T : \neg \; hasparent(t) \land \neg \; hasparent(t')\} \to T$$

Further, for the result of an output operation applied to an "invertible child" the invertibility is irrelevant. The same is true for the original child operation. Thus we specify :

$$1 \le i \le rank(t) \to$$

(T11)   value(ichild(t,i)) = value(child(t,i))
(T12)   rank(ichild(t,i)) = rank(child(t,i))
(T13) $1 \le j \le rank(ichild(t,i)) \to$
        child(ichild(t,i), j) = child(child(t,i), j)

Example: (t_1 and t_2 are defined as in section 2)

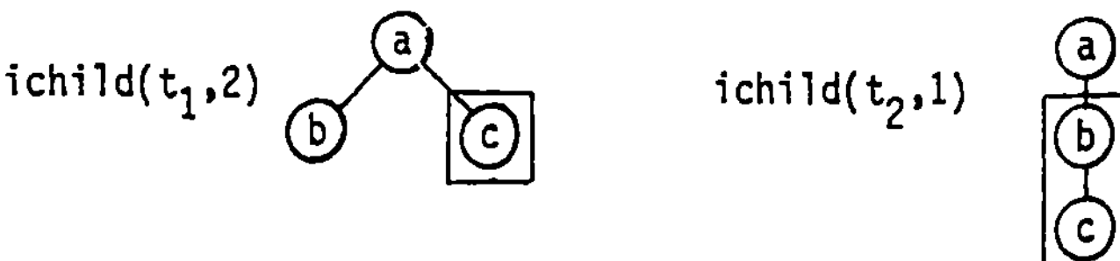

With respect to the original operations, the trees behave like the subtrees enclosed by boxes, but the parent operation makes the complete trees t_1 and t_2 available.

4. A Model for Trees with History

We have arrived at a specification with the new tree-generating operations ichild and parent. Considering ichild as constructor and parent as extension, the sufficient completeness of the new type follows from the fact that the axioms T9 through T13 reduce every defined term that contains ichild, but not as outermost symbol, to a term without ichild symbols. Terms beginning with ichild range in T and thus need not be reduced.

Since we have restricted addchild to trees without history, every defined term over the constructors has the form

$$\text{ichild}(\ldots(\text{ichild}(t_0, i_n), \ldots), i_1)$$

with $n \geq 0$, t_0 built with the original constructors maketree and addchild , and appropriate numbers $i_1, \ldots, i_n \in P$ where P comprises the positive natural numbers. Thus every model of the original type with carrier set TO can be extended to a model of the type with history by encoding $i_1, \ldots, i_n$ $(n \geq 0)$ as string of positive numbers. Then every tree consists of an ordinary tree $to \in TO$, which may be viewed as the history of the tree, and of a "selector" $s \in P^*$, which specifies the subtree under consideration. Formally:

$$TH = \{(to \in TO, \ s \in P^*) : \text{selectable}(to, s)\}$$

selectable guarantees that every component of s satisfies the restriction of the domain of ichild:

$$\text{selectable}(to, \varepsilon) = \text{true}$$
$$\text{selectable}(to, \ i \& s) = (i \leq \text{rank}_{TO}(to) \wedge \text{selectable}(\text{child}_{TO}(to, i), s))$$

where ε denotes the empty string, & the concatenation of strings, $\wedge$ the "conditional and", and rank_{TO}, child_{TO} the corresponding operations in the model TO.

For defining the operations of the abstract type on TH, we need an auxiliary function which "forgets" the history of a tree:

$$\text{forget} : TH \ \rightarrow \ TO$$

is defined by

$$\text{forget}((to, \varepsilon)) = to$$
$$\text{forget}((to, \ i \& s)) = \text{forget}(\text{child}_{TO}(to, i), s)$$

Using this function, we define for $th \in TH$, $to, to' \in TO$, $s \in P^*$, $i \in P$:

$$value_{TH}(th) = value_{TO}(forget(th))$$

$$rank_{TH}(th) = rank_{TO}(forget(th))$$

$$i \leq rank_{TH}(th) \;\Rightarrow\; child_{TH}(th,i) = (child_{TO}(forget(th), i), \varepsilon)$$

$$maketree_{TH}(v) = (maketree_{TO}(v), \varepsilon)$$

$$addchild_{TH}((to,\varepsilon),(to',\varepsilon)) = (addchild_{TO}(to,to'),\varepsilon)$$

$$i \leq rank_{TH}((to,s)) \;\Rightarrow\; ichild_{TH}((to,s),i) = (to, s \& i)$$

$$hasparent_{TH}((to,s)) = (s \neq \varepsilon)$$

$$parent_{TH}((to, s \& i)) = (to,s)$$

The validity of the tree axioms for the model TH can easily be inferred from the axioms for TO. Thus the algebraic type for invertible trees is consistent. It is not yet monomorphic: Since for

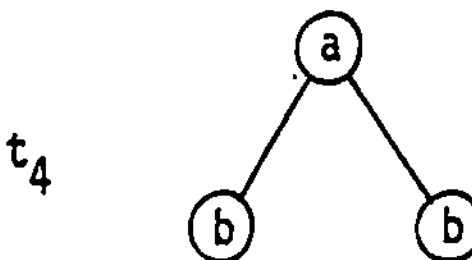

$ichild(t_4,1)$ and $ichild(t_4,2)$ cannot be distinguished by means of the output operations of the type, there exists a model that associates the same object with these terms and is therefore not isomorphic to the model given above.

5. Threaded Trees

In order to walk through a tree using a recursive function (cf. section 6), we want to test whether a tree has a child, go to the first child, and then go from each child successively to the next. The abstract type of section 3 is easily extended in this way:

```
haschild : T → B
(T14)  haschild(t) = (rank(t) ≥ 1)
firstchild : {t ∈ T : haschild(t)} → T
(T15)  haschild(t) ⇒ firstchild(t) = ichild(t,1)
hassucc : T → B
(T16) ¬ hasparent(t)  ⇒  ¬ hassucc(t)
(T17)  1 ≤ i ≤ rank(t)  ⇒  hassucc(ichild(t,i)) = (i < rank(t))
 succ : {t ∈ T :  hassucc(t)} → T
(T18) 1 ≤ i < rank(t)  ⇒  succ(ichild(t,i)) = ichild(t,i+1)
```

Obviously, the operations are sufficiently completely specified. The model given in section 4 is easily extended by the new operations (th $\in$ TH, to $\in$ TO, s $\in P^*$, i $\in$ P):

$$haschild_{TH}(th) = (rank_{TH}(th) \geq 1)$$
$$haschild_{TH}(th) \rightarrow firstchild_{TH}(th) = ichild_{TH}(th,1)$$
$$hassucc_{TH}(to, \varepsilon)) = false$$
$$hassucc_{TH}((to, s \& i)) = (i < rank_{TH}((to,s)))$$
$$hassucc_{TH}((to, s \& i)) \rightarrow succ_{TH}((to,s \& i)) = (to,s \& (i+1))$$

Again, the operations satisfy the axioms and hence the type is consistent. Moreover, the type is monomorphic: The trees sketched at the end of section 4 are now distinguished by the predicate hassucc.

Since the operations rank, child, and ichild are not used in the tree-traversal, they can be hidden. Then the abstract type describes Knuth's "triply linked tree" implementation (cf. [4], p. 352): The unary partial operations firstchild, succ, and parent are implemented by pointers, which are <u>nil</u> if the operations are undefined; the value operation corresponds to a value component. This reads in a PASCAL-like notation ("TP" means "tree with pointers"):

$$\underline{type}\ TP = \uparrow \underline{record}\ va : V;$$
$$fc, su, pa : TP\ \underline{end}$$
$$value_{TP}(tp) = tp \uparrow .va$$
$$haschild_{TP}(tp) = (tp \uparrow . fc \neq \underline{nil})$$
$$haschild_{TP}(tp) \rightarrow firstchild_{TP}(tp) = tp \uparrow . fc$$

etc.

The constructor maketree can be derived from axiom T1 and the fact that neither firstchild nor succ nor parent is defined for singletons. In an application implement, the constructor addchild has to "copy" its arguments. Its derivation is rather complicated (cf. [7]) and lies outside the scope of this paper. Of course, such implementations, which associate arbitrarily applicable functions with the operations of the type, are very inefficient. Hence it is more appropriate to implement the tree-generating operations by procedures, which over-write their variable parameters and which are completely specified in terms of the abstract operations (cf. [6]).

Some tree-traversal algorithms, like preorder or postorder, apply the parent operation only when succ is undefined. In this specific case parent may be restricted to

$$\text{parent} : \{t \in T : \text{hasparent}(t) \land \neg \text{hassucc}(t)\} \rightarrow T$$

By merging the su and pa components of the pointer implementation to a pointer and a boolean component, Knuth's "right-threaded binary tree" implementation evolves in a straightforward way (cf. [4], p. 336).

6. Developing a Tree-Traversal Algorithm

As a standard tree traversal algorithm we use a generalization of pre-, in-, and postorder, called flatten , which maps a tree into some monoid structure S (for "string") with neutral element ε and associative binary operation &. (Of course, S as well could be described by an abstract type.)

Let the functions

$$\text{pre, in, post} : T \rightarrow S$$

be given. Then

$$
\begin{aligned}
\text{flatten}(t) = \ &\text{pre}(t) \ \& \ \text{flatten}(\text{child}(t,1)) \ \& \ \text{in}(t) \ \& \\
&\text{flatten}(\text{child}(t,2)) \ \& \ \text{in}(t) \ \& \ \dots \ \& \\
&\text{flatten}(\text{child}(t,\text{rank}(t))) \ \& \ \text{post}(t)
\end{aligned}
$$

or with an auxiliary recursive function instead of "..." :

```
flatten(t) = pre(t) & flachil(t,1) & post(t)
flachil(t,i) = if i ≤ rank(t) then flatten(child(t,i)) &
                                    if i < rank(t) then in(t) else ε fi &
                                    flachil(t,i+1)
               else ε                                                    fi
```

E.g. for retrieving the linear representation of a program from an abstract syntax tree, this general form of flatten is necessary (cf. [5]). With $\text{pre}(t) = \text{value}(t)$ and $\text{in}(t) = \text{post}(t) = \varepsilon$, flatten coincides with preorder.

In order to transform flatten into tail recursion, we use $t' \cong \text{ichild}(t,i)$ as parameter of flachil , unfold the call flatten(t') , suspend the calculation of flachil(t,i+1) $\cong$ flachil(succ(t')) until $\neg$ haschild(t') , and if there is no successor left return to the parent and resume the delayed calculation of its successor (except we have reached the start node.) The strings pre(t'), post(t'), and in(parent(t')) $\cong$ in(t) are attached to an additional parameter that always contains the string calculated so far. (The transition is formally treated in [7].) Thus we get the following system of tail-recursive functions:

```
flatten(t) = if haschild(t) then   flachil(pre(t), firstchild(t))
                             else   pre(t) & post(t)                    fi
flachil(s,t') = if haschild(t') then flachil(s & pre(t'), firstchild(t'))
                                else flasucc(s & pre(t'),t')            fi
flasucc(s,t') = if hassucc(t')  then flachil(s & post(t') & in(parent(t')),succ(t'))
                                else flaparent(s & post(t'), parent(t'))    fi
flaparent(s,t') = if t' = t then  s & post(t')
                            else  flasucc(s,t') fi
```

Now parameters can be transformed to variables and function calls to "goto's". After
some minor modifications the following PASCAL-like program evolves (the label "1"
corresponds to flachil and "2" to flasucc):

```
function flatten (t : T) : S ;
     label 1, 2, 3 ;
     var ss : S ; tt : T ;
     begin ss := pre(t) ; tt := t ;
          if haschild(tt) then tt := firstchild(tt)
                          else goto 3                fi ;
      1: ss := ss & pre(tt) ;
          if  haschild(tt) then tt := firstchild(tt) ; goto 1 fi ;
      2: ss := ss & post(tt);
          if  hassucc(tt)  then ss := ss & in(parent(tt)) ;
                                tt := succ(tt); goto 1
                           else tt := parent(tt)              fi ;
          if tt ≠ t then goto 2 fi ;
      3: flatten := ss & post(tt)

     end
```

7. Traversable Stacks

Traversable stacks were proposed by Majster [8] as a data structure that cannot be
described by an algebraic type. In the sequel, numerous papers presented more or less
correct and suggestive specifications of traversable stacks, using hidden functions
(for an overview cf. [3]). By viewing traversable stacks as "stacks with history",
i.e. by making the pop operation invertible, an algebraic specification evolves
in a systematic way. Since in our setting the domains of partially defined operations
are specified anyhow, hidden functions are not necessary.

We start with an ordinary definition of stacks over a primitive type E :

    create : →   S
    push : S x E → S
    isempty : S → B
    read : {s ∈ S : ¬ isempty(s)} → E
    pop : {s ∈ S : ¬ isempty(s)} → S

    (S1) isempty(create) = true
    (S2) isempty(push(s,x)) = false
    (S3) read(push(s,x)) = x
    (S4) pop(push(s,x)) = s

In order to "traverse" a stack, we want to apply the pop operation without
destroying the stack and then return to the original stack. Thus we use the same
technique as we did with trees in section 3. According to [8] , we call the invertible pop operation down, its inverse up, and the predicate defining its
domain isdown. Like addchild, push is restricted to

    push : {s ∈ S : ¬ isdown(s)} → S
    down : {s ∈ S : ¬ isempty(s)} → S   (cf. ichild)
    isdown : S → B   (cf. hasparent)
    up : {s ∈ S : isdown(s)} → S   (cf. parent)
    (S5) isdown(create) = false   (cf. T7)
    (S6) isdown(push(s,x)) = false   (cf. T8)

    ¬ isempty(s) →
    (S7) isdown(down(s)) = true   (cf. T9)
    (S8) up(down(s)) = s   (cf. T10)
    (S9) isempty(down(s)) = isempty(pop(s))
    ¬ isempty(down(s)) →
    (S10) read(down(s)) = read(pop(s))
    (S11) pop(down(s)) = pop(pop(s))

Instead of the operation up , which inverts one application of down , often an
operation return is used, which inverts all applications of down. Then the specification of up is replaced by:

    return : S → S
    (S8a) ¬ isdown(s) → return(s) = s

    (S8b) ¬ isempty(s) → return(down(s)) = return(s)

After hiding the operation pop , the type again specifies a pointer implementation
with an elementary component and two pointers for down and up or, resp., return.

8. Concluding Remarks

We have extended the algebraic specification method to machine-oriented implementations of data structures and involved it in the process of developing efficient
programs. The price is the intricacy of such specifications and the non-trivial
logical and algebraic theory necessary for dealing with them. The prize is the
possibility of formally arguing about implementations in an implementation-in-
dependent way. This abstractness principle seems to be the most important requirement for the safe development of large software.

One might argue that trees and stacks are just two examples of data structures. The
author, however, believes that they are general enough to justify the technique
of "freezing" an operation of a type. Indead, both applications of the method have
been very helpful in a non-toy program development, viz. a context-checker for a
compilable sublanguage of CIP-L including overloaded identifiers and prohibition of
aliasing and of side-effects in expressions.

A more serious restriction lies in the recursion removal. A transformation rule
tackling the flatten example has been verified by B. Möller [7]; the general problem,
however, seems not to be solvable by a schematic transformation. In the case of
the context-checker a large system of mutually recursive functions was transformed
by hand in a rather straightforward way.

Acknowledgement: The author is indebted to Prof. F.L. Bauer and Prof. K. Samelson †
for supporting the research leading to this paper. Further he wishes to thank
B. Möller and H. Partsch for reading draft versions and for many valuable discussions.

References

1. Bauer, F.L., Wössner, H.: Algorithmische Sprache und Programmentwicklung. Berlin-
   Heidelberg-New York: Springer 1981 (to appear)

2. Guttag, J.V., Horning, J.J.: The algebraic specification of abstract data types.
   Acta Informatica 10, 27-52 (1978)

3. Kapur, D.: Specification of Majster's traversable stack and Veloso's traversable
   stack. ACM SIGPLAN Notices 14:5, 46-53 (1979)

4. Knuth, D.E.: The art of computer programming, Vol. 1 : Fundamental algorithms.
   Reading, Mass.: Addison-Wesley 1968

5. Laut, A.: Deriving a computation structure for program trees from a context-free grammar. Technical University Munich, Internal Report 1978

6. Laut, A.: Safe procedural implementations of algebraic types. Inform. Proc. Letters 11, 147-151 (1980)

7. Laut, A., Möller, B.: Mutual development of the abstract data type TREE and the function preorder. Technical University Munich, Internal Report 1979

8. Majster, M. E. : Limits of the "algebraic" specification of abstract data types. ACM SIGPLAN Notices 12:10, 37-42 (1977)

9. Merzenich, W.: A binary operation on trees and an initial algebra characterization for finite tree types. Acta Informatica 11, 149-168 (1979)

10. Partsch, H., Broy, M.: Examples for change of types and object structures. In: Program construction (F.L. Bauer, M. Broy, eds.), Lecture Notes in Computer Science 69, 421-463 (1979)

11. Perlis, A.J., Thornton, C.: Symbol manipulation by threaded lists. Comm. ACM 3, 195-204 (1960)

12. Wirsing, M., Pepper, P., Partsch, H., Dosch, W., Broy, M.: On hierarchies of abstract data types. Technical University Munich, TUM-I8007, 1980

Ein Weg zur Spezifikation und Durchführung von Transformationen an Programmen in höheren Programmiersprachen

Georg Fischer
Softlab GmbH
Arabellastr. 13
8000 München 81

Zusammenfassung:

Es werden eine Notation und ein Werkzeug vorgestellt, mit denen auf
syntaktischer Ebene Transformationen an Programmen in höheren Programmiersprachen spezifiziert und durchgeführt werden können.

Der Benutzer erstellt zunächst eine Transformationsgrammatik, die die
Syntax der zu transformierenden Programmiersprache und die gewünschten
Transformationen beschreibt.

Ein Generator erzeugt aus dieser Grammatik den eigentlichen Übersetzer, der die Transformationen an den Programmen durchführt.

Obwohl die Übersetzung syntaxgesteuert abläuft, ist der Beschreibungs-
mechanismus mächtig genug für die Spezifikation auch recht komplizier-
ter Transformationen. Unter anderem können während der Übersetzung
Teilbäume über längere Zeit hinweg gespeichert werden, und die Übersetzung kann von Attributen von Bezeichnern abhängig gemacht werden.

Das Werkzeug läuft auf einer PDP 11 in 64 KB. Es wurde unter anderem
sehr erfolgreich eingesetzt, um eine mächtige Spracherweiterung von
FORTRAN auf übliches FORTRAN IV abzubilden.

Einführung

Programme werden heute noch zum überwiegenden Teil auf eine einzige
Weise durch andere Programme automatisch verarbeitet: sie werden vom
Compiler eines Computerherstellers in Maschinenprogramme übersetzt.

Der Softwareentwickler ist an dieser Form der Verarbeitung sehr interessiert, aber er hat neben der Codierung eine Reihe anderer Aufgaben:
er muß Programme entwerfen, dokumentieren, editieren, prüfen, testen,
warten, umstellen. Beim heutigen Umfang der Softwareproduktion werden
auch für diese Aufgaben automatische Werkzeuge dringend benötigt und
deshalb in zunehmendem Maß entwickelt.

Solche Werkzeuge haben aber heute meist noch beträchtliche Schwierigkeiten, wenn sie die zu verarbeitenden Programme nicht mehr als einfache Texte oder gar Zeichenreihen auffassen dürfen, sondern wenn sie
die komplizierte Syntax und Semantik einer höheren Programmiersprache
berücksichtigen müßen.

Nach meiner Beobachtung werden die im Compilerbau seit langem entwickelten und erprobten Techniken zur Verarbeitung von Programmiersprachen für die genannten Aufgaben noch viel zu wenig eingesetzt.

Ich möchte hier eine Notation vorstellen, mit der Transformationen an
Programmen mit verhältnismäßig geringem Aufwand spezifiziert werden
können. Aus der Spezifikation und einem allgemeinen Übersetzerrahmen
erzeugt dann ein Generator den eigentlichen Transformator.

Das aus dem Generator und dem Rahmen bestehende Werkzeug wurde bisher
zur Erzeugung von

- Präprozessoren für Spracherweiterungen,

- Konvertern für die Umstellung auf eine andere Programmiersprache
  oder einen anderen Compiler

eingesetzt. Weitere mögliche Produkte sind

- Dokumentationshilfen ("Schönschreibprogramme", komfortable Quer-
  verweisgeneratoren usw.),

- Instrumentierprogramme für die Testunterstützung und Optimierung,

- Prüfprogramme zur Durchsetzung von Programmierrichtlinien.

Das hier vorgestellte Werkzeug ist eine Weiterentwicklung des in
/Fi79/ beschriebenen erweiterbaren Übersetzers EXTRA. Die Spezifikationssprache wird im folgenden nur informal an Hand von Beispielen
eingeführt, eine genauere Darstellung findet sich in /Fi80/. Anschließend an die Spezifikationssprache wird kurz auf die wichtigsten
Bestandteile und einige Eigenschaften des implementierten Systems
eingegangen.

Transformationsgrammatiken

Der Benutzer des Systems EXTRA beschreibt die von ihm gewünschte
Übersetzung mit Hilfe einer kontextfreien Transformationsgrammatik.
In dieser sind die Vorschriften für den syntaktischen Aufbau der zu
transformierenden Programme und die Transformationsregeln vereinigt.

Die Grammatik muß LR(1) sein. Diese Einschränkung erlaubt die Verwendung effizienter Syntaxanalyseverfahren, in der Praxis ist sie meist
gleichbedeutend mit der Forderung nach einer eindeutigen Grammatik.

Die Grammatik wird nach dem Vorschlag von Wirth /Wi77/ notiert, einige lexikalische Einzelheiten wurden außerdem von PL/1 übernommen. Die
Grammatik besteht aus Produktionen der Form

a = b c d .

wobei mehrere Produktionen mit gleicher linker Seite, etwa

a = b c d .
a = e f .

auch zusammengefaßt werden können (aber nicht müssen) zu

a = b c d / e f .

Die Trennung zwischen terminalen und nonterminalen Symbolen erfolgt
implizit: alle Bezeichner, die als linke Seite vorkommen, bezeichnen
Nonterminale, die anderen Terminale. "Identifier", "number" und
"string" stehen für Terminale, die von einem Scanner aus einer Reihe
von Zeichen zusammengesetzt werden, die anderen Terminale "stehen
für sich selbst".

Beispiel: Selbstanwendung der Notation für Grammatiken

```
grammar
  = rules .
rules
  = rule ´. ´
  | rules rule ´. ´.
rule
  = left_side ´= ´right_sides .
left_side
  = identifier .
right_sides
  = members transformations
  | right_sides ´|´ members transformations .
```

```
members
   =                /* leere rechte Seite */
 | members identifier
 | members number
 | members string .
transformations
   =                /* (später) */ .
```

Für die Erstellung einer Transformationsgrammatik sind einige elementare Kenntnisse über den Ablauf der Syntaxanalyse nötig.

Die Syntaxanalyse im System EXTRA arbeitet bottom-up, sie hat die
Aufgabe, über der Folge terminaler Symbole, aus denen das Quellprogramm besteht, den Strukturbaum gemäß den Produktionen der Grammatik
aufzubauen.

Dazu liest sie nacheinander Symbole, bis alle Elemente auf der rechten
Seite einer Produktion erkannt sind. Dann erfolgt die Reduktion: für
die linke Seite wird ein neuer Knoten gebildet, dessen Söhne die Elemente auf der rechten Seite werden. Außerdem wird in der Eingabe die
rechte Seite durch die linke Seite ersetzt, und beginnend bei dieser
werden erneut Sybole gelesen: aus

```
... b c d @ x y z ...
```

wird nach der Reduktion gemäß a = b c d :

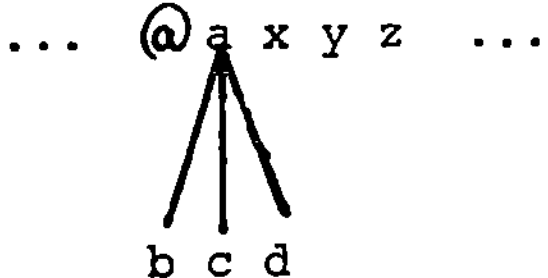

wobei '@' den Lesekopf der Syntaxanalyse andeuten soll.

Die Ausgabe des Zielprogramms besteht einfach aus einem Durchlauf
durch den Strukturbaum mit gleichzeitiger Ausgabe aller Blätter. Da
wir bisher keine Sprachelemente zur Modifikation des Strukturbaums
kennen, würde das Quellprogramm dabei (bis auf Leerzeichen, Zeilen-
wechsel und Kommentare) unverändert ausgegeben.

Einfache Baumtransformationen

Bei einer einfachen Baumtransformation gibt der Benutzer nach ´=> ´
eine andere Folge von Söhnen für den neu zu erzeugenden Knoten an,
zum Beispiel:

a = b c b => a = b:2 d b:1 .

oder kürzer

a = b c b => b:2 d b:1 .

Die ursprüngliche rechte Seite kann umsortiert werden, es können Söhne gelöscht und neue Terminale eingefügt werden. Kommt eine syntaktische Bezeichnung in der rechten Seite mehrmals vor, so müßen hinter
dem Pfeil die einzelnen Vorkommen durch Nummern hinter ´: ´ unterschieden werden. Fehlt der Pfeil, so bleibt die rechte Seite unverändert,

a = b c d => .

bedeutet jedoch, daß alle Söhne von a gelöscht werden.

Beispiel: Umformung arithmetischer Ausdrücke in postfix-polnische
Notation


```
expr
  = term
  | expr ´+ ´ term      => expr term ´+ ´.
term
  = factor
  | term ´* ´ factor    => term factor ´* ´.
factor
  = identifier
  | ´( ´expr ´)´        => expr .
```

Akkumulatoren

Die syntaxgesteuerte Übersetzung mit Hilfe einfacher Baumtransformationen ist seit langem bekannt und wurde zum Beispiel von Lewis und
Stearns /LS68/ eingehend untersucht. Ihre Möglichkeiten sind in der
Praxis jedoch schnell erschöpft. Es sind immer nur lokale Manipulationen an den Söhnen des gerade von der Syntaxanalyse erzeugten Knotens
möglich, außerdem ist die Reihenfolge der Transformationen durch die
Reihenfolge der Reduktionen starr vorgegeben.

Eine Abhilfe schaffen hier die sogenannten "Akkumulatoren", das sind
benannte, kellerartige Speicher für Teilbäume oder Kopien von Teil-
bäumen.

Die Notation

```
a = b c d
   -> ac1 = b
   -> ac2 = ac2 c.
```

zum Beispiel bedeutet, daß der 1. Sohn von a in einer neuen Inkarnation des Akkumulators ac1 abgespeichert wird, der 2. Sohn wird an
eine bereits vorhandene Inkarnation des Akkumulators ac2 angehängt.
Wie man sieht, bringt die Schreibweise eine gewisse Analogie zwischen
Nonterminalen und Akkumulatoren zum Ausdruck.

Beispiel: BASIC > PL/1, Auftrennung der PRINT-Anweisung in Element-
und Format-Liste

```
print_item
  = numeric_expression
    -> format_ac = format_ac ´,F(15,5) ´
  | TAB ´( ´numeric_expression ´) ´
    =>
    -> format_ac = format_ac ´,COL( ´
                  numeric_expression ´)´.
print_separator
  = ´;´ => ´,´
  | commas .
```

```
commas
  = ´,´
    -> format_ac = format_ac ´,X(3)´
  | commas ´,´
    => ´,´
    -> format_ac = format_ac ´,X(15)´  .
print_list
  = print_item
  | print_list print_separator print_item .
.print_head
  = PRINT
    -> format_ac = SKIP
.print_statement
  = print_head print_list
    => ´PUT EDIT(´ print_list ´)(´ format_ac ´)´.
```

Für das Kellern und Entkellern in Akkumulatoren gelten folgende
Regeln:

(1) Ein Akkumulatorname rechts von ´=´bezeichnet eine Kopie des
     obersten Kellerelements, dieses wird am Ende der Produktion
     gelöscht.

(2) Ein Akkumulatorname links von ´=´bewirkt die Erzeugung eines
     neuen Elements, das (ggf. nach dem Löschen gemäß (1)) ge-
     kellert wird.

Diese Regeln mögen unnötig kompliziert klingen, sie erweisen sich
jedoch besonders bei der Verarbeitung rekursiver Sprachelemente als
sehr nützlich:

Beispiel: PL/1 -> ALGOL60, Deklarationen müßen in Blöcken vor die
Anweisungen sortiert werden

```
program
  = block .
sequence
  =
    -> declarations =
  | sequence declaration ´;´
    => sequence
```

```
    -> declarations = declarations declaration ´;´
   | sequence statement ´;´
   | sequence block .
block
  = BEGIN ´;´ sequence   END ´;´
    => BEGIN declarations statements END ´;´ .
```

Rücksetzen der syntaktischen Analyse

Mit den Akkumulatoren können Teile des Quellprogramms gut von links
nach rechts und nach "oben" im Baum transportiert werden, der bereits
aufgebaute "unter" Teil kann aber nie mehr verändert werden.

Die Entfaktorisierung von PL/1-DECLARE-Anweisungen aus /DR74/ ist
ein Beispiel für eine Transformation, die mit den genannten Mitteln
noch nicht spezifiziert werden kann. Im Gegensatz zu den von DeRemer
vorgeschlagenen, komplexeren Operationen auf rekursiv erzeugten Teil-
bäumen sollte im System EXTRA möglichst wenig von dem sehr einfachen
Schema der syntaxgesteuerten Übersetzung abgewichen werden.

Deshalb wurde eine Möglichkeit eingeführt, in die Syntaxanalyse ein-
zugreifen und den Parser ein zweites Mal über bereits erzeugte Teile
des Baums laufen zu lassen:

```
a = b c d  => ∂ d c .
```

bedeutet, daß nicht a, sondern die Blätter der Teilbäume d und c
vor den Rest der Eingabe gestellt werden, bevor der Parser weiter-
liest.

Beispiel: Programme sollen in 3 Pässen mit verschiedenen Transfor-
mationsgrammatiken verarbeitet werden

```
program
  =          pass_1_grammar => ∂ pass_2 pass_1_grammar
  | pass_2 pass_2_grammar => ∂ pass_3 pass_2_grammar
  | pass_3 pass_3_grammar .
pass_1_grammar = /* ... */ .
pass_2_grammar = /* ... */ .
pass_3_grammar = /* ... */ .
```

"pass_2" und "pass_3" sind hier besondere Terminale, die nur zur Auswahl der richtigen Teilgrammatik dienen und die im Quellprogramm selbst nie vorkommen können.

Der Rücksetzoperator läßt sich recht einfach realisieren und ist doch mächtig. Er kann aber neben Ineffizienzen auch sehr gefährliche Auswirkungen haben: es muß sichergestellt werden, daß durch ihn keine zusätzlichen syntaktischen Fehler auftreten können.

Attribute von Bezeichnern

In den Definitionen der meisten Programmiersprachen werden verschiedenen Sprachkonstrukten bestimmte Attribute wie "real", "n-dimensional", "Länge n" usw. zugeordnet. Diese Attribute bestimmen entscheidend die Semantik der Sprache, deshalb müssen sie auch bei der Übersetzung zwischen Programmiersprachen berücksichtigt werden, wenn man einmal von sehr einfachen Abbildungen absieht.

Die Behandlung von Attributen in einem generierten Werkzeug erfordert jedoch beträchtlichen Aufwand, und die Diskussion über die geeignetste Spezifikationsmethode ist auch noch nicht abgeschlossen.

EXTRA beschränkt sich deshalb auf eine Art Syboltabelle, in die während der Übersetzung Attribute von Bezeichnern eingetragen werden können. In der Grammatik wird der Attributname mit ´$´hinter den gewünschten Bezeichner gestellt, etwa:

a = b id c => b id$length c .

Definition und Verwendung von Attributen entsprechen in der Notation der von Akkumulatoren.

Beispiel: FORTRAN 77 -> FORTRAN "IV", Auflösung von Zuweisungen zwischen Zeichenketten in Unterprogrammaufrufe

```
character_declaration
  = CHARACTER id_list .
id_list
  = identifier ´*´number
    -> identifier$length = number
  | id_list ´,´identifier ´*´number
    -> identifier$length = number .
assignment
  = identifier ´==´identifier
  =>´CALL ZZCHAS(´
        identifier:1 ´,´identifier:1$length ´,´
        identifier:2 ´,´identifier:2$length ´)´.
```

In FORTRAN 77 müssen jedoch CHARACTER-Zuweisungen nicht wie hier mit
´==´, sondern mit dem üblichen Zuweisungsymbol ´=´geschrieben werden.
Die Grammatik

```
assignment
  = arithmetic_identifier ´=´arithmetic_identifier
  | character_identifier ´=´character_identifier .
arithmetic_identifier = identifier .
character_identifier  = identifier .
```

ist aber leider mehrdeutig. Der Parser kann ohne zusätzliche Information nicht entscheiden, ob ein vom Scanner gelieferter Bezeichner das
Attribut "arithmetic" oder "character" hat. Wäre diese Entscheidung
einmal getroffen, so könnte der Parser normal weiterarbeiten, denn
danach sind die Attribute in den Nonterminalen enthalten.

Die Grammatiken von ALGOL60 oder Pascal zum Beispiel enthalten eine
Fülle solcher mehrdeutiger Konstruktionen. In EXTRA gibt es nun eine
zugegebenermaßen etwas trickreiche Möglichkeit, diese Mehrdeutigkei-
ten aufzulösen: der Syntaxanalyse kann in einer einfachen Baumtransformation eine neue linke Seite "untergeschoben" werden, und zwar
kann dafür der Wert eines Attributs angegeben werden.

Die Grammatik für das oben angegebene Problem hätte dann etwa folgende Form:

```
arithmetic_declaration
  = ARITHMETIC identifier
    -> identifier$type = arithmetic_identifier .
character_declaration
  = CHARACTER  identifier
    -> identifier$type = character_identifier .
assignment
  = arithmetic_identifier '=' arithmetic_identifier
  | character_identifier  '=' character_identifier  .
arithmetic_identifier = identifier .
    => identifier$type = identifier .
```

In der letzten Zeile wird die linke Seite verändert, je nach dem Wert
des Attributs "identifier$type" wird "arithmetic_identifier" oder
"character_identifier" vom Parse weiterverwendet. Diese Grammatik ist
eindeutig, denn "character_identifier" ist ein Terminal geworden, das
allerdings nicht vom Scanner erzeugt werden kann.

Spezielle semantische Aktionen

Auch mit   allen bisher beschriebenen Sprachelementen lassen sich einige in der Praxis sehr wichtige Operationen immer noch nicht oder nur mit sehr großem Aufwand spezifizieren.

Es gibt deshalb im System EXTRA die Möglichkeit der "speziellen semantischen Aktionen (SSA)", das sind kleine Programmstücke, die der Benutzer über eine bestimmte Schnittstelle in das System einbinden kann, und die dann während der Baumtransformation aktiviert werden können. Die SSA sind durchnumeriert, zum Beispiel könnte in

a = b c d =>b c #45 .

die SSA 45 bewirken, daß d durch einen "neuen", sonst nirgends vorkommenden Bezeichner ersetzt wird.

Beispiel: ALGOL60 -> PL/1, die Anzahl der Elemente in einer switch_ list muß bestimmt werden

```
switch_list
  = label
    -> num_ac = 1
  | switch_list ´,´label
    -> num_ac = num_ac 1 #41 /* = num_ac + 1 */ .
switch_declaration
  = SWITCH identifier ´:=´ switch_list
    => DCL identifier ´(´ num_ac ´)´ LABEL
        INIT ´(´ switch_list ´)´ .
```

In der bestehenden Implementierung gibt es zur Zeit SSA für

- die Grundrechenarten und numerische Vergleiche,

- die Bestimmung der Länge einer Zeichenkette,

- die Erzeugung "neuer" Bezeichner und FORTRAN-Anweisungsnummern,

- die Einfügung von Quellzeilennummern in das Zielprogramm,

- die Änderung gewisser Systemparameter.

Struktur und Implementierung des Werkzeugs

Das System EXTRA zerfällt logisch in zwei große Teile: Den Generator
und den Übersetzerrahmen.

Der Generator enthält einen LR(1)-Parsergenerator, der auch inkrementell arbeiten kann, das heißt kleinere Änderungen oder Erweiterungen
an einer Grammatik erfordern keinen vollständig neuen Generierlauf
(vgl. /Fi80/).

Die Sprachelemente für die Baumtransformationen werden für jede Produktion in eine Folge elementarer Befehle zum Erzeugen, Kopieren und
Löschen von Söhnen, Akkumulatoren, Attributen usw. übersetzt.

Der Übersetzerrahmen enthält einen tabellengetriebenen LR(1)-Parser
und einen Baumtransformator, der bei Reduktionen die genannten Befehle nacheinander interpretiert.

Scanner und Ausgabeprogramm sind stark von der jeweiligen Anwendung
abhängig, außerdem müssen sie sehr effizient arbeiten. Sie sind deshalb nicht generierbar, können aber aufgrund ihres einfachen Aufbaus
bei Bedarf leicht auf die jeweiligen Bedürfnisse zugeschneidert werden.

In der Implementierung sind eine Reihe von Bestandteilen des Generators und des Übersetzerrahmens identisch und deshalb nur einmal vorhanden. Die Verarbeitung der Transformationsgrammatik erfolgt auch
syntaxgesteuert, der Parsergenerator und die Erzeugung der Transfor-
mationsbefehle werden dabei durch spezielle semantische Aktionen
angestoßen.

Das System ist zur Zeit in FORTRAN geschrieben, es wurde unter anderem sehr erfolgreich auf einer PDP 11/34 eingesetzt, um eine mächtige
Spracherweiterung von FORTRAN auf FORTRAN "IV" abzubilden. Es folgen
einige Zahlenangaben zu dieser Anwendung:

Größe der Grammatik: 676 Zeilen

                         307 Produktionen

                         471 LR(1)-Parserzustände

                        1237 Transformationsbefehle

Generierzeit: 30 Minuten

Speicherplatzbedarf: 64 KB Hauptspeicher

Geschwindigkeit des
Übersetzers: 1 Anweisung/Sekunde

Die recht geringe Übersetzungsgeschwindigkeit ist vor allem durch den
beschränkten Adreßraum auf der PDP 11 und die dadurch erforderlichen
Overlay- und Softwarepaging-Techniken bedingt. Sie steigt deutlich,
wenn mehr Speicherplatz zur Verfügung steht.

Literaturverzeichnis

/DR74/   DeRemer, F.L.: Transformational Grammars.
         In: Compiler Construction - An Advanced Course.
         Springer Lecture Notes in Computer Science, Vol. 21,
         Springer Verlag, Berlin Heidelberg New York (1974)

/Fi79/   Fischer, G.: EXTRA - ein erweiterbarer Übersetzer.
         Proceedings GI - 9. Jahrestagung, Bonn Okt. 1979.
         Informatik Fachbereichte 19, Springer Verlag,
         Berlin Heidelberg New York (1979), 240-151

/Fi80/   Fischer, G.: Incremental LR (1) Parser Construction
         as an Aid to Syntactical Extensibility.
         Dissertation, Abteilung Informatik, Universität
         Dortmund (Juni 1980)

/LS68/   Lewis II, P. M., Stearns, R. E.: Syntax-Directed
         Transductions. Journ. ACM 15, 3 (July 1968), 465-488

/Wi77/   Wirth, N.: What Can We Do about the Unnecessary
         Diversity of Notations for Syntactic Definitions.
         Comm. ACM 20, 11 (Nov. 1977), 822-823

PASILA - ein computerunterstuetztes Werkzeug zur Definition und Implementation von Anforderungssprachen

Joachim Christ, Helmut Balzert

Referat Software- Methoden und -Werkzeuge
Triumph- Adler AG, Nuernberg

Zusammenfassung

Das Definieren von Anforderungen an Softwareprodukte muss durch Methoden, Sprachen und Werkzeuge verbessert und erleichtert werden. Nur dadurch koennen Anforderungsfehler fruehzeitig erkannt werden. Bisherige Sprachen zur Anforderungsdefinition wie SADT, PSL oder RSL geben einen festen Sprachumfang, eine definierte Eingabesyntax und eine bestimmte Ausgabeform vor. PASILA ist demgegenueber ein Werkzeug, das es dem Benutzer ermoeglicht, Anforderungssprachen entsprechend seinen individuellen Wuenschen und Beduerfnissen zu spezifizieren. PASILA implementiert dann die spezifizierte Anforderungssprache automatisch. Im Gegensatz zu anderen Werkzeugen kann der Benutzer die Eingabesyntax und die Ausgabeform frei waehlen sowie Verifikations- und Falsifikationsregeln definieren.

1. Einfuehrung

Zur Beschreibung von Anforderungen an Softwareprodukte werden in zunehmendem Masse formale Anforderungsdefinitionssprachen eingesetzt z.B. PSL, RSL (siehe auch [Balzert 80]). Um solche Sprachen optimal den jeweiligen Produkterfordernissen anpassen zu koennen, ist es wuenschenswert, ein allgemeines Werkzeug zu besitzen, das es ermoeglicht, solche Sprachen zu spezifizieren und automatisch zu implementieren. In PASILA ist es sowohl moeglich die Eingabesyntax der gewuenschten Anforderungssprache zu spezifizieren, als auch deren Semantik durch Definition von Regeln zur Verifikation und Falsifikation, sowie die Ausgabeform der Dokumentationen und Analysen festzulegen. PASILA begleitet die Sprachdefinition genauso wie den Spracheinsatz. Die Sprachdefinition wird unterstuetzt durch eine systematische Leitung anhand der Sprache PASILA/S, in der die Anforderungssprache spezifiziert wird. Dem Spracheinsatz dient ein Dienstleistungspaket, das im wesentlichen die definierten Analysen durchfuehrt (vgl. z.B. PSA, REVS) und die gewuenschten Dokumentationen erstellt.

2. Charakteristika von Anforderungssprachen

Um sowohl die Einordnung von Anforderungssprachen als auch von PASILA zu erleichtern, wird ein Bezug zu Programmiersprachen hergestellt.

Die Aufgaben und die sich daraus ergebenden Eigenschaften von Programmiersprachen sind allgemein bekannt. Programmiersprachen dienen dazu, Softwaresysteme zu implementieren. Der jeweiligen Programmiersprache liegt ein Modell zugrunde, auf das die Problemloesungen abgebildet werden muessen. Jede Programmiersprache hat eine festgelegte Eingabe-syntax und einen festgelegten Sprachvorrat. Versuche, die Syntax durch den Benutzer erweitern zu lassen, haben sich als nicht erfolgreich erwiesen. Fuer die Beschreibung der Semantik werden formale Methoden entwickelt. Syntax, Sprachmenge und Semantik werden durch den Sprachentwerfer festgelegt.

Durch die Entwicklung von Compiler- Compilern wird versucht, ausgehend von einer Sprachspezifizierung, den Compiler fuer die spezifizierte Sprache automatisch zu generieren. Durch die Komplexitaet der Semantik und die Hardwarestruktur der jeweiligen Zielmaschine bedingt, gelingt dieser Generierprozess nur eingeschraenkt.

<u>Anforderungssprachen</u> haben die Aufgabe, Sprachkonzepte zur Beschreibung von Anforderungen an Softwareprodukte bereitzustellen. Dabei muss man sich darueber im klaren sein, dass man sich dabei auf einer voellig anderen Abstraktionsebene befindet als etwa bei Programmiersprachen. In der Praxis angewandte Beschreibungsmodelle gestatten es insbesondere, die Schnittstellen zur Umwelt des zu entwickelnden DV- Systems zu formulieren. Die jeweiligen Moeglichkeiten, die Schnittstellen zu beschreiben, sind jedoch unterschiedlich.

Die in einer Anforderungssprache formulierten Anforderungen sollen keineswegs in lauffaehigen Code umgewandelt werden, sondern automatisch auf Vollstaendigkeit und Konsistenz ueberprueft werden koennen. Als Ziel werden ebenfalls Simulationen angestrebt.

Aus den Aufgaben und den Zielsetzungen ergibt sich, dass die Semantik wesentlich einfacher als etwa bei Programmiersprachen ist. Fast alle im Bereich der Anforderungsdefinition eingesetzten grafischen oder formalen Sprachen lassen sich auf ein Modell bestehend aus Objekten, Objekttypen, Attributen und Relationen reduzieren. Durch diese Reduktion auf eine Klasse von Modellkonzepten und die auch dadurch eingeschraenkte Semantikmoeglichkeiten kann fuer Anforderungssprachen ein allgemeiner Generator entwickelt werden, der einem Compiler- Compiler fuer Programmiersprachen vergleichbar ist.

Mit PASILA steht ein solcher Generator zur Verfuegung. Damit kann der Benutzer selbst als Sprachspezifizierer taetig werden und seine eigene Anforderungssprache konzipieren.

Historisch gesehen haben sich vorhandene Anforderungssprachen wie PSL [Teichroew, Hershey 77] oder RSL [Alford 77] an Programmiersprachen angelehnt. Es wurde eine unabaenderliche Eingabesyntax und eine vorgedachte Sprachmenge festgelegt. Die Ausgabelisten koennen durch Parametersteuerung in gewissem Rahmen variiert werden. Die in der jeweiligen Sprache definierten Anforderungen werden in Form eines Programmes in das jeweilige Sprachsystem eingegeben.

Aus den Anwendungen heraus ergibt sich jedoch, dass die Beschreibungs- modelle und die Sprachmenge fexibel an die jeweiligen Beduerfnisse anpassbar sein muessen.

Die Abb. 1 und 2 zeigen eine Einordnung von PASILA.

	formale Eingabesyntax	formale Semantik	Ausgabeform frei waehlbar	Generierbarkeit
Programmier-sprachen	ja, nicht erweiterbar, batchorient.	z.T. nicht erweiterbar	./.	z.T. durch Compiler-Compiler
Anforderungs-sprachen				
SADT	nein, nur Regeln	nein	nein	durch PASILA
PSL	ja, nicht erweiterbar, batchorient.	nein	nein	durch PASILA
RSL	ja, nicht erweiterbar, batchorient.	nein	nein	durch PASILA
PLASMA/S durch Be-nutzer def. Sprache	ja, menuege-steuert	ja	ja	durch PASILA

Abb. 1· Vergleich von Programmiersprachen und gaengigen Anforderungssprachen

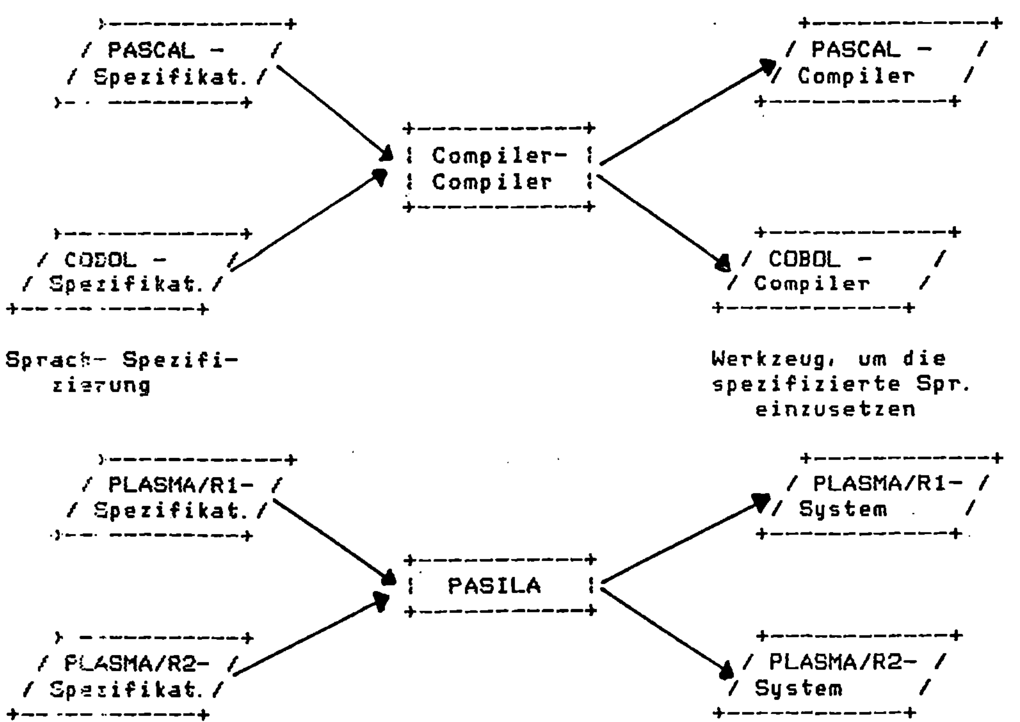

Abb. 2: Zur Einordnung von PASILA

3. PLASMA/R - ein Beispiel fuer eine Anforderungssprache

Der Generator PASILA ist in das Softwareentwicklungssystem PLASMA [Balzer+ 81] eingebettet. Die in PLASMA verwendete Anforderungssprache heisst PLASMA/R (R fuer Requirements), wobei es mehrere Anforderungs- sprachen geben kann. In den Abb. 1 und 2 steht PLASMA/R daher als eine vom Benutzer spezifizierte und von PASILA implementierte Anforderungs- sprache.

Um die Fexibilitaet, Variabilitaet und Maechtigkeit von PASILA zu demonstrieren, wird eine elementare Anforderungssprache PLASMA/R definiert.

Es wird ein einfaches, aber dennoch maechtiges, in sich geschlossenes Anforderungsmodell gewaehlt. Das Modell verwendet zwei- und drei- stellige Relationen und ist damit sowohl in PSL als auch in RSL nicht beschreibbar (dort sind nur zweistellige Relationen moeglich).

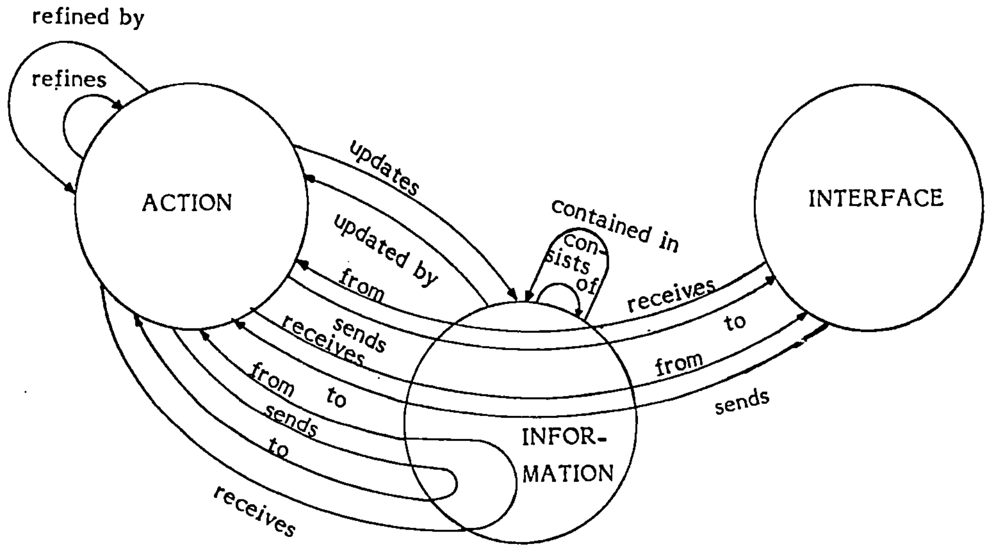

Abb. 2: Beispiel fuer ein Anforderungsmodell

Das Modell besteht aus den drei Objekten ACTION, INTERFACE und INFORMATION. Zwischen diesen Objekten gibt es die eingezeichneten Relationen. Eine ACTION bezeichnet einen Verarbeitungsvorgang; INTERFACE's stellen die Schnittstellen zur externen Umgebung dar.

Zwischen ACTION und INTERFACE sowie zwischen verschiedenen ACTION's koennen Informationen (INFORMATION) ausgetauscht werden. ACTION's und INFORMATION's koennen verfeinert werden. Aus der Sicht von INFORMATION lauten die Relationen: " ... PASSED FROM ... TO ... ".

Folgende Semantikregeln sollen fuer dieses Modell gelten:

(a) Als Sender oder Empfaenger von Informationen koennen nur Aktionen oder Schnittstellen fungieren.

(b) Alle von Schnittstellen gesendeten Informationen muessen in Aktionen verbraucht werden.

(c) Alle von Aktionen gesendeten Informationen muessen entweder in Aktionen oder Schnittstellen ankommen.

(d) Alle von Schnittstellen empfangenen Informationen muessen von Aktionen gesendet werden.

(e) Alle von Aktionen empfangenen Informationen muessen entweder von Aktionen oder Schnittstellen gesendet werden.

(f) Eine Verfeinerung einer Aktion muss wieder eine Aktion sein.

(g) Eine Verfeinerung einer Information muss wieder eine Information sein.

(h) Keine Aktion ist Teil von sich selbst.

(i) Keine Information ist Teil von sich selbst.

Mithilfe dieses Modells sollen die Anforderungen an ein zu ent-
wickelndes Softwaresystem "Weinhandlung" beschrieben und anschliessend
dokumentiert und analysiert werden.

```
 1.00 ACTION Weinhandlung
 2.00     DESCRIPTION Weine einkaufen, verkaufen, lagern
 3.00                 und verwalten
 4.00     RECEIVES    Kundenbestellung, Reklamation_von_
 5.00                 Kunde, Zahlungen_von_Kunden
 6.00                 FROM Kunde
 7.00     RECEIVES    Angebot_von_Lieferant, Gelieferter_
 8.00                 Wein, Rechnung_von_Lieferant
 9.00                 FROM Lieferant
10.00     SENDS       Angebot_an_Kunde, Antwort_auf_
11.00                 Reklamation, Mahnung, Ausgelieferter_
12.00                 Wein
13.00                 TO Kunde
14.00     SENDS       Bestellung_an_Lieferant, Reklamation_
15.00                 an_Lieferant, Zahlung_an_Lieferant
16.00                 TO Lieferant
17.00     REFINED BY  Verkauf_abwickeln, Wein_ein_und_
18.00                 auslagern, Einkauf_abwickeln
19.00 END ACTION
20.00
21.00 INTERFACE Kunde
22.00     DESCRIPTION Abwicklung des Kunden
23.00     SENDS       Kundenbestellung, Reklamation_von_
24.00                 Kunde, Zahlung_von_Kunde
25.00                 TO Weinhandlung
26.00     RECEIVES    Angebot_an_Kunde, Antwort_auf_
27.00                 Reklamation, Mahnung
28.00                 FROM Weinhandlung
29.00 END INTERFACE
30.00
31.00 INFORMATION Kundenbestellung
32.00     PASSED FROM Kunde TO Weinhandlung
33.00     CONSISTS OF Kundendaten, Artikeldaten
34.00 END INFORMATION
35.00
36.00 ACTION Verkauf_abwickeln
37.00     DESCRIPTION Abwicklung aller Kundenkontakte
38.00     RECEIVES    Kundenbestellung, Reklamation_
39.00                 von_Kunde, Zahlung_von_Kunde
40.00                 FROM Kunde
41.00     SENDS       Angebot_an_Kunde, Antwort_auf_
42.00                 Reklamation, Mahnung
43.00                 TO Kunde
44.00     SENDS       Lagerplan_fuer_Auslieferung,
45.00                 Gestellte_Rechnung
46.00                 TO Wein_ein_und_auslagern
47.00     REFINED BY  Kundenbestellung_bearbeiten,
48.00                 Kundenzahlungen_verbuchen,
49.00                 Reklamationen_bearbeiten
50.00 END ACTION
51.00
52.00 INFORMATION Ausgelieferter_Wein
53.00     PASSED FROM Weinhandlung TO Kunde
54.00     CONSISTS OF Gestellte_Rechnung, Weinflaschen
55.00 END INFORMATION
```

Abb. 4: Textuelle Ausgabe der Nutzdaten des Systems "Weinhandlung"

Nach einem Ueberblick ueber den Aufbau von PASILA wird gezeigt, wie das
Modell aus Abb. 3 in PASILA spezifiziert wird und welche Analysen
anhand der Daten der Weinhandlung erzeugt werden.

4. Der Aufbau von PASILA

PASILA ist ein Generator fuer Anforderungssprachen und gliedert sich in
drei Komponenten (siehe auch [Christ 80]):

(1) In PASILA/S wird die zu generierende Anforderungssprache
     spezifiziert. Diese Spezifikation beschreibt die Eingabe (Menue-
     vorgaben, Parseproduktionen), die Ausgabe (Listaufbau, Aufbau der
     Druckausgabe) und die Semantik der Anforderungssprache
     hinsichtlich Vollstaendigkeit und Konsistenz. Weiterhin enthaelt
     PASILA/S Beschreibungsmoeglichkeiten, um Jobs, d.h. vom Benutzer
     definierte Ablauffolgen von Eingabe-, Ausgabe- und Analyse-
     aktivitaeten anzugeben.

(2) Der Generator PASILA/G bearbeitet die Spezifikationen in PASILA/S.
     Er stellt semantische Fehler innerhalb der Sprachdefinition fest.
     Er erzeugt aus einer fehlerfreien Sprachspezifikation einen Zwi-
     schencode, der in einer Datenbank abgelegt wird.

(3) Es werden Werkzeuge zur Verfuegung gestellt, die es erlauben,
     Benutzerjobs auszufuehren. Ein Dienstleistungspaket realisiert
     diese Jobs, indem es die Jobs und die zu ihrer Bearbeitung
     benoetigten Zwischencodeteile aus der Datenbasis PASILA/DB
     zulaedt. Das Dienstleistungspaket PASILA/D stellt den Kern fuer
     den Spracheinsatz der definierten Anforderungssprache dar. Es
     verfuegt grundsaetzlich ueber eine Kommandosprachenschnittstelle
     und Routinen zur Eingabe der Anforderungen an ein Produkt (Menue-
     oder Parsetechnik), zur Analyse dieser Anforderungen (Testen,
     Bereinigen und Ergaenzen von Datenbankinhalten) und zur Ausgabe
     (Listen und Diagramme auf Drucker oder Sichtgeraet).

(4) Die vom Anwender der generierten Anforderungssprache eingegebenen
     Daten werden in einer dedizierten Datenbasis, der PASILA/DB, abge-
     speichert. Das Schema, wie die Daten darin abgespeichert werden,
     sowie Konsistenz- bzw. Vollstaendigkeitsregeln auf dieser
     Datenbasis koennen vom Entwerfer der zu generierenden
     Anforderungssprache definiert werden.

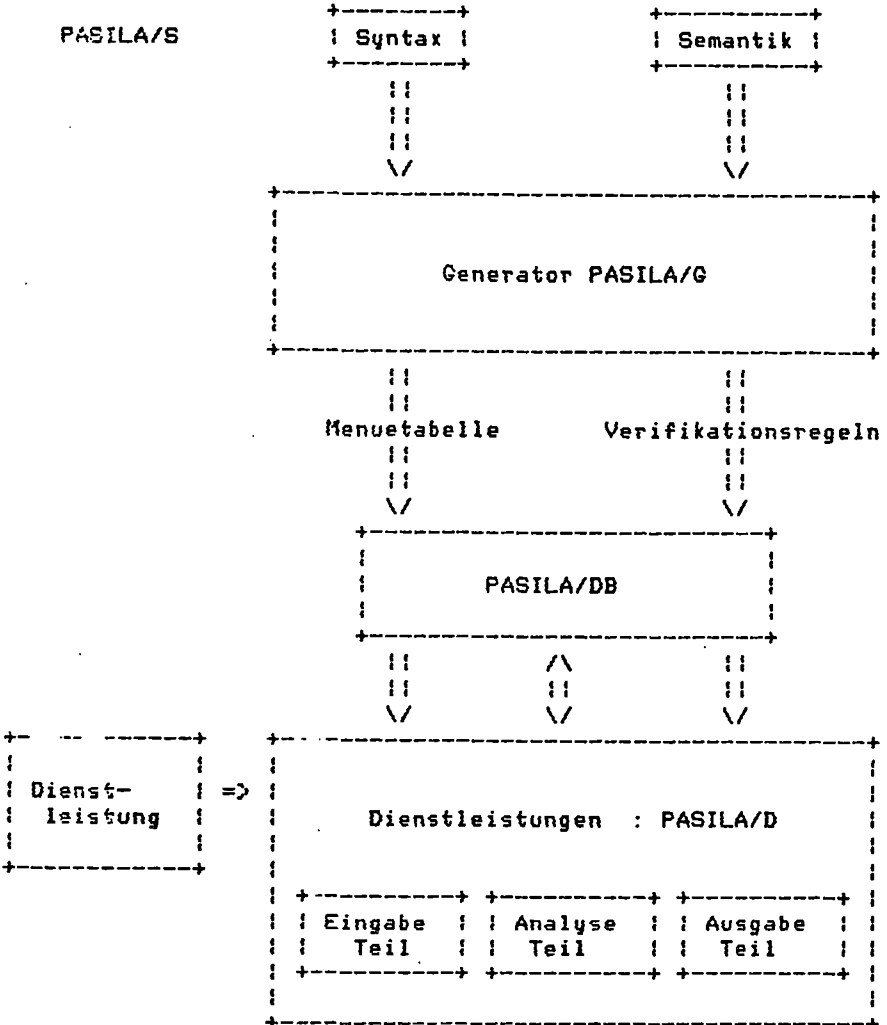

Abb. 5: Gesamtuebersicht

5. Beispiel fuer die Spezifikation einer Anforderungssprache

Das in Abb. 3 definierte Anforderungsmodell wird im folgenden in PASILA
spezifiziert:

Die Definition einer Anforderungssprache erfolgt in drei Schritten. Im
ersten Schritt muss die Menuesteuerung definiert werden; im zweiten
Schritt dann die Analysen, die auf den eingegebenen Daten erfolgen
sollen. Im letzten Schritt dann werden die textuellen oder grafischen
Ausgaben beschrieben.

Um die Semantik einer Anforderungssprache in PASILA/S zu beschreiben,
muss zunaechst spezifiziert werden, welche Zusammenhaenge in der
Datenbank abgespeichert werden sollen. Die Semantikbeschreibung erfolgt
dann dadurch, dass Regeln darueber definiert werden, welche Eintraege
in der Datenbank andere voraussetzen oder welche Eintraege nicht mit

anderen vertraeglich sind.

Die von PASILA verwendete Datenbank ist eine Datenbank nach dem Hierarchiemodell. Die Zusammenhaenge, die in die Datenbank eingetragen werden, werden auf Hierarchien von Namen abgebildet. Eine Qualifizierung in der Hierarchie wird durch ein Atsign ('@') ausgedrueckt.

Zunaechst wird die Menuesteuerung in PASILA/S formuliert. Zum Verstaendnis dieser Beschreibung werden einige Metasymbole erlaeutert:

(1) Terminalzeichen stehen in Doppelapostroph ('"').

(2) Optionale Angaben werden in eckigen Klammern eingeschlossen ('[', ']').

(3) Angaben, die wiederholt auftreten koennen, werden mit spitzen Klammern eingeschlossen ('<', '>').

(4) Eine Folge von Angaben (mit runden Klammern umschlossen), die mit dem Wortsymbol 'MENU' eingeleitet wird, beschreibt ein Menue. Die einzelnen Alternativen innerhalb dieses Menues koennen durch Ankreuzen ausgewaehlt werden.

(5) Das Sprachsymbol 'ATOM DISPLAY ... ACCEPT ...' beschreibt eine Ausschreibe- Einlesesequenz. Es wird der angegebene Text am Bildschirm ausgegeben und anschliessend vom Bildschirm eingelesen. Die Benutzereingabe muss dabei der vorgegebenen Syntax genuegen; z.B. 'IDENT' d.h. die syntaktische Form eines Bezeichners.

```
1.000  MODEL OF Taetigkeit IS
2.000      "ACTION" @
3.000          @ ATOM DISPLAY "Name der Taetigkeit" ACCEPT IDENT
4.000            @ MENU ( [<Eingabe>],
5.000                     [<Ausgabe>],
6.000                     [<Teiltaetigkeit>] ).

1.000  MODEL OF Eingabe IS
2.000      "RECEIVES"
3.000          @ ATOM DISPLAY "Name der Eingabe" ACCEPT IDENT
4.000            @ "FROM"
5.000              @ ATOM DISPLAY "Name des Erzeugers" ACCEPT IDENT.

1.000  MODEL OF Ausgabe IS
2.000      "SENDS"
3.000          @ ATOM DISPLAY "Name der Ausgabe" ACCEPT IDENT
4.000            @ "TO"
5.000              @ ATOM DISPLAY "Name des Empfaengers" ACCEPT IDENT.

1.000  MODEL OF Teiltaetigkeit IS
2.000      "REFINED_BY"
3.000          @ ATOM DISPLAY "Name der Teiltaetigkeit" ACCEPT IDENT.

1.000  MODEL OF Interface IS
2.000      "INTERFACE"
3.000          @ ATOM DISPLAY "Name der Schnittstelle" ACCEPT IDENT
4.000            @ MENU ( [<Eingabe>],
5.000                     [<Ausgabe>] ).
```

```
1.000 MODEL OF Information IS
2.000     "INFORMATION"
3.000         @ ATOM DISPLAY "Name der Information" ACCEPT IDENT
4.000             @ MENU ( [ Datenfluss ],
5.000                     [<Teilinformation>] ).

1.000 MODEL OF Datenfluss IS
2.000     "PASSED_FROM"
3.000         @ ATOM DISPLAY "Name des Erzeugers" ACCEPT IDENT
4.000         @ "TO"
5.000             @ ATOM DISPLAY "Name des Empfaengers" ACCEPT IDENT.

1.000 MODEL OF Teilinformation IS
2.000     "CONSISTS_OF"
3.000         @ ATOM DISPLAY "Name der Teilinformation" ACCEPT IDENT.
```

Abb. 6: Die Menuesteuerung fuer das Anforderungsmodell

Zur Semantikbeschreibung werden Verifikations- und Falsifikationsregeln
definiert. Diese sind als Bedingungen fuer die Datenbankinhalte zu verstehen. Ein Eintrag in der Datenbank wird durch ein <u>Suchmuster</u> spezifiziert Das Auftreten eines Eintrages, der das Suchmuster erfuellt,
ist an eine Voraussetzung geknuepft, die zu verifizieren oder zu falsi-
fizieren ist. Zum Verstaendnis des Beispieles werden einige Konventionen und Metasymbole erlaeutert:

(1) Das Zeichen '<-' trennt den zu suchenden Eintrag und dessen
    Voraussetzung.

(2) Eine Verifikationsregel wird mit dem Wortsymbol 'VERIFY'
    eingeleitet. In ihr ist die Bedingung zu lesen als: "wenn ein
    Eintrag in der Datenbank das Suchmuster erfuellt, dann muss auch
    ein Eintrag die Voraussetzung erfuellen".

(3) Eine Falsifikationsregel wird mit dem Wortsymbol 'FALSIFY'
    eingeleitet. In ihr ist die Bedingung zu lesen als: "wenn ein
    Eintrag in der Datenbank das Suchmuster erfuellt, dann darf kein
    Eintrag die Voraussetzung erfuellen".

(4) Eine leere Voraussetzung ist immer erfuellt. Fuer eine
    Verifikationsklausel heisst dies, dass der gesuchte Eintrag
    vorhanden sein muss; fuer eine Falsifikationsklausel, dass ein
    solcher Eintrag nicht vorhanden sein darf.

(5) Namen innerhalb eines Suchmusters sind als Namen von Variablen
    anzusehen, die durch die Suche einen Wert erhalten. Innerhalb der
    Voraussetzung werden die Werte der Variablen substituiert, d.h.
    das Suchmuster ist nicht mehr variabel, sondern spezifiziert einen
    speziellen Eintrag.

(6) Die Ueberpruefung anhand der Logikregeln laeuft wie folgt ab:

    Es werden all die Eintraege in der Datenbank gesucht, die auf das
    Suchmuster zutreffen. Diese gefundenen Daten ergeben moegliche
    Belegungen der Variablen innerhalb des Suchmusters. Anschliessend
    werden mit diesen Variablenbelegungen die Datenbankinhalte
    durchsucht und ueberprueft, d.h. verifiziert (sie muessen
    vorhanden sein) bzw. falsifiziert (sie duerfen nicht vorhanden
    sein).

Einige Semantikregeln des Anforderungsmodells koennen in PASILA/S wie
folgt beschrieben werden:


```
1.000 LOGIC OF Action IS
2.000 BEGIN
3.000     /* (c) Alle von Aktionen gesendeten Informationen
4.000            kommen entweder in Aktionen oder Schnitt-
5.000            stellen an */
6.000     VERIFY :
7.000        "ACTION" @ X @ "SENDS" @ Y @ "TO" @ Z
8.000        <- "ACTION" @ Z @ "RECEIVES" @ Y @ "FROM" @ X,
9.000           "INTERFACE" @ Z @ "RECEIVES" @ Y @ "FROM" @ X
10.000
11.000    /* (e) Alle von Aktionen empfangenen Informationen
12.000           kommen entweder von Aktionen oder Schnitt-
13.000           stellen */
14.000    VERIFY :
15.000       "ACTION" @ X @ "RECEIVES" @ Y @ "FROM" @ Z
16.000       <- "ACTION" @ Z @ "SENDS" @ Y @ "TO" X,
17.000          "INTERFACE" @ Z @ "SENDS" @ Y @ "TO" @ X
18.000
19.000    /* (f) Eine Verfeinerung einer Aktion ist wieder
20.000           eine Aktion */
21.000    VERIFY :
22.000       "ACTION" @ X @ "REFINES" @ Y
23.000       <- "ACTION" @ Y @ "REFINED_BY" @ X
24.000    VERIFY :
25.000       "ACTION" @ X "REFINED_BY" @ Y
26.000       <- "ACTION" @ Y @ "REFINES" @ X
27.000
28.000    /* (h) Keine Aktion ist Teil von sich selbst */
29.000    FALSIFY :
30.000       "ACTION" @ X @ "REFINES" @ X <-
31.000    FALSIFY :
32.000       "ACTION" @ X @ "REFINED_BY" @ X <-
33.000 END.


1.000 LOGIC OF Interface IS
2.000 BEGIN
3.000     /* (b) Alle von Schnittstellen gesendeten Infor-
4.000            mationen werden von Aktionen verbraucht */
5.000     VERIFY :
6.000        "INTERFACE" @ X @ "SENDS" @ Y @ "TO" @ Z
7.000        <- "ACTION" @ Z @ "RECEIVES" @ Y "FROM" @ X
8.000
9.000     /* (d) Alle von Schnittstellen empfangenen Infor-
10.000           mationen werden von Aktionen gesendet */
11.000    VERIFY :
12.000       "INTERFACE" @ X @ "RECEIVES" @ Y @ "FROM" @ Z
13.000       <- "ACTION" @ Z @ "SENDS" @ Y "TO" @ X
14.000 END.
```

```
 1.000 LOGIC OF Information IS
 2.000 BEGIN
 3.000     /* (a) Sender von Informationen sind entweder
 4.000            Aktionen oder Schnittstellen */
 5.000     VERIFY :
 6.000         "INFORMATION" @ X @ "PASSED_FROM" @ Y
 7.000         <- "ACTION" @ Y,
 8.000            "INTERFACE" @ Y
 9.000
10.000     /* (a) Empfaenger von Informationen sind ent-
11.000            weder Aktionen oder Schnittstellen */
12.000     VERIFY :
13.000         "INFORMATION" @ X @ "PASSED_FROM" @ Y @ "TO" @ Z
14.000         <- "ACTION" @ Z,
15.000            "INTERFACE" @ Z
16.000
17.000     /* (g) Eine Verfeinerung einer Information muss
18.000            eine Information sein */
19.000     VERIFY :
20.000         "INFORMATION" @ X "CONSISTS_OF" @ Y
21.000         <- "INFORMATION" @ Y @ "CONTAINED_IN" @ X
22.000     VERIFY :
23.000         "INFORMATION" @ X @ "CONTAINED_IN" @ Y
24.000         <- "INFORMATION" @ Y @ "CONSISTS_OF" @ X
25.000
26.000     /* (i) Keine Information ist Teil von sich selbst */
27.000     FALSIFY :
28.000         "INFORMATION" @ X "CONTAINED_IN" @ X <-
29.000     FALSIFY :
30.000         "INFORMATION" @ X @ "CONSISTS_OF" @ X <-
31.000 END.
```

Abb. 7: Die Semantik des Anforderungsmodells

Die Beschreibung von Protokollen in PASILA/S erfolgt mit Hilfe einfacher Formatierkommandos. Diese bestimmen die Art und Weise, wie sich
ein Protokoll aus Texten und Datenbankinhalten zusammensetzt. Als
Formatanweisungen sind z. Z. realisiert:

(1) '#F' bewirkt den Vorschub auf eine neue Seite.

(2) '#L' bewirkt die Erzeugung von Leerzeilen. Eine ganze Zahl als
     Parameter gibt die Anzahl der Leerzeilen.

(3) Mit '#B' und '#E' werden ineinander verschachtelte Bloecke defi-
     niert. Ein innerer Block kann dabei um eine bestimmte Anzahl von
     Leerzeichen mehr eingerueckt sein, als sein umgebender Block.

Wesentlich erweiterte Ausgabemoeglichkeiten sind in Zukunft durch den
Anschluss eines Text- und Dokumentationssystems an PASILA moeglich.

```
1.000 PICTURE OF Action IS
2.000 BEGIN
3.000      #P
4.000      "ACTION" Name
5.000         #B3
6.000             "DESCRIPTION" Text #L2
7.000
8.000             "SENDS"          Name
9.000                                  "TO"    Name
10.000
11.000            "RECEIVES"       Name
12.000                                 "FROM" Name
13.000
14.000            "REFINED_BY"
15.000                             #B3 Action #E
16.000         #E
17.000     "END ACTION"
18.000 END.


1.000 PICTURE OF Interface IS
2.000 BEGIN
3.000      "INTERFACE" Name
4.000         #B3
5.000             "DESCRIPTION" Text #L2
6.000
7.000             "SENDS"          Name
8.000                                   "TO"    Name
9.000
10.000            "RECEIVES"       Name
11.000                                 "FROM" Name
12.000         #E
13.000     "END INTERFACE"
14.000 END.


1.000 PICTURE OF Information IS
2.000 BEGIN
3.000      "INFORMATION" Name
4.000         #B3
5.000             "DESCRIPTION"   Text #L2
6.000
7.000             "PASSED FROM"   Name
8.000                                 "TO" Name
9.000
10.000            "CONSISTS OF"
11.000                             #B3 Information #E
12.000
13.000         #E
14.000     "END INFORMATION"
15.000 END.
```

Abb. 5: Ein Protokoll fuer das Anforderungsmodell

6.   Das Arbeiten mit PASILA

Das Arbeiten mit PASILA gliedert sich in zwei Phasen: den _Sprachentwurf_
und den _Spracheinsatz_ der zu definierenden Anforderungssprache.

Der Sprachentwurf ist gegeben durch die __Sprachdefinition;__ die __Sprach-
implementation__ entfaellt. Die Sprachdefinition geschieht durch die
Definition der __Eingabe,__ der __Analysen__ und der __Ausgabe__ fuer die zu
generierende Anforderungssprache.

Die Eingabe wird definiert durch die Spezifikation einer Menuesteuerung, die Ausgabe durch Spezifikation von grafischen Uebersichten.
Die Definition der Analysen erfolgt durch die Angabe von Logikregeln,
die verifiziert oder falsifiziert werden muessen. Die Logikregeln
beschreiben die Semantik der Sprache hinsichtlich Vollstaendigkeit und
Konsistenz.

Die Abb 6-8 zeigen wie eine solche Sprachdefinition aussehen kann.

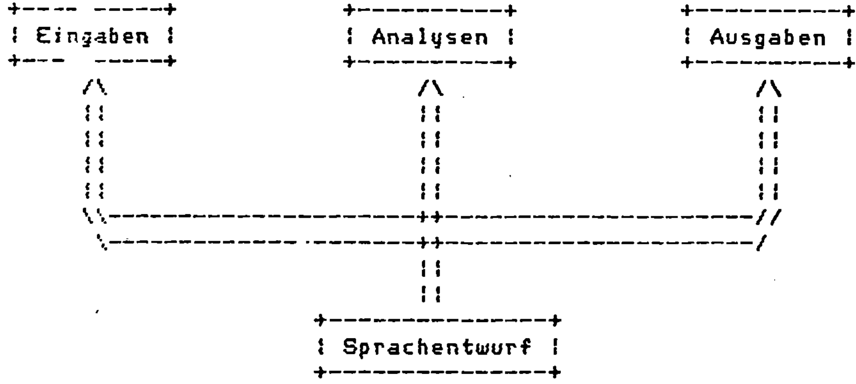

Abb. 9: Der Sprachentwurf mit Hilfe von PASILA/S

Der Spracheinsatz der generierten Anforderungssprache wird ebenfalls
von PASILA unterstuetzt. Der Sprachentwerfer hat die Moeglichkeit, die
Dienstleistungen der Anforderungssprache zu generieren. Eine Dienstleistung heisst in PASILA/S __Job__. Diese Dienstleistungen gliedern sich -
aehnlich wie die Sprachdefinition - in solche, die die Eingabe, die
Analysen oder die Ausgabe betreffen. Der Sprachanwender waehlt im
Dialog eine Dienstleistung aus, die dann interpretativ abgearbeitet
wird.

PASILA stellt seinem Benutzer verschiedene Konzepte fuer die drei
Bereiche Eingabe, Analyse und Ausgabe bereit. Jeder dieser Bereiche hat
seine spezifischen Dienstleistungen (Jobs).

Eingabe. Der Benutzer von PASILA hat die Moeglichkeit die __Syntax__ der
          Anforderungssprache zu definieren.

          Die dazu assoziierten Dienstleistungen umfassen sowohl die
          Moeglichkeit der Syntaxanalyse als auch des Eintragens in die
          Datenbank. Die Syntaxanalyse kann sowohl in __Parse__- als auch
          in __Menuetechnik__ erfolgen. Das Eintragen der Eingabe in die
          Datenbank, vorausgesetzt sie hat der Syntax genuegt, erfolgt
          durch die Dienstleistung __Enter__.

Analyse   Die Semantik der Anforderungssprache wird beschrieben durch
          die Wahl eines Repraesentationsmodells. Dieses legt fest, wie
          die Daten in der Datenbank repraesentiert werden. Logikregeln
          definieren dann die Zusammenhaenge zwischen verschiedenen
          Eintraegen in der Datenbank (Logic). Auf diese Weise koennen
          moegliche Widerspruchs- oder Unvollstaendigkeitssituationen
          erfasst werden.

          Die Dienstleistungen fuer die Analyseseite operieren auf den
          fuer die Sprache definierten Logikregeln. Die reine Pruefung
          der Semantik ist die einfachste all dieser Dienstleistungen
          (Solve). Komplexere Dienstleistungen sind solche, die die
          Datenbankinhalte veraendern. Im Falle von Widerspruechen
          muessen die Datenbankinhalte bereinigt werden (Exclude); im
          Falle von Unvollstaendigkeiten sind die Datenbankinhalte zu
          ergaenzen (Include).

Ausgabe   Um Uebersichten ueber die in die Datenbank eingetragenen In-
          formationen zu erhalten, beinhaltet PASILA/S die Moeglichkeit
          der Beschreibung von Protokollen (Picture).

          Die Dienstleistung Picture erstellt ein Protokoll. Um eine
          Uebersicht ueber Datenbankinhalte zu erhalten, kann man die
          Dienstleistung Digest benutzen.

```
   EINGABE                   ANALYSE                    AUSGABE


+--- -----+             +-----------+
!  Enter  !             !  Solve    !
+---------+             +-----------+              +-----------+
    ! !                     ! !                    ! Picture   !
+---------+             +-----------+              +-----------+
!  Parse  !             ! Include   !                  ! !
+--- -----+             +-----------+              +-----------+
    ! !                     ! !                    !  Digest   !
+---------+             +-----------+              +-----------+
!  Menu   !             ! Exclude   !                  /\
+---------+             +-----------+                  ! !
    /\                      /\                         ! !
    ! !                     ! !                        ! !
    ! !                     ! !                        ! !
    ! !                     ! !                        ! !
    \\----------------------++---------------------//
     \---------------------++--------------------/
                            ! !
                            ! !
                       +-----------+
                       !   Job     !
                       +-----------+
```

Abb. 10: Dienstleistungen aus PASILA/D

7.   Beispiele fuer PASILA- Analysen

In PASILA wurden die Daten des Systems "Weinhandlung" (vgl.   Abb.   4)
eingegeben. Anschliessend wurden diese anhand   der   Semantikregeln   von
Abb. 7 geprueft (Benutzereingaben sind unterstrichen).

*>SOLVE Action(Weinhandlung)

  1 "ACTION Weinhandlung SENDS Ausgelieferter_Wein TO Kunde"
    Nicht verifiziert:
      "INTERFACE Kunde RECEIVES Ausgelieferter_Wein"

  2 "ACTION Weinhandlung SENDS Bestellung_an_Lieferant TO
    Lieferant"
    Nicht gefunden:
      "Lieferant"

  3 "ACTION Weinhandlung REFINED_BY Wein_ein_und_auslagern"
    Nicht gefunden:
      "ACTION Wein_ein_und_auslagern"

  4 "ACTION Weinhandlung RECEIVES Zahlungen_von_Kunden FROM
    Kunde"
    Nicht verifiziert:
      "INTERFACE Kunde SENDS Zahlungen_von_Kunden"

*>SOLVE INTERFACE(Kunde)

  5 "INTERFACE Kunde SENDS Zahlung_von_Kunde TO Weinhandlung"
    Nicht verifiziert:
      "ACTION Weinhandlung RECEIVES Zahlung_von_Kunde"

(Die Nummerierung dient nur der Erlaeuterung und wird nicht vom System
erzeugt. Die Fehlerausgabe wurde gekuerzt: von gleich- artigen Fehlern
wurde jeweils ein Repraesentant aufgenommen.)

Abb. 11 Semantikfehler beim System "Weinhandlung"

Der Fehler 1 beruht darauf, dass bei der Spezifikation der Schnittstelle "Kunde" dessen Eingabe "Ausgelieferter_Wein" vergessen wurde.
Der zweite Fehler zeigt an, dass "Lieferant" noch nicht spezifiziert
ist; der dritte, dass die Taetigkeit "Wein_ein_und_auslagern" noch
nicht beschrieben wurde. Die Fehler 4 und 5, die in unterschiedlichen
Testlaeufen auftreten, deuten auf einen Schreibfehler hin.

8. Stand der Entwicklung

Eine Prototypversion von PASILA ist fertiggestellt. Z.Z laufende Arbeiten bauen den Dienstleistungsumfang von PASILA aus. Als marktreifes Produkt soll PASILA Ende 1981 einsatzbereit sein.

Die grosse Flexibilitaet von PASILA zeigt sich darin, dass fuer folgende Modelle und Anwendungen PASILA bereits eingesetzt wurde:

- Implementierung eines SADT- Modells [Ross et.al. 77]

- Implementierung eines PSL- Modells

- Beschreibung und Analyse eines umfangreichen, betriebswirtschaftlichen Anforderungsmodells

- Beschreibung und Analyse von Anforderungen an ein betriebswirtschaftliches Softwareprodukt als Vorgabe fuer externe Auftragnehmer

Da manche Software- Entwickler die Modelle von Anforderungssprachen auch fuer den Systementwurf verwenden, wurde mit PASILA auch ein solches Modell beschrieben:

- Implementierung eines EPOS- Modells [IRP 80]

Literatur

[Alford 77]
    Alford, M. W. :
    A Requirements Engineering Methodology for Real
    Time Processing Requirements,
    IEEE Transactions on Software Engineering,
    Vol. SE-3 1(77), 60-69

[Balzert 81]
    Balzert, H. :
    Das Software- Entwicklungssystem PLASMA,
    erscheint in Angewandte Informatik, 5/81

[Balzert 80]
    Balzert, H. :
    Anforderungsdefinition/Requirements Engineering,
    Grundig- Akademie fuer Wirtschaft und Technik,
    Seminarunterlagen, Fuerth 80

[Christ 80]
    Christ, J. :
    PASILA - Ein Anforderungssprachengenerator,
    Universitaet Kaiserlautern,
    FB Informatik, Diplomarbeit 80

[IRP 80]
    Einfuehrung in EPOS 80,
    Institut fuer Regelungstechnik und Prozess-
    automatisierung der Universitaet Stuttgart,
    Juni 80

[Ross et. al 77]
    Ross D. T. et. al:
    Structered Analysis (SA): A Language for Communication
    Ideas,
    IEEE Transactions on Software Engineering,
    Vol. SE-3 1(77), 16-34

[Teichroew, Hershey 77]
    Teichroew, D. ; Hershey, E. A. :
    PSL/PSA: A Computer Aided Technique For
    Structured Documentation And Analysis Of
    Information Processing Systems,
    IEEE Transactions on Software Engineering,
    Vol. SE-3 1(77), 41-47

Anschriften:

Joachim Christ und Dr. Helmut Balzert

Triumph- Adler AG
Referat VSW5
Kunigundenstrasse 75
8500 Nuernberg 70

Spezifikation für ein Spezifikationswerkzeug

Peter Schnupp
InterFace, München

Für die Spezifikation dialogorientierter, hauptsächlich kommerzieller
Anwendungsprogramme auf mittleren Rechnern wurde ein interaktives Werkzeug konzipiert. Es soll eine Spezifikationssprache und Dienstleistungen implementieren, die auf die primär zu unterstützenden Tätigkeiten

- der begrifflichen Konstruktion eines Datenmodells mittels "Attributen" und "Kategorien",
- der Formulierung von Dialogabläufen,
- der Beschreibung von Legalität und Effekten von Prozedurapplikationen,
- der Formulierung und schrittweisen Präzisierung auch unklarer oder
  nicht eindeutiger Tatbestände,
- der Prüfung auf Unvollständigkeiten und Widersprüche,
- der Editierung, Aufbereitung und Kompaktierung von Spezifikationsdo-
  kumenten,
- der Simulation von Abläufen ("Ausführung") formaler Spezifikationen

abgestimmt sind.

Die Spezifikationssprache und ihre vorgesehene Rechnerunterstützung unterscheiden sich von den meisten bisher diskutierten Ansätzen durch

- eine Betonung der frühen Spezifikationsschritte (Systemanalyse und
  Problemspezifikation mit Beschreibung eines "Benutzermodells" des gewünschten Produkts),
- ein für kommerzielle Anwendungsentwickler (hoffentlich) anschauliche-
  res Konzept der Datenabstraktion,
- die Integration einer Dialogablauf-Notation ("Interaktionsdiagramme"),
- die Bereitstellung von Sprachmitteln zur Notation noch nicht festge-
  legter Sachverhalte,
- den Verzicht auf den "formalen Programmbeweis" zugunsten besserer Verständlichkeit, Interpretierbarkeit und Aufbereitbarkeit der formalen
  Spezifikationen.

Die Formalisierung natürlichsprachlicher Konstrukte wird eher angestrebt
als die "Entalgorithmisierung" gegenwärtiger Programmiersprachen. Dabei
werden allerdings auch einige derzeit für Spezifikationssprachen allge-

mein akzeptierte Konzepte (z.B. die strenge Typisierung) fallengelassen, da diese uns bereits Implementierungsaspekte zu präjudizieren scheinen.

1   Aufgabenstellung

Im Rahmen eines durch das BMFT teilfinanzierten Forschungsprogramms wird seit Mitte 1980 für CTM (Computer Technik Müller), Konstanz, an der Konzeption eines interaktiven Spezifikationswerkzeugs und einer darauf abgestimmten Spezifikationssprache gearbeitet. Entsprechend dem Hauptanwendungsgebiet von CTM-Rechnern sollen Werkzeug und Sprache primär auf die Spezifikation kommerzieller Dialogprogramme, meist in einer Datenbank-Umgebung, abzielen.

Die Spezifikation von Prozeß-Anwendungen und Systemsoftware wird bewußt ausgenommen. Damit fallen Nebenläufigkeit, Prozeß-Synchronisation und Betriebsmittel-Zuteilung nicht unter die mit den bereitzustellenden Hilfsmitteln zu spezifizierenden Probleme.

Werkzeug und Sprache sollen weniger zur Formulierung einer Programmiervorgabe als zur schrittweisen Entwicklung und Präzisierung einer "Problemspezifikation", d.h. eines Datenmodells, der meist dialogorientierten Benutzerschnittstelle und der im Gespräch mit Auftraggebern und Benutzern zu ermittelnden, gewünschten Systemfunktionen dienen. Sie müssen also auch "vage" und lückenhafte Beschreibungen sowie deren laufende Ergänzung und Abänderung ermöglichen.

Dies unterscheidet die Anforderungen an die Spezifikationssprache sowie ihre mögliche und wünschenswerte DV-Unterstützung wesentlich von den meisten derzeit diskutierten Ansätzen, vor allem von der algebraischen Spezifikation nach Guttag oder Liskov (vgl. z.B. /GUTT77, LISK77/) sowie den Parnas'schen Methoden und SPECIAL (vgl. /BART77, PARN72, ROBI77/).

2   Die Werkzeugbenutzer und ihre Anforderungen

Der Benutzer des Spezifikationssystems ist ein Systemanalytiker oder
Softwareentwickler mit mehrjähriger Berufserfahrung, dessen Qualifikation ihn zumindest zur Mitarbeit an Systemdefinition und -spezifikation
befähigt. Er wird häufig eine Hoch- oder Fachschulausbildung in Informatik oder einer anderen Disziplin besitzen.

Daraus folgt, daß man von den Benutzern des Systems eine EDV-fachliche
Qualifikation annehmen kann, die über dem Durchschnitt liegt. Der Entwurf der Benutzerschnittstelle des Spezifikationssystems braucht deshalb nicht - wie etwa im Falle eines Systems für DV-unerfahrene Endbe-
nutzer - den "naiven" und in der Handhabung von DV-Systemen ungeübten
Benutzer zu berücksichtigen sondern kann Verständnis für Datenstrukturen und Algorithmen voraussetzen.

Andererseits kann bei dem Benutzer keine Kenntnis einer formalen Spezifikationssprache oder -methodik vorausgesetzt werden. Dies ist ein
ernstes Akzeptanzproblem: das Erlernen jeder neuen Sprache ist mühsam
und mindert zumindest für eine gewisse Lernperiode die Produktivität
ihrer Benutzer. Gilt dies schon bei Programmiersprachen, so trifft es
noch mehr bei Spezifikationssprachen zu, wo eine Reihe neuer, ungewohn-
ter Konzepte - wie etwa nicht-prozedurale Effektbeschreibungen - verstanden und eingeübt werden müssen.

Es ist deshalb wichtig, daß das Werkzeug selbst den Benutzer in der
korrekten Formulierung der sprachlichen Konstrukte führt. Ein syntaxorientierter Editor erscheint uns daher die wichtigste Softwareunter-
stützung einer formalen Spezifikationsmethode.

Diese Benutzeranforderungen legen ein Dialogsystem nahe, welches in ein
Dokumentenverwaltungssystem eingebettet ist. Es enthält einen syntaxorientierten, interaktiven Editor für eine im Prinzip streng formalisierte aber "kontrolliert aufweichbare" Spezifikationssprache und ermöglicht, davon ausgehend, die Realisierung eines ständig wachsenden
Satzes von interaktiven Spezifikationswerkzeugen. Diese Werkzeuge können sich auf die ohnehin notwendigen Syntaxtabellen des interaktiven
Editors abstützen und die Spezifikationsdokumente in der vom Editor erzeugten internen (Baum-)Darstellung manipulieren.

Die wichtigsten derartigen Werkzeuge sind Such-, Kopier- und Ersetzungs-

hilfen, Prüfungen auf Vollständigkeit und Inkonsistenzen, Extraktion
von jeweils "interessanten" oder relevanten Spezifikationsteilen, Aufbereitung von Dokumenten mit Inhaltsverzeichnissen, Kreuzverweislisten
u.ä., Umsetzung von Spezifikationsinformationen in eine für Fachbe-
reichsmitarbeiter verständliche Form (z.B. Graphiken) sowie ggf. eine
"interaktive Simulation" spezifizierter Sachverhalte zur Überprüfung
vor allem im Dialog mit den Auftraggebern der Programmentwicklung.

3 Folgerungen für die Spezifikationssprache und ihre Rechnerunterstützung

3.1 Grundsätzliches

Für die Entwicklung einer Spezifikationssprache wichtige Fakten und
Folgerungen aus einer statistischen Auswertung von Spezifikationsdoku-
menten der IBM seit 1970 gibt Jones /JONE79/. Wie durch die zunehmende
Produkt-Komplexität zu erwarten, nahm der relative, auf 1 k Assembler-
zeilen bezogene Spezifikationsumfang beim Übergang von kleinen auf mittlere Programmgrößen (ca. 8 - 16 k Codezeilen) stark zu. Ab etwa 32 k
Codezeilen flachte sich der Anstieg jedoch wieder ab. Bei großen Programmsystemen (über 24 k Codezeilen) begann er sogar wieder deutlich
zu fallen.

Diese zuerst verblüffende Beobachtung erklärt sich aus praktischen
Zwängen: wie Jones ausführt, würde eine Extrapolation des Anstiegs des
Spezifikationsumfangs bei kleinen Programmen in den Bereich sehr großer
Programmsysteme (ca. 2 M Codezeilen) eine Spezifikation ergeben, mit
deren Durchlesen ein Mensch von seinem 25. Lebensjahr bis zu seinem To-
de voll beschäftigt wäre!

Bei Assemblerprogrammen enthält ab etwa 100 k Codezeilen die Spezifikation mehr als 10 Worte Text pro Codezeile des fertigen Programms - bei
höheren Programmiersprachen dürfte wegen ihrer größeren Kompaktheit dieses Verhältnis schon bei wesentlich kleineren Programmen erreicht werden. Diese Grenze ist deshalb wichtig, weil ab dann die Kosten der Textverarbeitung die Kosten der Programmierung übertreffen, zum stärksten
Kostenfaktor der Softwareerstellung werden und dem Praktiker nicht mehr
zu rechtfertigen scheinen. Dabei ist vor allem der Aufwand für die Verteilung, das Lesen und die Diskussion der Dokumente wesentlich höher als
der für ihre Erstellung (vgl. Abb. 1).

Mit der Abnahme des relativen Spezifikationsumfangs sinkt zwangsläufig
auch die gemessene Vollständigkeit der Spezifikationen: kleine Programme waren zwar nahezu 100 %ig spezifiziert, große jedoch nur etwa zur
Hälfte.

Die Ergebnisse von Jones haben Konsequenzen für die Spezifikation grösserer Programme und die dafür einzusetzenden Sprachen und Hilfsmittel:

Kreativer Entwurf	= 10 %
Schreiben / Texterfassung	= 5 %
Wiederholtes Lesen	= 30 %
Verbale Diskussionen	= 45 %

<u>Abb. 1</u>

<u>Kostenverteilung für die Spezifika -
tionsaktivitäten nach Jones</u>

"Specification of Reliable Software," JEEE,
New York (1979), S. 91

(1) Die Spezifikation muß rechnergestützt erfolgen, um den Textverar-
beitungs-Aufwand so effizient wie irgend möglich abzuwickeln, Spezifikationssprachen müssen sich auf Hilfen zur Editierung und Doku-
mentenverteilung abstützen und mit Blick auf ihre Rechnerunterstützung entwickelt werden.

(2) Neben der größeren Kompaktheit ist die nur so mögliche Implementierung wirksamer textorientierter Hilfen das primäre Argument für die
Benutzung formaler an Stelle natürlicher Sprachen.

(3) Wenn das Lesen der Spezifikationsdokumente mehr kostet als sie zu
erstellen, muß auch eine formale Spezifikationssprache leicht lesbar und intuitiv verständlich sein.

(4) Die Forderung nach "vollständiger" Spezifikation ist allenfalls für
kleine Programme wirklich erfüllbar.

(5) Wenn Spezifikationen nicht vollständig sein können, sollten sie we-
nigstens die offenen oder unklaren Punkte ausweisen. Spezifikationssprachen sollten hierfür Mittel bereitstellen.

Diese fünf Fakten scheinen bei fast allen derzeit diskutierten Konzepten allenfalls sekundär berücksichtigt zu werden; sie sind jedoch die
wichtigsten Ausgangspunkte des hier beschriebenen Projekts.

3.2 Anforderungen an die Datenabstraktion

Eines der wichtigsten Kennzeichen einer Entwurfssprache ist ihr Konzept
für die Datenabstraktion. Darunter ist zu verstehen, daß von den manipulierten Datenobjekten lediglich diejenigen Eigenschaften notiert werden, welche für Legalität und Effekt der Programmausführung relevant
sind, und daß die programmtechnische Organisation und Realisierung der
Datenbasis nicht präjudiziert werden sollen.

Das derzeit meistverwendete Verfahren hierzu ist die "funktionale Abstraktion", in welcher ein Datenobjekt als "abstrakter Datentyp" durch
einen Satz von Primitivfunktionen (z.B. Parnas'sche O- und V-Funktionen)
abstrahiert wird.

Dieser, bis jetzt nahezu ausschließlich verwendete Ansatz zur Datenabstraktion hat jedoch zwei Nachteile:

- er ist, vor allem für die Anwendungspraktiker, ungewohnt, unnatürlich
  und unanschaulich und
- er setzt eine gründliche begriffliche Analyse des verwendeten Datenmodells voraus.

Wie Wedekind betont /WEDE79/ ist die zweite Bedingung in der Anwendungs-
Systementwicklung in der Regel nicht erfüllt. Dies ist letztlich auch
der Grund dafür, daß die in der Literatur vorgestellten Beispiele nahezu ausschließlich auf altbekannte und bereits ausgiebig analysierte Da-
tenobjekte ("Stack", "Queue") abzielen. Eine lobenswerte Ausnahme ist
der Versuch der formalen Spezifikation eines Stücklistenprozessors
durch Ehrig und Mitarbeiter, wobei aber auch hier charakteristischer-
weise eines der wenigen Anwendungsprobleme mit einem gründlich unter-
suchten und theoretisch fundierten Datenmodell gewählt wurde.

Deshalb ist ein anderes Abstraktionsverfahren für die semantisch relevanten Eigenschaften eines Objektes wünschenswert. Der einzige uns bekannte Ansatz hierzu ist die Abstraktion von Datenobjekt-Attributen
durch Einführung von problemorientierten Äquivalenzklassen für ihre
möglichen Werte (z.B. "alpha", "numerisch", "alphanumerisch" und "illegal" für eine Zeichenkette). Derartige Äquivalenzklassen führen die
Spezifikationssprachen TOPD /HEND74, TURS78/ und SPEZI /KOCH79, KOCH79a/
ein und bezeichnen sie als "Zustand" ("state") oder "Attribute" eines
Datenobjekts.

Für die funktionale Semantik eines Datenobjekts (d.h. Legalitäts- und
Effektaussagen für die auf ihm operierenden Prozeduren oder Funktionen)
sind nun in der Regel nicht nur ein sondern mehrere Attribute relevant
- zumindest, wenn man von seiner durch die Datenanalyse des vorliegenden Problems gewonnenen, begrifflichen Struktur ausgeht (für die funktionale Abstraktion ist es dagegen irrelevant, welche Attribute der
konkreten Objekte die Definition einer Primitivfunktion des abstrakten
Datentyps "wegabstrahiert").

Ein Datenabstraktions-Konzept, welches über Attribute von Objekten eine
intensionale Begriffskonstruktion nahelegt und zur Legalitäts- und
Effektnotation Aussagen über Attribute und Kategorien verwendet, er-
schien uns deshalb für den Spezifizierer datenbankorientierter Anwendungssoftware anschaulicher und zweckmäßiger als die funktionale Ab-

straktion, die wir jedoch als Alternative ebenfalls bereitstellen wollen.

3.3 Anwendungs-, Funktions- und Repräsentationsspezifikation

Wie Koster beobachtete, besteht ein übliches Anwendungsprogramm bei guter Strukturierung meist aus den drei Schichten "Applikation", "Funktion" und "Repräsentation". Wir können diese Erfahrung bestätigen und halten dieses "3-Schichten-Modell" zwar nicht für eine strenge Regel aber doch für einen guten heuristischen Ansatz für den Entwurf von Programmsystemen (vgl. Abb. 2).

Das 3-Schichten-Modell erscheint uns deshalb wichtig zu sein, weil es nahelegt, daß zumindest bei dialogorientierten Anwendungen die oberen Schichten (Applikationen und teilweise auch Funktionen) ablauforientiert sind und für ihre Spezifikation auch prozedurale Sprachmittel gebraucht werden. Diese werden von üblichen Spezifikationsmethoden nicht bereitgestellt. Dies führt zu merklicher Frustration bei Spezifizierern, verlangt man von ihnen, auch die Benutzerschnittstelle mit "abstrakten Datentypen" zu beschreiben. Dagegen abstrahieren die Repräsentations- und Funktionsschicht Datenstrukturen und Betriebsmittel. Hier sind deshalb abstrakte Datentypen und eine funktionale Spezifikation die sinnvollen Methoden.

Eine Spezifikationssprache "für alle drei Schichten" sollte deshalb prozedurale und funktionale Ausdrucksmittel zur Verfügung stellen, wobei die prozeduralen Sprachmittel die dialogorientierte Benutzerschnittstelle der Anwendung beschreiben und dabei Prozeduren für die benötigten Funktionen und Repräsentationen applizieren.

Es sollte noch bemerkt werden, daß in der Regel die Repräsentationsschicht ausschließlich Implementierungsentscheidungen enthält. Damit ist ihre Spezifikation nicht Teil der "Problemspezifikation" und damit auch nicht Anwendungsbereich des hier diskutierten Werkzeugs.

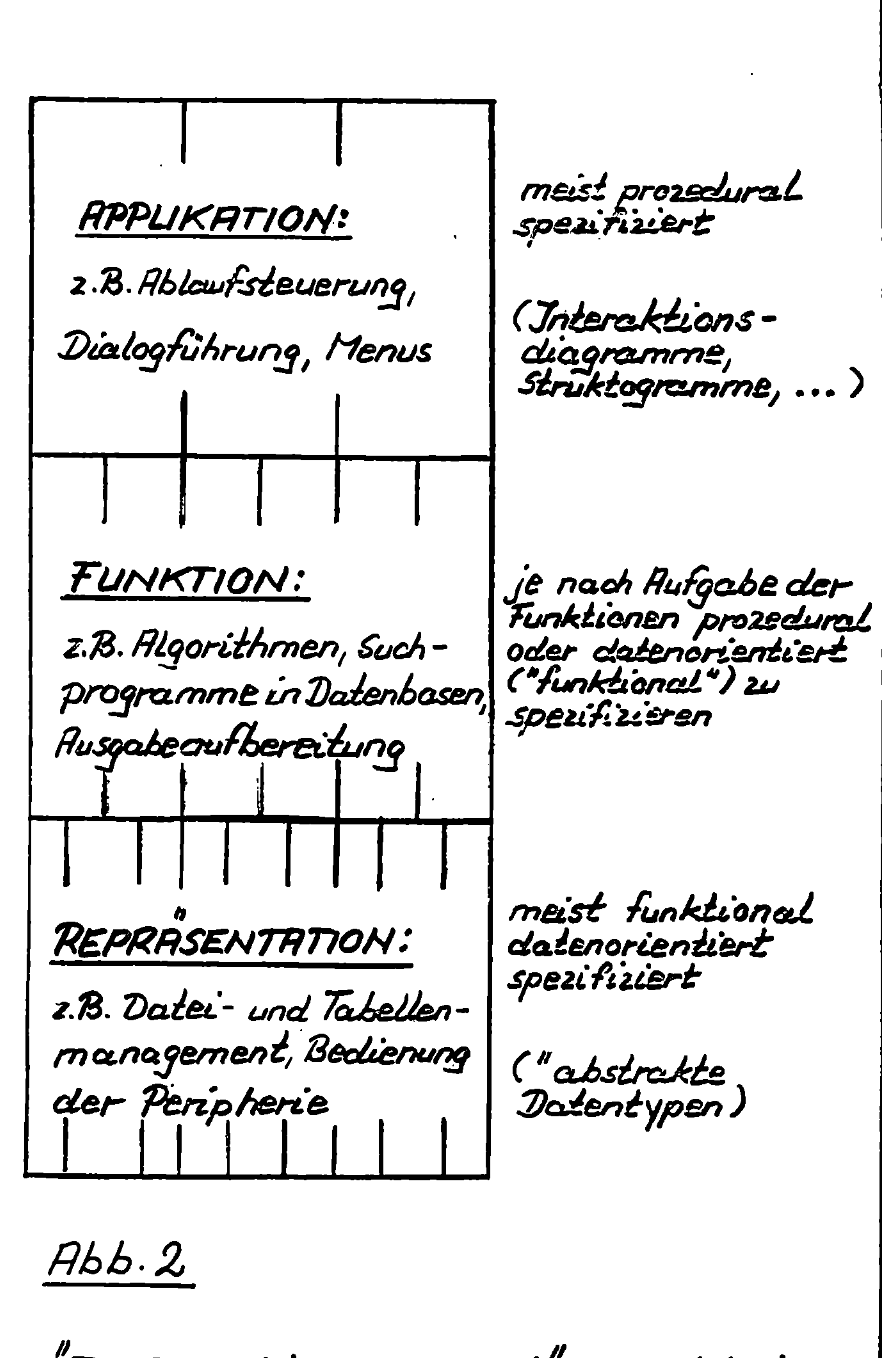

Abb. 2

"3-Schichten - Modell" nach Koster

3.4 Unvollständigkeiten und Unbestimmtheiten

Wie bereits erwähnt wird die früher als selbstverständlich erachtete
Forderung nach "Vollständigkeit und Widerspruchsfreiheit" einer Spezifikation zunehmend als praxisfremd angezweifelt.

Auf der Panel-Diskussion über "Concept Modeling" anläßlich der 4. Inter-
nationalen Konferenz über Software Engineering in München (17.-19.9.79)
wurde wiederholt betont, daß Anforderungen ("Requirements Specifications") häufig vage ("fuzzy") seien, da sich Auftraggeber und Benutzer
nur ungern festlegen ließen. Deshalb müsse eine Notationsweise für Spezifikationen es ermöglichen, unklare oder unsichere Begriffe und Aussagen zu formulieren.

In Norwegen wurde zwischen dem Arbeitgeberverband NAF und dem Gewerk-
schaftsbund LO in einer "Allgemeinen Vereinbarung über rechnergestützte
Systeme" sogar festgelegt, daß die Benutzerschnittstelle von DV-Systemen nicht vor ihrem Einsatz festgeschrieben werden darf, damit sie
leicht an die gewonnenen Erfahrungen angepaßt werden kann /NYGA80/. Es
ist abzusehen, daß derartige Tendenzen auch in anderen Ländern stärker
werden und bei einer Spezifikation berücksichtigt werden müssen.

Balzer /BALZ78/ macht darauf aufmerksam, daß - ähnlich wie eine Pro-
grammoptimierung die Wartbarkeit beeinträchtigt - auch die vollständige Formalisierung einer informellen Spezifikation "implizit spezifizierte Information über die Spezifikation verteilt und die Komplexität erhöht, indem sie die Spezifikation in Teile strukturiert und notwendige
Schnittstellen zwischen den Teilen schafft". Und ebenso, wie die Wartung
an Hand einer unoptimierten Version mit anschließender Neuoptimierung
durchgeführt werden solle, so sei auch die Änderung an Hand der unvollständig formalisierten Spezifikation mit darauf folgender, neuer Formalisierung wartungsfreundlicher, sofern dazu eine ausreichende interaktive Unterstützung verfügbar sei.

Eine Spezifikationssprache für die praktische Anwendung sowie das sie
unterstützende Werkzeug müssen deshalb eine Reihe von Sprachmitteln zur
Behandlung "nebelhafter Konzepte" ("fuzzy notions") bereitstellen. Eine
Systemspezifikation muß gegen Unvollständigkeit tolerant und ergänzbar
sein. Deshalb müssen die Spezifikationssprache sowie die Analysewerk-
zeuge zur Unterstützung der Spezifizierer und zur Prüfung der Spezifikation Unvollständigkeiten manipulieren können, und sie müssen den je-

weils noch verbliebenen Rest an Unsicherheit "widerspiegeln" können
/BALZ79_7.

Damit muß eine Spezifikationssprache aber auch nichtdeterministische
Konstrukte zulassen, da Unvollständigkeiten bei der Spezifikation von
Effekten i.a. nicht alle möglichen Alternativen ausschließen.

Auch dies scheint uns eine sehr wichtige Einsicht, gegen welche die
meisten Spezifikationssprachen verstoßen, indem sie allenfalls für
"Parallelarbeit" Sprachmittel zur Beschreibung von Indeterminismen bereitstellen. Dies ist jedoch nur ein Sonderfall - und zudem ein für
kommerzielle Anwendungsprogramme uninteressanter, weil es den Anwender
nur in den seltensten Fällen interessiert, in welcher Reihenfolge die
Effekte bewirkt werden. In aller Regel ist deshalb die Realisierung der
Parallelarbeit eine Implementierungsentscheidung (bei Prozeßrechneran-
wendungen, Netz-Softwareentwicklungen, der Systemprogrammierung u.ä. ist
dies anders).

Schließlich reicht zumindest in den frühen Phasen der Analyse und Problemspezifikationen sogar die gewohnte zweiwertige Logik nicht mehr aus.

Nach Hodges /HODG79_7 führt die zweiwertige Logik vor allem in drei Si-
tuationstypen auf Ausdrucksschwierigkeiten:

(1) Grenzfälle, in welchen die Abgrenzung zwischen "wahr" und "unwahr"
    (noch) nicht genau definiert ist (ist z.B. ein 1,75 m großer Mann
    "groß" oder nicht?).

(2) Fehlen oder Unbestimmtheit der Referenz (z.B. die Gottesbeweise des
    Thomas von Aquin, die unkorrekt sind, weil sie "Gott" als referen-
    tiellen Bezeichner verwenden und damit seine Existenz von Anfang an
    im "Beweis" voraussetzen).

(3) "Bizarre Situationen", für welche die sprachlichen Ausdrucksmittel
    (noch) nicht existieren oder in ihrer Bedeutung unbekannt oder um-
    stritten sind (ein typisches Beispiel war im Herbst 1979 eine Rund-
    funk-Diskussion zwischen Geschichtsprofessoren über die Wahrheit
    der Aussage "Nationalsozialisten waren Sozialisten"; sie verlief
    "bizarr" und daher völlig ergebnislos, weil die Beteiligten die
    Definition von Begriffen wie "Marxismus", "Faschismus", "Sozialis-
    mus", "Kommunismus", "Nationalsozialismus" nicht kannten und offen-

bar auch für überflüssig hielten).

Alle drei Situationen sind bei der praktischen Systemanalyse so häufig,
daß man sie - vor allem in frühen Stadien der Systemdefinition - fast
als Normalfall betrachten kann. Ihre sofortige Beseitigung ist oft auch
nicht möglich, da dies Rücksprache mit den Auftraggebern, eingehendere
Untersuchungen, Festlegung durch entscheidungsberechtigte Gremien, Warten auf Normung, Standardisierung, Gesetzgebung oder ähnliche zeitauf-
wendige Maßnahmen erfordert. Andererseits kann man in der Praxis aber
auch die Spezifikationsarbeiten nicht bis zur Klärung dieser Sachverhalte einstellen. Deshalb muß eine Spezifikationssprache Ausdrucksmittel bereitstellen, welche die Dokumentation solcher Unklarheiten für
spätere Überarbeitungen erlaubt, und die außerhalb des Bereichs der
zweiwertigen Logik liegen.

4   Konzepte der Spezifikationssprache

4.1 Objekte, Attribute und Kategorien

Die von uns vorgesehene Datenabstraktion beruht auf der folgenden Vorstellung:

- "(Daten-)Objekte" stehen für "Begriffe", d.h. benannte "Dinge" des
  zu beschreibenden (externen) Systems, die in der rechnerinternen Modellwelt durch Datenstrukturen abgebildet werden müssen.
- Objekten sind "Attribute" in einem ähnlichen Sinn wie im relationalen
  Datenmodell zugeordnet. Attribute haben "Werte", welche (beliebige)
  "Symbole" (d.h. Zeichenketten) sind und Äquivalenzklassen von konkreten Werten benennen.
- "Kategorien" bezeichnen Klassen von Objekten. Sie sind i.a. durch
  Werte(bereiche) mehrerer Attribute definiert und stellen eine Verallgemeinerung des "Zustands" im Sinne von TOPD und SPEZI dar.

Objekte können andere Objekte als "Teile" enthalten (z.B. das Objekt
"Personal" das Objekt "Mitarbeiter" oder das Objekt "Bildschirm" das
Objekt "Zeile").

Attribute können als elementare, Kategorien als "höhere" Eigenschaften
eines Objekts verstanden werden. Die "Konstruktion" der Begriffe im
Wedekind'schen Sinne erfolgt im Laufe der Spezifikation durch Zuweisung
von Attributen und Kategorien zu den Objekten. Attribute oder Kategorien
eines Objekts können "unbestimmt" (= "?") sein - eines der später noch
zu besprechenden Notationsmittel für noch undefinierte Sachverhalte.

"Typen" werden als Klassen von "Werten" eingeführt. Die Aussage, ein
Attribut habe (derzeit) einen bestimmten Typ, dient damit lediglich der
abgekürzten Notation von Aussagen. Eine statische Bindung von Objekten
oder Attributen an Typen gibt es nicht.

Kategorien können als cartesische Produkte von Attribut/Wert- oder Attribut/Typ-Paaren definiert und benannt werden.

Ein Kategorienname kann benutzt werden

- zur Definition weiterer Kategorien,

- zur Deklaration von Datenobjekten,
- zur Auswahl von Datenobjekten bzw. Datenobjekt-Mengen,
- zur Bedingungsformulierung für die Legalität und bei der Effektauswahl von Prozeduren.

Auf Kategorien können die üblichen Primitivoperationen der Mengenlehre (Durchschnitt, Vereinigung, Enthaltensein ...) angewandt werden.

4.2 Dialoge und Prozedurapplikationen

Die Beschreibung der Dialoge der Benutzerschnittstelle stützt sich weitgehend auf die von Denert eingeführten "Interaktionsdiagramme" /DENE77/ und ihre semantische Präzisierung über einen "abstrakten Interpreter" /SCHN80/. Das konzeptionelle Modell einer Dialogbeschreibung ist das folgende.

Die Applikations-Ebene des Systems führt ein "Gespräch" mit ein oder mehreren "Partnern", wobei sie eine Reihe von Zuständen durchläuft. Dabei verhält sie sich als endlicher Automat: jeder Zustand führt zu einem Ergebnis ("result"), der als Eingabe für diesen endlichen Automaten aufgefaßt wird und ihn in einen Nachfolgezustand überführt. Ein Zustand kann eine Interaktion mit einem Dialogpartner oder ein "Topik" (= "Gesprächsgegenstand"), d.h. eine Prozedurapplikation oder ein Unterdialog, sein.

Gegenüber den "klassischen" endlichen Automaten sind hier jedoch eine Reihe von Konventionen vorgesehen, welche die Spezifikation eines Dialogs u.U. auch (in einer genau kontrollierten Weise) unvollständig und/oder nichtdeterministisch machen können.

(1) Potentielle Unvollständigkeit:
    Es ist möglich und zulässig, daß die für einen Zustand vorgesehenen Übergänge nicht alle möglichen Ergebnisse überdecken. Für diesen Fall kann (braucht aber nicht) ein "ELSE-Übergang" für sonstige Ergebnisse spezifiziert werden. Dieser wird, ähnlich der ELSE-Regel einer Entscheidungstabelle, immer dann genommen, wenn der Zustand keines der vorgesehenen Ergebnisse liefert. Ist kein derartiger Übergang vorgesehen, so wird das Eintreten eines unvorhergesehenen Ergebnisses als (im weiteren Verlauf der Spezifikation zu behebende oder vom Implementierer nach Gutdünken zu behandelnde) Unvollstän-

digkeit angesehen.

(2) Potentieller Indeterminismus:
  Es ist möglich, daß sich die für verschiedene Übergänge vorgesehenen Ergebnisse teilweise oder völlig überlappen. Für ein derartiges Ergebnis wird angenommen, daß die Übergangsauswahl durch den endlichen Automaten nicht deterministisch erfolgt.

Der "Topik" als "Unterdialog" ist das wesentliche Mittel zur Gliederung und Verfeinerung von Dialogen.

Der Begriff des Topik ist zugleich ein Mittel zur Strukturierung des Dialogs in Abschnitte, die vom (menschlichen) Dialogpartner als "abgeschlossen" empfunden werden - die Rückkehr aus einem Topik in den übergeordneten Dialog ist ein "closure point" im Sinne von Martin (vgl. /MART73/).

Als Modell für den Informationsaustausch mit Interaktionspartnern wird grundsätzlich ein "Kommunikationsvariablen-Konzept" angenommen. Kommunikationsvariablen sind die von der PIX-Gruppe eingeführten Datenstrukturen zur Kommunikation zwischen zwei Prozessen (vgl. z.B. /HERT78/).

4.3 Legalität und Effekte zu Prozeduren

Für eine Prozedur kann die Legalität ihrer Applikation als Zusicherung für Objektausprägungen, Objektmengen, Kategorien oder Attribute sowie als reguläre Ausdrücke über Prozedurapplikationen zur Notation zulässiger Aufrufsfolgen spezifiziert werden.

Der Effekt einer Prozedur kann zum einen als ihre Auswirkung auf die Ergebnisse der nachfolgenden Applikationen anderer Prozeduren notiert werden. Diese Effektbeschreibung entspricht etwa der von Parnas benutzten.

Ein Effekt einer Prozedur kann aber auch aus einer oder mehreren Änderungen in den Attributen oder Kategorien von ein oder mehreren Objektausprägungen sowie ggf. der Erschaffung und/oder Vernichtung solcher Objektausprägungen bestehen.

Schließlich hat jeder Prozeduraufruf grundsätzlich ein Resultat. Dieses

ist ein "Symbol", d.h. eine beliebige Zeichenkette. Wird kein rückzu-
meldendes Ergebnis spezifiziert, ist das Resultat die leere Zeichenkette.
Ist die Prozedurapplikation illegal, so ist es der Wert "?", welcher zugleich der Notation des dritten Wahrheitswerts "unbestimmt" dient. Dieser wird auch von einem Dialog als "Ergebnis" zurückgemeldet, wenn kein
Zustandsübergang möglich ist, d.h. wenn ein Fehler auftritt. Damit wird
erreicht, daß nach außen Prozeduren und (Unter-)Dialoge die gleiche
Schnittstelle haben und in einer Spezifikation gegeneinander ausgewech-
selt werden können.

4.4 Sprachmittel zur Beschreibung von Unvollständigkeiten in Spezifi-
     kationen

Es werden eine Reihe verschiedener Sprachmittel zur Notation von Unbe-
stimmtheiten vorgesehen. Das Fragezeichen ("?") als Symbol für den Wahr-
heitswert "unbestimmt" wurde schon erwähnt. Es kann zur Notation (noch)
unbekannter Werte, Attribute oder Kategorien verwendet werden.

Ein zweites Mittel zur Notation "vager" Sachverhalte sind "semantische
Kommentare". Dies sind informelle Texte zur Spezifikation von Aussagen
oder Effekten, welche formal (noch) nicht präzisiert sind. Sie unterscheiden sich jedoch syntaktisch von den üblichen ("pragmatischen")
Kommentaren, die im Grunde redundant sind und nur der Erläuterung oder
als "Randbemerkungen" für menschliche Leser dienen.

Das interaktive Werkzeug verwendet "semantische Kommentare" im Dialog
mit dem Spezifizierer, um ihn an die Formalisierung dieser Kommentare
zu erinnern oder ihn etwa bei der Ausführung der Spezifikation - entsprechend den Vorstellungen Balzers - zu interaktiven semantischen Aktionen
vom Terminal aus (z.B. Änderung des Programmzustandsvektors) aufzufor-
dern.

Ein unseres Wissens neues Konzept zur Einführung sprachlicher Mittel
für die Notation noch nicht (voll) spezifizierter Sachverhalte ist
schließlich die Einführung von syntaktischen Metavariablen (oder von
ihnen unmittelbar zugeordneten Sprachelementen, etwa ihrer "Übersetzung
ins Deutsche") als legales Sprachmittel auf der Ebene der Spezifikationssprache selbst.

Die Vorstellung ist hier, daß für jeden noch nicht spezifizierten Sach-

verhalt diejenige syntaktische Metavariable als "Platzhalter" in den
Text eingesetzt wird, deren Expansion (später) den betreffenden Sachverhalt (z.B. Legalität, Bedingungen oder Effekt einer Prozedur, Kategorien oder Enthaltensein eines Datenobjekts) beschreibt.

So könnte etwa die allererste Grobspezifikation einer Prozedur zur
Skontoberechnung lediglich den Prozedurnamen und im übrigen ausschließlich derartige Metavariablen-Platzhalter angeben:

```
Proc : Skonto (Formalparameter).
       Legalität.
       Effekte : Effektdeklaration.
```

Die nächste Präzisierungsstufe gibt dann eine vielleicht noch unvoll-
ständige Liste der Formalparameter, eine Expansion der Legalitäts-Be-
dingungen sowie eine erste Stufe der Effektdeklaration:

```
Proc : Skonto (typ : Kundenid, typ : Artikelid, ?).
       Annahme :
           /id=Kundenid/ Kunde in Kundendatei.
           /id=Artikelid/ Artikel in Artikeldatei.
       Effekte :
         Effekt:
         wenn (Bedingung) Rückmeldewert.
```

Die vervollständigte Spezifikation der Prozedur könnte schließlich fol-
gendermaßen aussehen:

```
Proc : Skonto (int : Kundenid, int : Artikelid,
               int : Quant).
       Annahme :
           /id=Kundenid/ Kunde in Kundendatei.
           /id=Artikelid/ Artikel in Artikeldatei.
           Quant >= Limit_für_Skonto.
       Effekte :
         wenn (/id=Kundenid/ Kunde in Vorzug_Liste)
               Ergebnis 20 /*Prozent*/;
         wenn (nicht /id=Kundenid/ Kunde
               in Vorzugs_Liste und
               /id=Artikelid/ in Promotion_Liste
               und Quant >= Großbestellung)
```

Ergebnis 15 *[*Prozent*]*;
sonst Ergebnis 0.

Für eine "mit Bleistift und Papier" zu verwendende Spezifikationssprache wäre dieses Konzept zweifellos nicht praktikabel. Dagegen kann ein interaktiver, syntaxorientierter Editor den Benutzer bei der automatischen Einsetzung und späteren Präzisierung dieser als Metavariablen notierten Platzhalter unterstützen. Es ist auch einfach, verschiedene Hilfen zur gezielten Ausnutzung dieser "problemorientiert benannten" Unvollständigkeiten zu realisieren, wie etwa ein Aufsuchen aller noch nicht expandierten Bedingungen oder der noch nicht definierten Objekte.

Diese schrittweise Präzisierung der Programmspezifikation entspricht der schrittweisen Verfeinerung in der Programmkonstruktion, der "Programmierung" im herkömmlichen Sinn. Ebenso, wie die schrittweise Verfeinerung zu jedem Zeitpunkt des Konstruktionsprozesses eine "vollständige" Systembeschreibung in dem Sinne gewährleistet, daß die noch verbliebenen Lücken jeweils einen sprechenden Namen haben und gegenüber den bereits weiter verfeinerten Programmteilen sauber abgegrenzt sind, so dokumentiert diese Entwurfsnotation zu jedem Zeitpunkt des Spezifikationsprozesses nicht nur den gerade erreichten Stand der Präzisierung sondern auch deren Abgrenzung gegen noch nicht oder erst vage spezifizierte Problemaspekte.

5 Konzept des Spezifikationswerkzeugs

5.1 Gesamtstruktur des Werkzeugs

Für die Grundstruktur des interaktiven Systems zur Unterstützung der
Spezifikationssprache wird die in Abb. 3 skizzierte Schichtenstruktur
aus drei ineinanderliegenden "Schalen" angenommen:

(1) einem Systemkern, welcher die Basis zur Implementierung der Spezifikationssprache und der zu ihrer Unterstützung bereitzustellenden
Werkzeuge enthält (Syntax-Übersetzer und -Treiber, Verwaltung der
Interndarstellung von Texten in Baumform, Ablaufsteuerung, Bildschirmverwaltung),

(2) den sprachorientierten Grunddiensten (Editor, Prüfungen, Simulation,
Ausgabeaufbereitungen),

(3) der "Systemeinbettung" mit dem Bibliothekssystem, der Benutzerver-
waltung und diversen Hilfsprogrammen.

Der Systemkern umfaßt eine Reihe von Basis-Diensten, -Funktionen und
-Datenstrukturen, welche als Grundlage für die Realisierung des interaktiven Werkzeugs benötigt werden:

- Eine Standard-Bildschirmverwaltung für die interaktive Steuerung der
  "Dialoge", d.h. der als Interaktionsdiagramme spezifizierten Abläufe
  zur Kommunikation mit dem Benutzer.
- Einen Übersetzer für die attributierte Syntax der Spezifikationssprache in eine kompaktierte Internform (Syntax-Treibertafeln) sowie diverse Tabellen.
- Eine Verwaltung für die Interndarstellung der Syntax-Treibertafeln
  für die syntaxorientierten Werkzeuge (Editor, Prüfprogramme, ...).
- Eine externe Speichermöglichkeit für die (übersetzten) Syntax-Treibertafeln einschließlich Tabellen.
- Eine Freispeicherverwaltung zur Internspeicherung von Spezifikations-
  texten in Baumform ("Quelltext-Bäume"), abgestimmt auf die Internform
  der Syntax-Treibertafeln.
- Eine externe Speicherungsmöglichkeit für Spezifikationen in der Quell-
  text-Baumform.

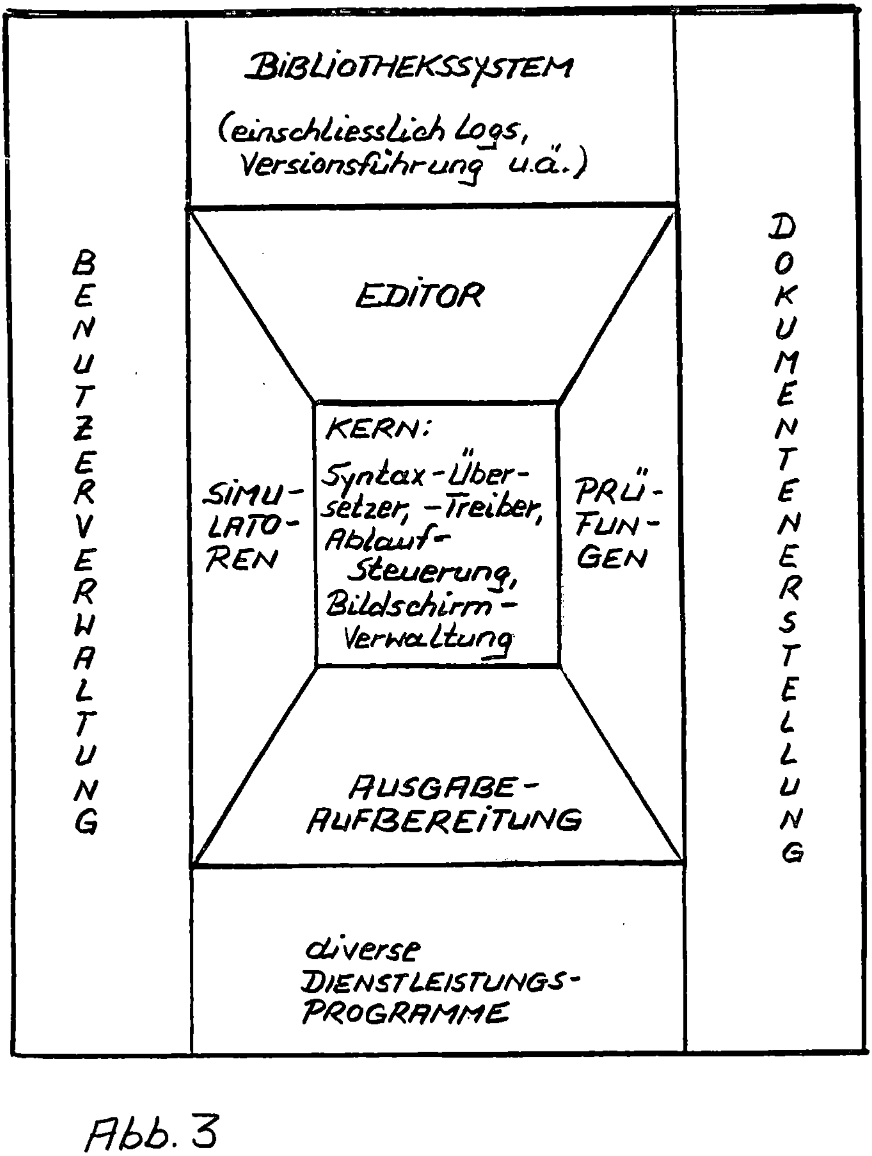

Abb. 3

Schalenstruktur des Systems

5.2 Der Systemkern und der syntaxorientierte Editor

Der Systemkern übernimmt neben dem Grunddialog zur Systemsteuerung und
der Bildschirmverwaltung vor allem auch die Verwaltung der Interndarstellung der Syntaxtafeln und der Spezifikationstexte. Dies deshalb,
weil auch die meisten sonstigen Dienste des Spezifikationswerkzeugs
syntaxorientiert sind und die baumstrukturierte interne Form der Dokumente interpretieren oder auswerten. Sowohl die Syntaxtafeln als auch
die Spezifikationstexte verwalten dafür intern zusätzliche Attributin-
formationen. Für die Syntaxtafeln sind dies vor allem Steuerinformatio-
nen für die Externaufbereitung der Spezifikationstexte auf Bildschirm
und Drucker sowie Anwendungszähler für die einzelnen Sprachkonstrukte.
Diese sollen statistische Daten für die Weiterentwicklung der Sprache
liefern, indem sie selten oder nie verwendete Sprachmittel aufzeigen.

Der Editor führt den Benutzer an Hand der Syntax im Aufbau und der Editierung der Spezifikationstexte, wobei er den Text auf dem Bildschirm
natürlich in Externform darstellt.

Nichtexpandierte Konstrukte werden durch ihre Metanamen vertreten, wodurch die oben bereits besprochene Darstellung noch nicht spezifizierter Sachverhalte über metasprachliche Benennungen nahezu automatisch gewährleistet ist; eine gewisse zusätzliche Unterstützung muß allerdings
über das vom Editor ohnehin gebotene bereitgestellt werden, um dem Benutzer sinnvolle Manipulationen der metasprachlichen Textteile zu erlauben. So kann er etwa den Wunsch haben, Stellvertreter für optionale
Texteile oder zusätzliche Listenelemente im Text ausgewiesen zu bekommen, die ein syntaxorientierter Editor normalerweise natürlich nicht anzeigen würde.

5.3 Sonstige Spezifikationshilfen

Neben dem syntaxorientierten Editor sind derzeit folgende Hilfen geplant:

- Ein Dokumenten-Aufbereitungssystem soll es ermöglichen, aus der Internform des Spezifikationstextes Dokumente zur Diskussion des erreichten
  Spezifikationsstands zu erstellen. Dabei sollen auch Indizes, Querver-
  weislisten u.ä. generiert werden können.
- Neben interaktiv einsetzbaren Suchfunktionen sind Dienste zur Auswahl
  bestimmter Spezifikationsteile vorgesehen. Besonders wichtig für die

Praxis erscheinen hier zwei Informations-Extraktionshilfen:
Über die vorgesehenen Sprachmittel zur Notation undefinierter Sachverhalte können die noch - in der Regel zusammen mit dem Auftraggeber - festzulegenden oder zu klärenden Spezifikationsteile im Kontext aufgesucht werden. Dabei ermöglicht die metasprachliche Benennung der offenen Stellen eine gezielte Auswahl - etwa das Auffinden aller noch unspezifizierter Prozedurapplikationen oder Bedingungen.
Zum anderen können, ausgehend von einem bestimmten Unterdialog-Aufruf oder einer Prozedur, genau diejenigen Spezifikationsteile ausgesondert werden, welche - ggf. über mehrere Stufen - von dort referiert werden.
Diese Dokumentation eines "Subsystems" als Baum mit einer beliebig vorgebbaren Wurzel ermöglicht es dem Benutzer, auch bei größeren Systemen noch eine Übersicht über die für ihn jeweils relevanten Spezifikationsteile zu behalten, ein für die Praxis bis jetzt nur sehr unbefriedigend gelöstes Problem.

- Weiterhin sollen Hilfen zur Prüfung auf Konsistenz, Widerspruchsfreiheit und Vollständigkeit bereitgestellt werden.

- Für die Spezifikation der Dialoge (der "Interaktionsdiagramme"), deren Semantik ja über einen abstrakten Interpreter definiert ist, ist es leicht, sowohl eine Simulation als auch ihre Übersetzung in Coderahmen zu implementieren. Längerfristig soll auch eine Simulation der Prozedurspezifikationen zumindest teilweise versucht werden. Da das hier benutzte Prozedurkonzept jedoch komplexer ist als etwa das Parnas'sche, sind hier Probleme zu erwarten - die einfache bei der Unterstützung von SPECIAL benutzte Methode ("die O-Funktionen bauen die V-Funktionen auf") ist hier nicht ausreichend.

- Zur Diskussion der spezifizierten Dialogschnittstelle vor allem mit Vertretern der Fachbereiche sollen die Dialogspezifikationen in graphische "Interaktionsdiagramme" umgesetzt werden. Wünschenswert wäre auch eine automatische "Übersetzung der formalen Spezifikation in natürliche Sprache", dies soll jedoch einstweilen zurückgestellt werden, obwohl in USA bereits einige nicht ganz erfolglose Versuche hierzu gemacht wurden.

- Auf absehbare Zeit nicht angegangen werden soll die Verwendung der Spezifikationen zur formalen Programmverifikation. Für diesen Verzicht gibt es für uns - neben den grundsätzlichen Implementierungsproblemen - vor allem zwei Gründe. Zum einen werden die Anwendungsprogramme derzeit noch ausschließlich in Sprachen wie PL/1 und erweitertem BASIC realisiert, für die eine brauchbare, formale Semantik-Definition nicht existiert. Zum anderen erscheint uns aber auch der Nutzen des formalen Programmbeweises beschränkt, da er lediglich algorithmische

Fehler, nicht jedoch die viel wichtigeren Spezifikations- und Struk-
turfehler aufdecken kann (vgl. hierzu auch [JONE79]).

6 Aktueller Planungsstand

Gegenwärtig existiert eine vorläufige Definition der Spezifikationssprache, wobei die Syntax in einer zweistufigen Grammatik mit notationellen
Abkürzungen und die Semantik informell verbal definiert ist. Das interaktive Dialog-Werkzeug ist teilspezifiziert. Für den Übersetzer der Syntaxtafeln aus einer attributierten, der von Wijngaarden-Beschreibung
weitgehend entsprechenden Externform sowie den syntaxorientierten Editor wurde auf einem Tischrechner ein nicht für den praktischen Einsatz
gedachtes Versuchsmodell implementiert.

Die Implementierung des Werkzeugs auf einem CTM-Rechner soll Mitte 1981
begonnen werden.

Literatur

BALZ78   R. Balzer, N. Goldman, D. Wile, "Informality in Program Speci-
         fications", IEEE Trans. on Software Engineering, SE-4 (March
         1978), S. 94

BALZ79   R. Balzer, N. Goldman, "Principles of Good Software Specifica-
         tion and Their Implications for Specification Languages", in:
         Proceedings "Specification of Reliable Software", IEEE, New York
         (1979), S. 58

BART77   U. Bartussek, D.L. Parnas, "Using Traces to Write Abstract Spe-
         cifications for Software Modules", UNC Report Nr. TR 77-012,
         University of North Carolina, Chapel Hill, North Carolina
         (Dec. 1977)

DENE77   E. Denert, "Specification and Design of Dialogue Systems with
         State Diagrams", Int. Comp. Symposium (ICS), Liege (5.-8. April
         1977), S. 417

GUTT77   J.V. Guttag, "Abstract Data Types and the Development of Data
         Structures", CACM 20 (June 1977), S. 396

HEND74   P. Henderson, P.A. Snowdon, "A Tool for Structured Program De-
         velopment", Information Processing 74, North Holland, Publ. Co.,
         Amsterdam (1974)

HERT78   F. Hertweck, E. Raubold, F. Vogt, "X.25 Based Process-Process
         Communication", Computer Networks 2 (1978), S. 250

HODG79   W. Hodges, "Logic", Penguin Books, Hammondsworth (1978)

KOCH79   W. Koch, "SPEZI: Eine Sprache zur Formulierung von Spezifika-
         tionen", GI-Jahrestagung, Bonn (Okt. 1979)

KOCH79a W. Koch, I. Schmiedecke, "Spezifikation einer Prozeß-Steuerung",
         TU Berlin, Fachbereich Informatik, Forschungsgruppe Software-
         technik, Berlin (1979)

JONE79   C. Jones, "A Survey of Programming Design and Specification Techniques", in: Proceedings "Specification of Reliable Software", IEEE, New York (1979), S. 91

LISK77   B. Liskov, S. Zilles, "An Introduction to Formal Specifications of Data Abstractions", in: "Current Trends in Programming Methodology, Vol.1: Software Specification and Design" (R.T. Yeh ed.). Prentice Hall, Eglewood Cliffs, N.J. (1977), S. 1

MART73   J. Martin, "Design of Man/machine Dialogues", Prentice Hall, Englewood Cliffs, H.J. (1973)

NYGA80   K. Nygaard, P. Handlykken, "The System Development Process - Its Setting, Some Problems and Needs for Methods", GMD-Konferenz S2E2, Bad Lahnstein (1980)

PARN72   D.L. Parnas, "A Technique for Software Module Specification with Examples", CACM 15 (1972), S. 330

ROBI77   L. Robinson, O. Roubine, "SPECIAL - A Specification and Assertion Language" Technical Rept. CSL-46, Stanford Research Institute, Menlo Park, California 94025 (Jan. 1977)

SCHN80   P. Schnupp, "Anwendungsprogrammierung in einer Netzumgebung", GI, Tutorial und Tagung "Verteilte Datenverarbeitung für das DV-Management", Bonn (9.-11. April 1980)

TURS78   W.M. Turski, "Computer Programming Methodology", Heyden. London (1978)

WEDE79   H. Wedekind, "Eine Methodologie zur Konstruktion des konzeptionellen Schemas", in: "Datenbank-Technologie" (J. Niedereichholz ed.), Berichte des German Chapters of the ACM, Bd. 2, Teubner, Stuttgart (1979)

ESPRESO-W, ein Werkzeug für die Spezifikation
von Prozeßrechner-Software

Klaus Eckert, Jochen Ludewig *)
Kernforschungszentrum Karlsruhe
Institut für Datenverarbeitung in der Technik
Postfach 3640, D-7500 Karlsruhe

Zusammenfassung

ESPRESO (System zur Erstellung der Spezifikation von Prozeßrechner-Software)
ist ein rechnerunterstütztes Spezifikationssystem, das spezielle Anforderungen der
Spezifikation von Prozeßrechner-Software berücksichtigt. Die Komponenten von
ESPRESO sind eine formale Sprache ESPRESO-S und ein Programmsystem ESPRESO-W. Im
vorliegenden Beitrag werden die wesentlichen Aspekte von ESPRESO-S kurz zusammengefaßt. Danach werden Konzeption und Aufbau von ESPRESO-W und Probleme seiner
Implementierung ausführlich dargestellt.

1. Einleitung

Ein beträchtlicher Teil der Softwarefehler entsteht in der Spezifikations- und
Entwurfsphase der Softwareentwicklung (Boehm, 1976). Dies ist vor allem auf den
Mangel an geeigneten formalen Hilfs- und Prüfmitteln zurückzuführen. Am Institut
für Datenverarbeitung in der Technik, Kernforschungszentrum Karlsruhe, beschäftigt
sich eine Gruppe mit der Entwicklung eines Spezifikationssystems. Zuerst wurden
Informationen über bereits vorhandene Mittel für die Spezifikation und den
Entwurf gesammelt (Ludewig, Streng, 1978). Danach wurde das PSL/PSA-System vom
ISDOS-Project (Teichroew, Hershey, 1977) installiert. Dieses System war für die
Entwicklung von Prozeßrechner-Software nicht geeignet und wurde durch PCSL
(Ludewig, 1980) erweitert. Im Anschluß daran wurde ESPRESO entwickelt und teil-
weise installiert (Eckert, 1980; Ludewig, 1981a).

---

*) jetzt BBC Forschungszentrum, CH-5405 Baden-Dättwil

2. Die Sprache ESPRESO-S

ESPRESO-S und ESPRESO-W wurden auf der Grundlage eines geschlossenen Konzepts entwickelt und bedingen sich daher gegenseitig. Deshalb ist hier eine kurze Einführung in die Sprache notwendig; eine ausführliche Darstellung ist bei Ludewig (1981a,b) zu finden.

Anstelle einer Beschreibung von ESPRESO-S sei hier ein kurzes Beispiel angegeben, das die wichtigsten Merkmale der Sprache zeigt. Das Beispiel wird in zwei Schritten entwickelt. Zunächst wird die Aufgabenstellung in ESPRESO-S formuliert:

```
informal Aufgabenstellung:
text ¢ Es ist ein Datenerfassungssystem zu entwerfen, das Prozeßdaten
      (Temperaturen) einliest, filtert und die gefilterten Daten zur
      Weiterverarbeitung bereitstellt. Das Einlesen und Filtern der Daten
      soll parallel ablaufen. Die gefilterten Daten sollen in !Filterdaten
      abgelegt werden. ¢
end Aufgabenstellung.
```

Wie man sieht, sind für informale Beschreibungen in ESPRESO-S Texte vorgesehen. Jeder Text ist einem Objekt zugeordnet. Jedes Objekt ist durch eine Art und einen Namen charakterisiert. In der obigen ESPRESO-Spezifikation wird ein Objekt mit dem Namen "Aufgabenstellung" und der Art "Textobjekt" (informal) vereinbart. In den Texten können Verweise (z.B. "!Filterdaten"), die mit "!" markiert sein müssen, zu anderen Objekten enthalten sein.

Im nächsten Schritt wird das "Datenerfassungssystem" spezifiziert:

```
(* Datenerfassungssystem        Stand vom 7.Jan 1981 *)    (*  1 *)
module Datenerfassungssystem:                              (*  2 *)
                                                           (*  3 *)
comprises                                                  (*  4 *)
    buffer Rohdaten;                                       (*  5 *)
                                                           (*  6 *)
and                                                        (*  7 *)
    procedure Datenerfassen:                               (*  8 *)
    text Zweck ¢ Einlesen und Filtern der Prozessdaten ¢;  (*  9 *)
                                                           (* 10 *)
    parallel                                               (* 11 *)
        block Einlesen:                                    (* 12 *)
        reads Temperatur;                                  (* 13 *)
        produces Rohdaten                                  (* 14 *)
        end Einlesen                                       (* 15 *)
    parallel                                               (* 16 *)
        block Filtern:                                     (* 17 *)
        consumes Rohdaten;                                 (* 18 *)
        tests Obergrenze;                                  (* 19 *)
        produces Filterdaten                               (* 20 *)
        end Filtern                                        (* 21 *)
    end Datenerfassen                                      (* 22 *)
end Datenerfassungssystem.                                 (* 24 *)
```

Die Beschreibung von "Datenerfassungssystem" enthält mehrere in "(*" und "*)" eingeschlossene Kommentare. Sie sind im Sinne der Spezifikation nicht relevant und werden bei der Verarbeitung durch ESPRESO-W ignoriert. Einem Text kann ein Selektor (z.B. "Zweck", Zeile 9) vorangestellt sein. Unter dem gleichen Selektor kann einem Objekt nur e i n Text zugeordnet werden.

Die Spezifikation enthält die Definition mehrerer Objekte. Einige davon sind:

Objektname	Art	definiert in
Datenerfassungssystem	Modul	Zeile 2
Rohdaten	Puffer	Zeile 5
Datenerfassen	Prozedur	Zeile 8
Einlesen	Block	Zeile 12

Die Objekte sind durch <u>Verknüpfungen</u> verbunden, die einer durch die Syntax von ESPRESO-S vorgegebenen Menge von Relationen entnommen sind. Z.B. wird eine Verknüpfung der 2-stelligen Relation "enthält" (<u>comprises</u>) zwischen dem Modul "Datenerfassungssystem" und dem Puffer "Rohdaten" (Zeilen 2-5) angegeben. Weitere Verknüpfungen sind zum Beispiel:

Relation	1. Objekt	2. Objekt	definiert in
lesen	Einlesen	Temperatur	Zeilen 12,13
liefern	Einlesen	Rohdaten	Zeilen 12,14
liefern	Filtern	Filterdaten	Zeilen 17,20
holen	Filtern	Rohdaten	Zeilen 17,18
enthält	Datenerfassungssystem	Datenerfassen	Zeilen 2,4,7,8

Die Anzahl der Komponenten einer Verknüpfung wird von der Relation bestimmt, zu der die Verknüpfung gehört. Es gibt 2- und 3-stellige Relationen, sowie 1-stellige, die als Attribute bezeichnet werden. Die Objekte können entweder indirekt durch Nennung ihres Namens (z.B. "Temperatur", Zeile 13) oder direkt durch eine Sektion (z.B. <u>buffer</u> Rohdaten) eingeführt werden. Objekte, die durch eine Sektion definiert werden, können mit weiteren Objekten verknüpft werden (z.B. <u>procedure</u> Datenerfassen). Die Syntax ist also rekursiv. Die Art eines indirekt genannten Objekts ist nicht vollständig festgelegt, sondern nur durch die Syntax eingeschränkt. Z.B. könnte "Filterdaten" (Zeile 20) die Art Puffer oder Trigger besitzen.

Formal läßt sich eine ESPRESO-Spezifikation als bipartiter Graph darstellen, dessen Knoten Objekte und Verknüpfungen sind. Eine Kante verbindet immer eine Verknüpfung mit einem Objekt und gibt an, daß das Objekt Komponente in der Verknüpfung ist. Die Kanten sind markiert, da die Komponenten eine geordnete Menge bilden. Die Anzahl der Kanten an einem Objekt gibt an, mit wievielen Verknüpfungen das Objekt verbunden ist.

Im folgenden wird ein Teil des bipartiten Graphen, der durch die vorhergehende
Spezifikation beschrieben wird, dargestellt:

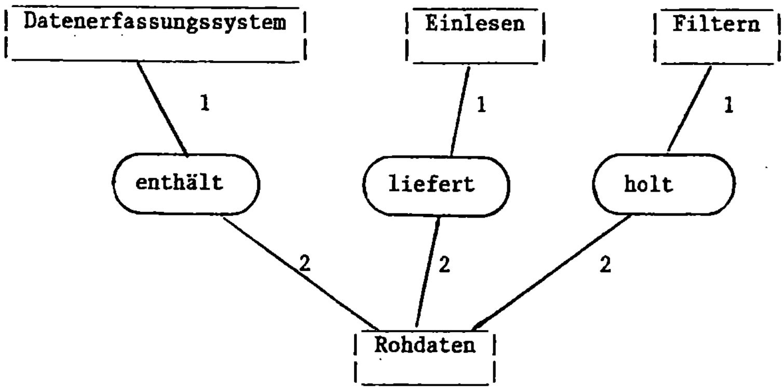

<u>Bild 1</u>: Darstellung einer Spezifikation als bipartiter Graph

ESPRESO-S ist durch eine Erweiterte Attribut-Grammatik (Watt, Madsen, 1977) formal
definiert (Ludewig, 1981a). Diese Definition schließt ein:
- die kontextfreie Syntax,
- die kontextsensitive Syntax und
- die Auswirkungen einer Eingabe auf den Inhalt der ESPRESO-Datei (siehe 3.1).

Bei der Definition der Syntax ist darauf geachtet worden, daß ESPRESO-S sehr
einfach analysierbar ist. Dies wird durch folgende Eigenschaften gewährleistet:

1. Die kontextfreie Grammatik ist so definiert, daß ESPRESO-S zur Klasse der
   LL(1)-Sprachen gehört (Knuth, 1971).
2. Die kontextsensitive Grammatik ist so aufgebaut, daß bei einer Linksableitung
   alle Attributwerte top-down in einem Durchgang bestimmt werden können.

Aufgrund der beiden Eigenschaften läßt sich ESPRESO-S in einem Durchgang sackgassen-
frei analysieren.

3. <u>Das Spezifikationswerkzeug ESPRESO-W</u>

ESPRESO-W ist ein Programmsystem, das dem Anwender bei der Speicherung, Prüfung,
Veränderung und Auswertung einer ESPRESO-Spezifikation als Werkzeug dient (siehe
Bild 2). Der Gebrauch des Werkzeugs ist möglichst einfach gehalten, so daß der
Anwender nur wenige Funktionen kennen muß.

ESPRESO-W analysiert eine ESPRESO-Spezifikation syntaktisch und prüft, ob die durch die kontextsensitive Grammatik definierten Restriktionen eingehalten sind. Korrekte ESPRESO-Spezifikationen werden abgespeichert. Da ESPRESO so konzipiert ist, daß eine Spezifikation schrittweise vervollständigt werden kann, erfolgt die Speicherung so, daß sie erweitert werden kann. Bereits verarbeitete ESPRESO-Spezifikationen können verändert werden, wobei durch die Korrekturmöglichkeiten sichergestellt ist, daß die Korrektheit der Spezifikation erhalten bleibt.

ESPRESO-W unterstützt den Anwender bei der Dokumentation und bei der Auswertung der Spezifikation. Hierfür stellt ESPRESO-W verschiedene Report- und Prüffunktionen zur Verfügung, die in jedem Entwicklungsstadium angewandt werden können.

Eines der Ziele bei der Entwicklung von ESPRESO-W war, das Programmsystem auf Kleinrechnern installieren zu können. Die Auswahl von PASCAL als Implementierungssprache ist in dieser Hinsicht günstig, da PASCAL auf vielen Kleinrechnern zur Verfügung steht und dadurch die Portabilität gewährleistet ist.

3.1 Funktionen von ESPRESO-W

Für alle Funktionen von ESPRESO-W ist die Aufbewahrung der Spezifikation von zentraler Bedeutung. Die Überprüfung der Restriktionen, die Reports und die Auswertung einer Spezifikation können nicht auf der Grundlage der Darstellung in ESPRESO-S erfolgen. Deshalb ist es notwendig, eine interne Repräsentation der Spezifikation zu erzeugen und in einer Datei (ESPRESO-Datei) aufzubewahren. Die ESPRESO-Datei enthält die relevante Information einer Spezifikation. Das sind im wesentlichen die Objekte und ihre Verknüpfungen untereinander. In der ESPRESO-Datei werden nur diejenigen Teile einer ESPRESO-Spezifikation gespeichert, in denen kein Fehler aufgetreten ist. Der Anwender kann die interne Repräsentation nicht direkt (z.B. mit Hilfe eines Editors) ändern, so daß für den Inhalt der ESPRESO-Datei die Konsistenz sichergestellt ist.

Die Funktionen von ESPRESO-W sind so aufgebaut, daß in der Spezifikationsphase folgende Vorgehensweise festgelegt ist:

- Die Konvertierung

Eine ESPRESO-Spezifikation wird bei der Eingabe entsprechend der Grammatik geprüft. Dies schließt eine Prüfung auf Konsistenz - auch gegenüber bereits früher gespeicherten Teilen - ein. Die korrekten Abschnitte der Spezifikation werden in die interne Darstellung überführt (konvertiert) und in der ESPRESO-

Datei gespeichert. Abschnitte, in denen Fehler aufgetreten sind, werden in eine gesonderte Datei gespeichert, die der Benutzer korrigieren und erneut konvertieren kann.

- <u>Die Dekonvertierung</u>

Für Änderungen in Spezifikationen, die bereits konvertiert sind und somit nur in interner Darstellung vorliegen, wird die interne Darstellung in ESPRESO-S-Form zurückgewandelt (dekonvertiert). Die dekonvertierten Teile der internen Darstellung werden in der ESPRESO-Datei gelöscht, so daß die rekonstruierte ESPRESO-Spezifikation mit Hilfe eines Editors geändert und erneut konvertiert werden kann.

- <u>Prüfungen und Reports</u>

Die interne Repräsentation dient als Grundlage für Prüfungen auf Vollständigkeit der Spezifikation und für verschiedenartige Reports. Reports und Prüfungen dienen der Kontrolle der Spezifikation durch den Anwender. Mit Hilfe der Reportfunktionen kann der Inhalt der ESPRESO-Datei unter verschiedenen Gesichtspunkten dokumentiert werden. Prüffunktionen sind zusätzlich notwendig, da ESPRESO die Reihenfolge der Präzisierung offenläßt und auch Spezifikationen akzeptiert werden, die inhaltlich unvollständig sind. Z.B. würde eine Prüffunktion, die die Vollständigkeit der Definition aller Objekte überprüft, feststellen, daß das Objekt "Filterdaten" in der vorhergehenden Spezifikation nur indirekt definiert ist.

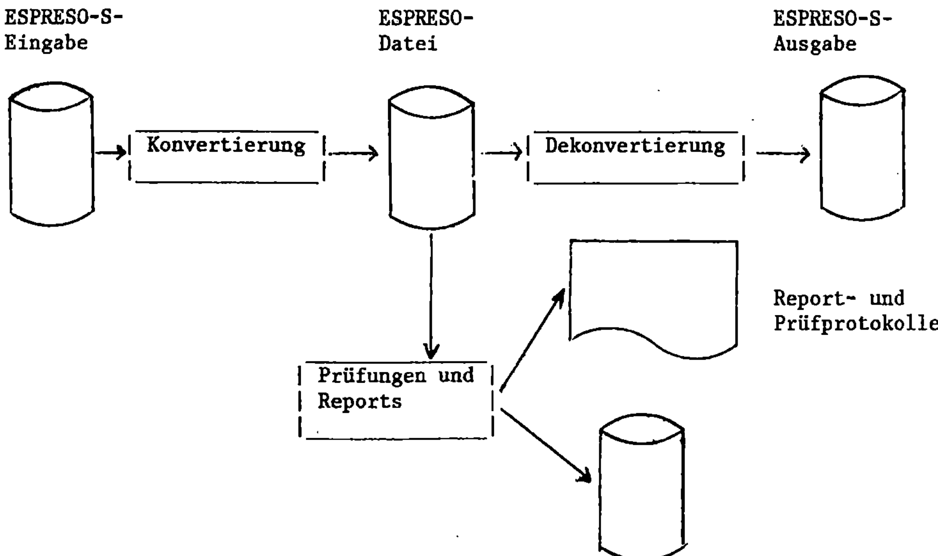

<u>Bild 2:</u> Übersicht über die Funktionen von ESPRESO-W

3.2 Programmstruktur von ESPRESO-W

ESPRESO-W besteht aus eigenständigen, jeweils modular aufgebauten Programmen. Für die Modularisierung des Gesamtsystems und der Teilsysteme wurden die beiden Entwurfsmethoden nach Parnas (1972) und Jackson (1975) angewandt. Beiden Entwurfsmethoden ist gemeinsam, daß in ihnen zuerst eine genaue Analyse der zu verarbeitenden Daten vorgeschlagen wird.

Bei der Entwurfsmethode nach Parnas sind die Zugriffsfunktionen auf die Daten von zentraler Bedeutung, wohingegen bei der Entwurfsmethode nach Jackson die Struktur der E/A-Daten im Mittelpunkt des Programmentwurfs steht. Die Entwurfsmethode nach Parnas eignet sich für die Verwaltung interner Daten. Dagegen ist die Entwurfsmethode nach Jackson für die Verarbeitung extern vorliegender Daten geeignet.

Die externen Daten sind:
- die ESPRESO-S-Eingabe bei der Konvertierung,
- die ESPRESO-S-Ausgabe bei der Dekonvertierung und
- die Report- und Prüfprotokolle.

Jede Funktion wird daher durch ein eigenständiges Programm realisiert, das wegen der Verarbeitung externer Daten nach der Jackson-Methode entworfen wurde.

Die internen Daten bestehen aus den Syntaxtabellen (siehe 3.3.3) und der ESPRESO-Datei ohne die Texte, die auf einen Sekundärspeicher ausgelagert werden. Beide werden jeweils von einem eigenständigen, nach der Parnas-Methode entworfenen Programm verwaltet. Jedes dieser Programme ist modularisiert, wobei ein Modul aus der Vereinbarung lokaler Daten und einer Menge von Prozeduren, die diese Daten verwalten, besteht. Andere Programme können auf diese Daten nicht direkt, sondern nur mit Hilfe der vorhandenen Prozeduren zugreifen.

Das Verbergen von Daten vor ihrer Umgebung ist durch den zunächst verwendeten PASCAL/360-Compiler (Kieburtz, 1979) unterstützt worden. In PASCAL/360 ist eine Aufteilung der Programme in getrennt übersetzbare Moduln möglich, wobei innerhalb eines Moduls die Vereinbarung modullokaler Variablen zulässig ist. Die Schnittstellen eines Moduls nach außen sind die Zugriffsfunktionen, die er anderen Moduln zur Verfügung stellt. Zusätzlich können globale Variable vereinbart werden, durch die zwar das Prinzip des Verbergens von Daten durchbrochen wird, ohne die jedoch in der Praxis schwer auszukommen ist.

Die Programme von ESPRESO-W lassen sich zwei Schichten (Bild 3) zuordnen. Die Programme in Schicht I realisieren die Funktionen von ESPRESO-W. In Schicht II sind die Programme eingeordnet, die interne Daten verwalten, so daß Aufrufe nur in der Richtung

Schicht I --> Schicht II

erfolgen. Oberhalb von Schicht I ist noch eine bei der ersten Implementierung nur virtuelle Schicht vorhanden, in der das Programm für die Bedienung der Programme in Schicht I liegt. Dieses startet die PASCAL-Programme und ordnet den im PASCAL-Programm vereinbarten internen Dateien externe Dateien zu.

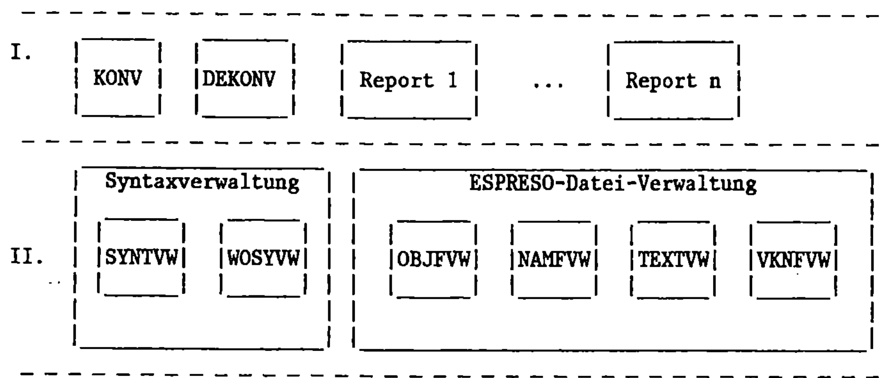

Bild 3: Schichtenstruktur der Programme von ESPRESO-W

3.3 Die Programme von ESPRESO-W

3.3.1 Das Programm ESPRESO-Datei-Verwaltung

Die ESPRESO-Datei ist aus folgenden vier Listen zusammengesetzt:

1. Liste für Objekte,
2. Liste für Objektnamen,
3. Liste für die Verwaltung der Texte,
4. Liste für Verknüpfungen.

Jede Liste wird von einem eigenen Modul verwaltet, der Zugriffsfunktionen für die jeweilige Liste bereitstellt.

Die logischen Verbindungen zwischen den Objekten und den Verknüpfungen, die durch die Kanten des bipartiten Graphen beschrieben werden, sind in der ESPRESO-Datei wie folgt dargestellt (Bild 4):

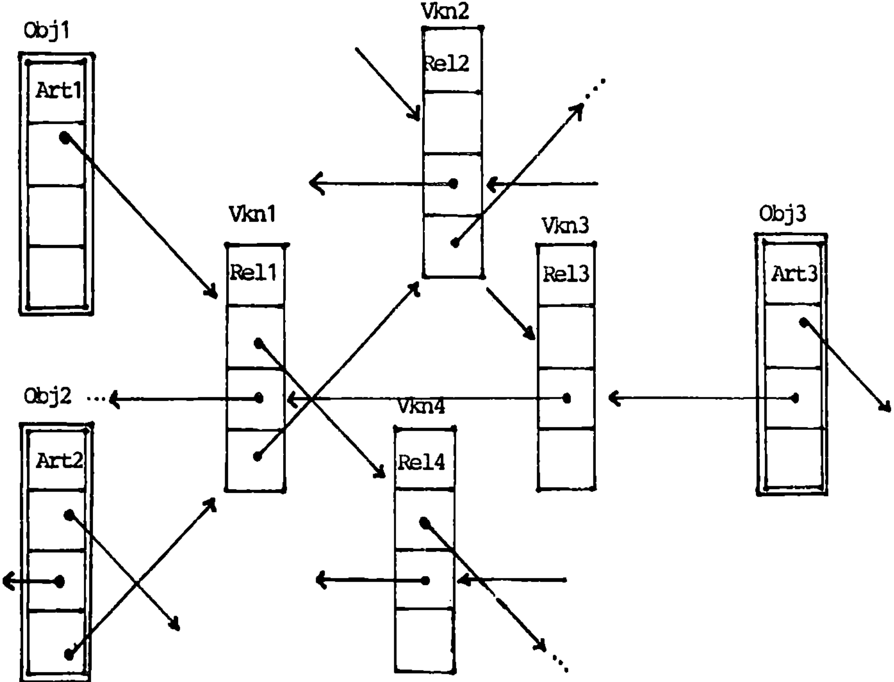

Bild 4: Schematische Darstellung der Verkettungen

Obj1, Obj2 und Obj3 sind durch Vkn1 verknüpft. Wie man sieht, gehen von jedem Objekt drei Ketten aus, die erste für diejenigen Verknüpfungen, in denen das Objekt Komponente 1 ist, die beiden anderen entsprechend für das Auftreten als Komponente 2 bzw. 3. In den Verknüpfungen werden die Ketten jeweils fortgesetzt. Die Verweisketten enden mit einem speziellen leeren Verweis. Nicht dargestellt sind die Verzeigerungen mit Namens- und Textliste (nur für Objekte, Verknüpfungen tragen keine Namen!) sowie die Zeiger, die von jeder Verknüpfung auf die Komponenten weisen.

3.3.2 Das Programm KONV

KONV führt die Konvertierung durch. Für KONV sind folgende Teilaufgaben festgelegt:

1. Lexikalische Analyse der ESPRESO-S-Eingabe.

2. Zerteilung der ESPRESO-S-Eingabe und Steuerung der Zugriffoperationen auf die ESPRESO-Datei.

3. Durchführung der notwendigen Konsistenzprüfungen. Zu diesen zählen z.B. Prüfung der Modulhierarchie, Prüfung der Baumstruktur für Blöcke oder Prüfung der Typ- und Variablendefinitionen auf Zyklenfreiheit.

Alle Aufgaben werden in einem Durchlauf erledigt, so daß keine temporären Daten anfallen. Da dadurch auch solche Daten in die ESPRESO-Datei gelangen, die beim Auftreten eines Fehlers hinfällig werden und wieder gelöscht werden müssen, ist es notwendig, die Neueinträge speziell zu markieren. Bei der Fehlerbehandlung ist zunächst eine recht grobe Strategie angewandt worden. Beim Auftreten eines Fehlers in einem Abschnitt wird der Rest des Abschnittes überlesen und die Konvertierung erst mit dem nächsten Abschnitt fortgesetzt. Das Auftreten von Folgefehlern wird dadurch weitgehend vermieden.

Für die Zerteilung wird folgendes Verfahren ausgewählt (Bild 5):
- für die globale Syntax und die Syntax der Texte wird eine top-down-Zerteilung vorgenommen. Diese ist aufgrund der LL(1)-Eigenschaft von ESPRESO-S sehr einfach.
- für die Zerteilung der Angabensyntax wird ein tabellengesteuertes Verfahren angewandt, wobei die Tabellen so aufgebaut sind, daß sie sowohl vom Speicherplatzbedarf her günstig sind, als auch bei der Konvertierung und Dekonvertierung benutzt werden können.

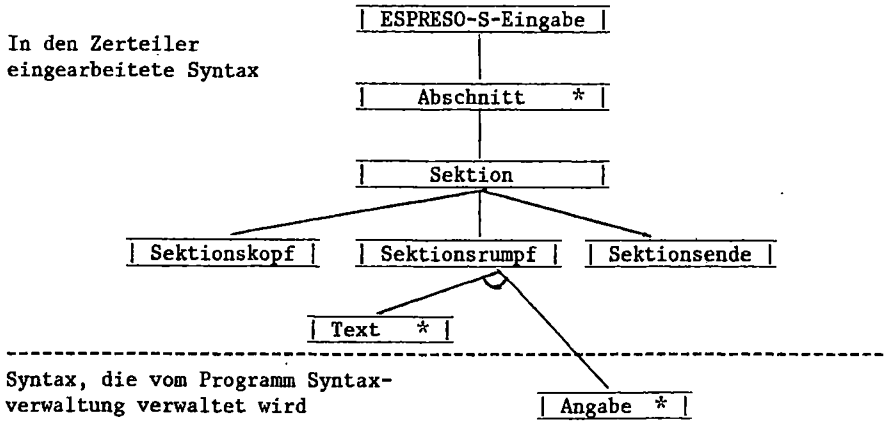

Bild 5: Struktur der in den Zerteiler eingearbeiteten globalen Syntax
(Jackson-Design-Methode)

Eine Kante zu einem Kästchen ohne "*" hat die Bedeutung "wird einmal ausgeführt". Eine Kante zu einem Kästchen mit "*" hat die Bedeutung "wird nicht, einmal oder mehrmals ausgeführt". Mehrere durch einen Kreisbogen verbundene Kanten bedeuten "wird alternativ ausgeführt".

3.3.3 Das Programm Syntaxverwaltung

Das Programm Syntaxverwaltung verwaltet die kontextfreie und die kontextsensitive Syntax der Angaben. Die Angabensyntax wird vom Programm SYNTCH vorverarbeitet und in komprimierter Form auf eine externe Datei geschrieben. Vor der Konvertierung und

Dekonvertierung wird dann die komprimierte Form vom Programm Syntaxverwaltung eingelesen.

Die Angabensyntax besteht im wesentlichen aus folgenden Tabellen:
- einer Wortsymboltabelle mit allen in ESPRESO-S vorkommenden Wortsymbolen.
- einer Relationentabelle, in der für jede Relation die zulässigen Arten der verschiedenen Komponenten festgelegt sind.
- einer Syntaxtabelle, in der die kontextfreie Syntax der Angaben abgelegt ist. Zusätzlich enthält die Syntaxtabelle Informationen über Konsistenzprüfungen, die vor dem Eintragen einer Verknüpfung durchgeführt werden müssen.

3.3.4 Das Programm DEKONV

DEKONV reproduziert eine Spezifikation in ESPRESO-S-Form aus dem Inhalt der ESPRESO-Datei. Die Reproduktion kann entweder die gesamte Spezifikation umfassen, oder es können selektiv Objekte ausgewählt werden, die mit allen ihren Verknüpfungen dekonvertiert werden. Die rekonstruierte ESPRESO-Spezifikation ist so aufgebaut, daß in ihr die schrittweisen Vervollständigungen in sinnvoller· Reihenfolge geordnet ausgegeben werden. Die Programmstruktur entspricht weitgehend der von KONV und wird daher hier nicht näher erläutert.

4. Stand der Arbeit (Februar 1981)

ESPRESO-W wurde teilweise im Rahmen einer Diplomarbeit entworfen und implementiert (Eckert, 1980). Die Codierung wurde zunächst in der Programmiersprache PASCAL/360 auf der Rechenanlage IBM 3033 vorgenommen. Da sich dieser Compiler als unbrauchbar erwies, wird das System derzeit auf die Anlage Siemens R30 in Standard-PASCAL übertragen und installiert. Die Übertragung hat Schwierigkeiten bereitet, da der Siemens PASCAL-Compiler nicht die Vereinbarung modullokaler und globaler Variablen zuläßt, so daß alle Informationen, die eine modulexterne Funktion benötigt, in der Parameterliste der Funktion übergeben werden müssen.

Die Programme in Schicht II und das Programm KONV sind vollständig implementiert und getestet. Das Programm DEKONV wird demnächst installiert, so daß ab März 1981 ein brauchbares Minimalsystem zur Verfügung steht. Die Report- und· Prüffunktionen werden im Laufe des Jahres 1981 erstellt.

ESPRESO wird im Kernforschungszentrum Karlsruhe für die Spezifikation eines Reaktorschutzrechnersystems eingesetzt.

5. <u>Literaturangaben</u>

Boehm, B.W. (1976):
   Software engineering.
   IEEE Trans.Comp., C-25, S. 1226-1241.

Eckert, K. (1980):
   Implementierung eines Spezifikationssystems
   für Prozeßrechner-Software.
   Diplomarbeit, Universität Karlsruhe.

Jackson, M. (1975):
   Principles of program design.
   Academic Press, London, New York.

Kieburtz, R.B., W. Barabash, C.R. Hill (1979):
   STONY BROOK PASCAL/360, User's Guide - Release 2 -
   State University of New York at Stony Brook.

Knuth, D.E. (1971):
   Top-down syntax analysis.
   Acta Informatica, 1.

Ludewig, J., W. Streng (1978):
   Überblick und Vergleich verschiedener Mittel
   für die Spezifikation und den Entwurf von Software.
   KfK 2506.

Ludewig, J. (1980):
   PCSL - a process control software specification system.
   KfK 2874.

Ludewig, J. (1981a):
   Zur Erstellung der Spezifikation von Prozeßrechnersoftware.
   Dissertation, TU München; erscheint ebenfalls als KfK 3060.

Ludewig, J. (1981b):
   PCSL und ESPRESO - zwei Ansätze zur Formalisierung
   der Prozeßrechner-Softwarespezifikation.
   in R. Baumann (Hrsg.);
   GI Fachtagung Prozeßrechner (in Vorbereitung).

Parnas, D.L. (1972):
   A technique for software module specification with examples.
   CACM Vol.15, No.5, S. 330-336.

Teichroew, D., E.A. Hershey III (1977):
   PSL/PSA: a computer-aided technique for structured
   documentation and analysis of information processing systems.
   IEEE Trans. Software Eng., SE-3, 41-48.

Watt, D.A., O.L. Madsen (1977):
   Extended attribute grammars.
   Report 10, University of Glasgow.

Methoden und Werkzeuge zur Software-Entwicklung:
Einordnung und Überblick

Wolfgang Hesse
SOFTLAB GmbH, München

Inhaltsverzeichnis

Zusammenfassung

Es wird ein Überblick über die wichtigsten gegenwärtig existierenden
Techniken zur Software-Entwicklung gegeben. Zur Einordnung der Techniken dient ein dreidimensionales Schema, dessen drei Grundachsen
durch die Kriterien Abstraktionsgrad (= Entfernung zur konkreten
Maschine), sprachliche Freiheit und Automatisierbarkeit gebildet
werden. In den ersten Kapiteln werden Einzeltechniken für die Analyse,
die Definition, den Entwurf und die Validation von Software-Systemen
betrachtet, im letzten Teil sogenannte "Software Engineering Environments", die größere Teile des Software-Produktionsprozesses überdecken.

1   Die Software-Technologie-Landschaft - ein Schema
     zur Einordnung von Software-Entwicklungstechniken

Der Aufbau einer modernen Software-Technologie ist heute das zentrale
Thema von Forschungsprogrammen bei Universitäten, Software-Produzen-
ten und Computer-Herstellern. Spätestens die Erkenntnis, daß die Soft-
ware-Kosten die der Hardware in immer stärkeren Maße dominieren, hat
die Methodik der Software-Entwicklung in den Mittelpunkt des Interesses gerückt und eine geradezu hektische Betriebsamkeit bei der Entwicklung immer neuer Methoden ausgelöst.

Software-Entwickler, Software-Manager und Anwender sehen sich heute
einer Fülle von Schlagworten, Angeboten, Doktrinen und Heilslehren
("HIPO", "JACKSON", "HDM", "Structured Design", "Daten-Abstraktion",
"Structured Walkthrough", "Code Inspection") gegenüber, die es ihnen
oft schwer machen, für das spezifische Problem die geeignete Methode
und das geeignete Werkzeug auszuwählen.

Übersichtsarbeiten und vergleichende Forschungsergebnisse zu diesem
Thema sind zwar vorhanden (siehe z. B. /END 78/, /R-Y 78/ oder /PDV
80/), werden aber vielfach als unbefriedigend und zu wenig hilfreich
empfunden. Ein möglicher Grund mag darin liegen, daß als einziges
Vergleichs- und Einordnungskriterium meistens der "Software life
cycle" herangezogen wird (/B-T 79/). Abgesehen davon, daß die benutzten "life cycles" meistens zu grob sind und die Differenzierungs-
möglichkeiten eines detaillierten "Projektmodells" vermissen lassen
(vgl. /HES 80/), reicht die Zuordnung der Methoden zu Projektphasen
für ihre Einordnung und Bewertung nicht aus. Das zeigt sofort das Beispiel der oben aufgeführten Techniken, von denen so gegensätzlich be-
schaffene wie "HIPO" und "Daten-Abstraktion", "HDM" und "JACKSON-
Methode" in dieselbe Sparte "Entwurfstechniken" fallen würden.

Neben der Phasenzuordnung spielen aber weitere, mindestens ebenso
wichtige Kriterien eine Rolle. Drei dieser Kriterien werden deutlich,
wenn man die historische Entwicklung der Software-Technologie von
ihren Anfängen bis heute verfolgt:

Zunächst sorgten die Ideen der "Strukturierten Programmierung" und
die Entwicklung höherer Programmiersprachen für eine Erweiterung des
Abstraktionsgrades, d. h. die Programmierung war nicht mehr auf das
Maschinenniveau beschränkt, sondern konnte auch auf höheren, abstrak-

ten Ebenen erfolgen. Sodann führte die "Software-Engineering"-Diskussion dazu, daß die *sprachliche Freiheit* der Beschreibung von Software-Produkten erweitert wurde: Neben die formal-sprachlichen Programme traten weniger formale Dokumente wie Analysen, Entwürfe und Testberichte, die aber dennoch ihren wohlbegründeten Platz in der Produktpalette moderner Software-Entwicklungen haben.

Schließlich wurde durch das Anwachsen der Größe, Komplexität und Vielzahl von benötigten Softwaresystemen die Frage ihrer (teil-) *automatisierten* Herstellung zu einem immer wichtigeren Problem. Der Computer kann dabei Aufgaben von der Textaufbereitung, -speicherung und -übermittlung bis zur Methodenführung und zur Abnahme von Entwurfsentscheidungen übernehmen. Dies ist das Thema von "Programmierumgebungen" ("Software Engineering Environments", kurz "SEE's"), die heute im Mittelpunkt des Interesses stehen (vgl. /SEE 80/). Ein SEE setzt sich meist aus einer Reihe von Einzeltechniken zusammen, die ein großes Gebiet in der Programmentwicklungs-Ebene abdecken und für die die technische Unterstützung durch *Werkzeuge* von zentraler Bedeutung ist.

Im folgenden werden die Kriterien

- Abstraktionsgrad (Entfernung zur konkreten Maschine)
- Sprachliche Freiheit
- Automatisierbarkeit

als strukturgebende Kriterien für eine Gesamtschau des Gebietes der Software-Technologie benutzt. Sie bilden die Grundachsen der sog. "Software-Technologie-Landschaft", d. h. eines dreidimensionalen Schemas, in das sich Sprachen, Techniken und Programmierumgebungen einordnen lassen.

Diese Einordnung wird nicht ohne starke Vergröberungen möglich sein. Dies ist der wohl unvermeidliche Tribut, den man dafür zahlen muß, wenn man ein so vielschichtiges Arbeitsgebiet wie die Software-Technologie in ein dreidimensionales Schema preßt. Auf der anderen Seite liegt in dieser Darstellung zumindest ein relativer Fortschritt gegenüber der eindimensionalen Zuordnung zu den Phasen eines "life cycle".

Der Aufbau der folgenden Kapitel orientiert sich an der oben skizzierten Entwicklung der Technologie-Landschaft. Im 2. Kapitel wird die Achse "Abstraktionsgrad" eingeführt. Sie bildet die Grundlage für das

Programmiersprachen-Spektrum, in das (da nicht Gegenstand dieser
Untersuchung) nur wenige Sprachen exemplarisch eingeordnet werden. In
Kapitel 3 folgt die Erweiterung zur "Programmentwicklungs-Ebene" durch
Hinzunahme der zweiten Dimension "Sprachliche Freiheit". In Kapitel 4
werden die bekanntesten Programmentwicklungstechniken in die Programmentwicklungs-Ebene eingeordnet. Kapitel 5 bringt die Erweiterung der
Programmentwicklungs-Ebene um die "Validations-Ebene" und die Einbeziehung von Validations-Techniken in die Betrachtung. In Kapitel 6
kommt als dritte Dimension die "Automatisierbarkeit" hinzu. Die so ge-
bildete "Software-Technologie-Landschaft" bildet die Grundlage für die
Betrachtung einiger Programmierumgebungen ("Software Engineering Environments").

2   Die erste Dimension (Abstraktion):
     Das Programmiersprachen-Spektrum

Nimmt man die maschinennahe Programmierung der ersten Rechenanlagen
als Ausgangspunkt der Entwicklung der heutigen Software-Technologie,
so betraf deren erster Ausbau den Übergang zu problemnäheren, benut-
zer- und anwendergerechten sprachlichen Formen. Dieser Übergang dokumentiert sich in der Einführung höherer Programmiersprachen und zahl-
losen Arbeiten zum Thema "Strukturierte Programmierung". An die Stelle
der (einzigen) "Maschinensprache" des gewählten Computers trat ein
Spektrum von verschieden "hohen" Eingabesprachen, die eine Kommunikation mit dem Rechner auf verschiedenen Abstraktionsebenen erlaubten.
Die Begriffe "machine level", "low level" und "high level" stehen für
ausgezeichnete Punkte dieses Spektrums (vgl. Abb. 1). Die Lage einer
bestimmten Programmiersprache in diesem Spektrum läßt sich durch einen
Balken darstellen, der anzeigt, welche Abstraktionsstufen durch die
entsprechende Programmiersprache abgedeckt werden. In Abb. 1 ist das
exemplarisch für Assemblersprache, FORTRAN und ALGOL 68 geschehen.
(Selbstverständlich geht mit einer solchen Darstellung eine gewisse
Vergröberung einher. Diese hängt u. a. damit zusammen, daß Sprachen
in der Realität keine linearen, sondern sehr verzweigte Gebilde sind.
Dazu kommt die nirgendwo klar definierte, sondern eher gefühlsmäßig
vorgenommene Einordnung von Sprachkonstruktionen in der "high level"-
"low level"-Skala).

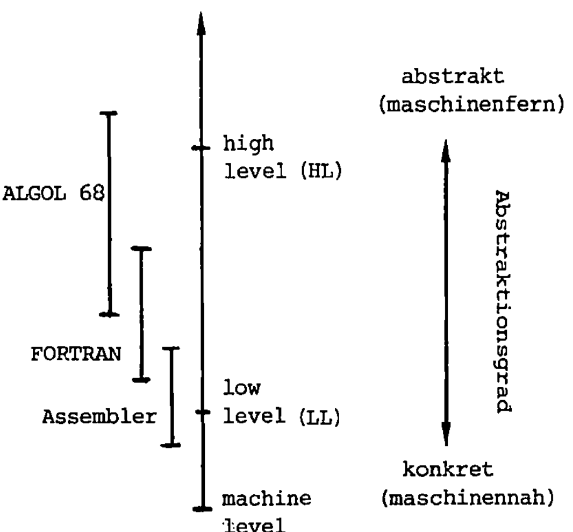

Abb. 1: Das Abstraktions-Spektrum der Programmiersprachen

Der Programmierer kann sich (soweit die Standard-Software seiner Maschine ihm dies erlaubt) seine "Programmierebene" in diesem Spektrum selbst wählen. Die Umsetzung seines Programmes in maschinennahe Form übernimmt ein Übersetzer für die gewählte Programmiersprache. Selbst wenn ein solcher nicht zur Verfügung steht, kann die erste Formulierung des Problemes in einer problemnahen Sprache und eine anschließende "von Hand" -Umsetzung in maschinen-verarbeitbare Form hilfreich sein. Wir fassen beide Umsetzungsmöglichkeiten unter den Begriff "Transformation" zusammen (vgl. Abb. 2).

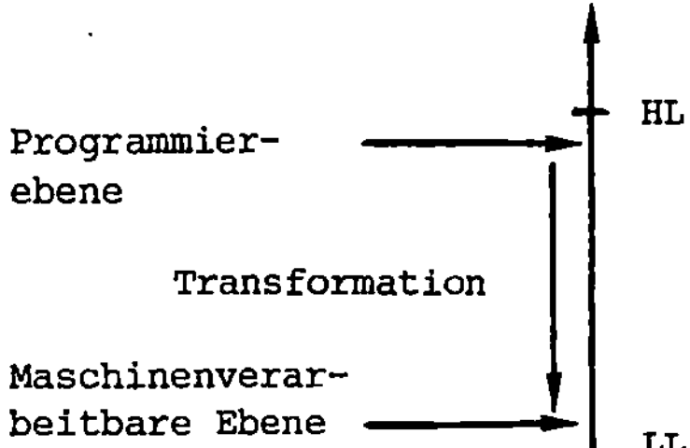

Abb. 2: Transformationen zwischen verschiedenen Abstraktionsebenen

3   Die zweite Dimension (Sprachliche Freiheit):
Die Programmentwicklungs-Ebene

Die Diskussion über Methoden der Programmierung gewann eine neue Dimension durch die Erkenntnis, daß nicht nur die Programme (einschließlich möglicher dazugehöriger "Programmdokumentation") ein Software-Produkt ausmachen, sondern daß sowohl vorbereitende (Problemuntersuchungen, Entwürfe) als auch begleitende und nachbereitende Dokumente

(Testentwürfe, Testprotokolle, Integrationspläne und Installations-
anweisungen) Bestandteile des Produktes sind und daß auch deren Ent-
stehung einer methodischen Grundlage bedarf. Diese Betrachtungsweise
ist untrennbar mit dem Schlagwort "Software Engineering" verbunden.
Zu den ausschließlich in formalen Programmiersprachen ("Code") abge-
faßten Programmen kommen also weitere, halbformale, z. B. in "Pseudo-
Code" geschriebene oder informale, in natürlicher Sprache gehaltene
Texte.

Zu dem Abstraktionsspektrum (Abb. 1) tritt damit als weiteres Betrach-
tungskriterium die "Sprachliche Freiheit" hinzu. Nimmt man beide als
Grundachsen eines zweidimensionalen Schemas, so kommt man damit zur
Programmentwicklungs-Ebene (PEE, vgl. Abb. 3).

Die "Sprachliche Freiheit" reicht dabei vom "Code" über "Pseudo-Code"
und "Prosa" bis zu (nicht einmal schriftlich fixierten) "Ideen". Auch
hier liegt in der Linearisierung wieder eine Vergröberung. So werden
z. B. auch Graphen in dieses Spektrum eingeordnet, ohne daß sich klar
definieren läßt, welche Typen von Graphen dem "Code", dem "Pseudo-
Code" bzw. der "Prosa" entsprechen.

Eine nähere Betrachtung der beiden Kriterien "Abstraktionsgrad" und
"Sprachliche Freiheit" zeigt, daß sie kaum korreliert sind, d. h. daß
informale und formale Vorgehensweisen und Darstellungen auf allen Abstraktionsebenen denkbar sind und auch tatsächlich vorkommen.

Eine zusätzliche Erweiterung betrifft die Verlängerung der Abstraktionsachse. Diese Verlängerung bis zum "very high level" (VHL) spiegelt die Einbeziehung der "very high level languages" in das Programmiersprachen-Spektrum wider. Ein wichtiger Punkt auf dieser erweiterten Achse ist der Übergang von algorithmischen zu nicht-algorithmi-
schen, d. h. nicht notwendigerweise von einer Maschine ausführbaren
Beschreibungen.

Einen wesentlichen methodischen Anhaltspunkt liefert die Betrachtung
des "Weges", den ein Programmentwickler vom ersten Nachdenken über
das gestellte Problem bis zum fertigen Programm in der PEE einschlägt.
Sein Ausgangspunkt ist "links oben" d. h. seine Problembeschreibung
ist noch sehr maschinenfern und wenig formalisiert, oft nur in der
Form von Ideen vorhanden.

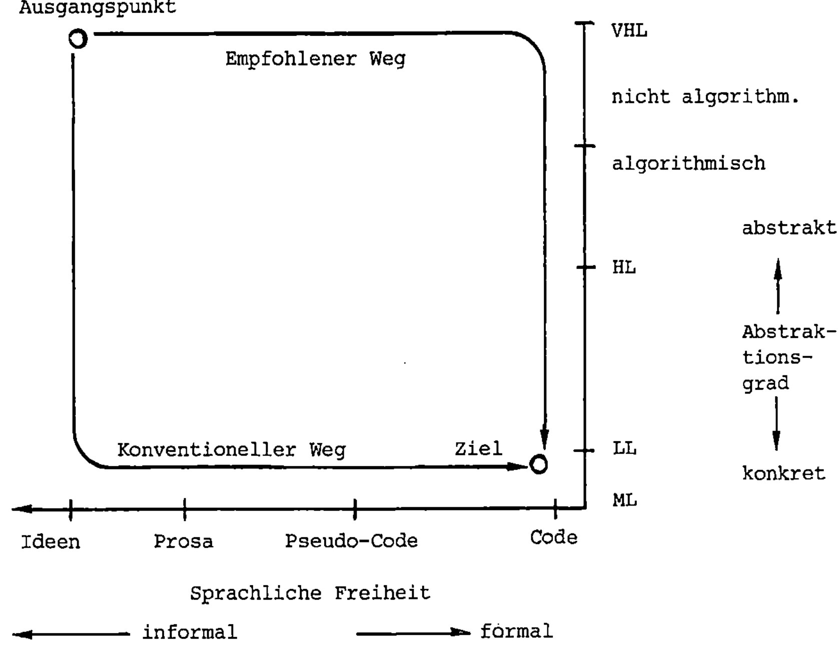

Abb. 3:   Die Programmentwicklungs-Ebene

Sein Ziel ist "rechts unten", d. h. er möchte ein vollständig formales
Programm ("Code") entwickeln, das auf einer konkreten Maschine läuft.

Um Mißverständnissen vorzubeugen, soll nochmals betont werden, daß
das hier benutzte Begriffspaar "abstrakt"/"konkret" relativ zur Zielmaschine zu verstehen ist. In diesem Sinne ist Programmentwicklung
(unter anderem)Konkretisierung. Vom Problem her gesehen findet dagegen zunächst ein Schritt in Abstraktionsrichtung statt, wenn nämlich
im Zuge der Problemanalyse und der Aufgabendefinition aus den konkreten Benutzeranforderungen ein abstraktes Lösungsmodell entwickelt
wird. Dieser Aspekt ist in der obigen Darstellung nicht berücksichtigt.

Der konventionelle Weg durch die PEE schmiegt sich eng an die Achse
der sprachlichen Freiheit an. Das bedeutet, schon im Ideen-Anfangs-
stadium wird mit Siebenmeilenstiefeln das Maschinen-Niveau erreicht,
indem allzufrüh technische Details der Realisierung anvisiert und wo-
möglich ausprogrammiert werden. Dann folgt der meist dornenreiche, mit
vielen Rückschlägen gepflasterte und nicht selten in Sackgassen füh-
rende Weg in Richtung auf einen voll ausformulierten, funktionstüch-
tigen und zuverlässigen Code.

Der Weg, der sich im Laufe der "Software Engineering"-Diskussion als der zuverlässigste und damit im Endeffekt vorteilhafteste herausgestellt hat, ist nicht etwa die ("geographisch") kürzeste Verbindung, sondern derjenige, der sich so weit wie möglich an die Achse der Abstraktion anlehnt. Bei der Programmentwicklung ist also zunächst auf noch sehr maschinenfernem Niveau ("very high level") eine möglichst formale Problembeschreibung zu erstellen, ehe man sich den spezifischen Fragen der technischen Realisierung auf der Zielmaschine zuwendet und aus der Problembeschreibung ein lauffähiges Programm erzeugt.

Dieser Weg entspricht genau der Vorgehensweise, die im SOFTLAB-Projektmodell für die Entwurfs- und Programmierungstätigkeiten vorgeschrieben wird (/HES 80/). Ausgehend von "Anforderungen" (informal, abstrakt) gelangt man über die "Spezifikation" (Formalisierung bzw. Präzisierung) zur "Konstruktion" (Konkretisierung), vgl. Abb. 4.

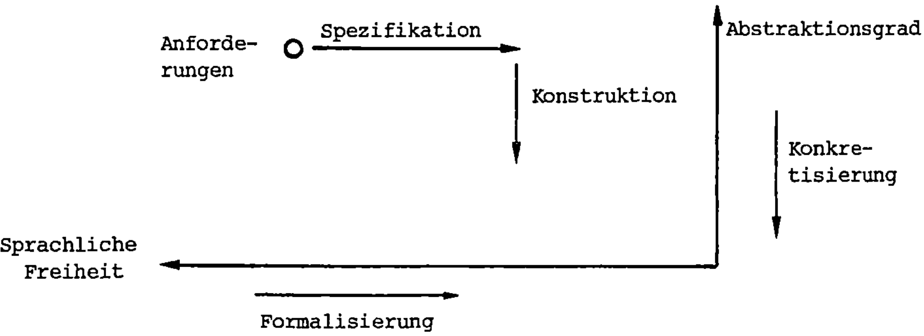

Abb. 4: Die Entwurfstätigkeiten des Projektmodells in der Programmentwicklungsebene

Werden Entwürfe auf verschiedenen Systemebenen (System, Komponente, Moduln) erstellt, so läßt sich das Vorgehen etwa durch Abb. 5 skizzieren.

Jeder Spezifikationsschritt bringt eine Formalisierung, jeder Konstruktionsschritt eine Konkretisierung der Beschreibung. Das scheinbare "Zurückgehen" in der Programmentwicklungsebene (vgl. die gepunkteten Linien in Abb. 5) erklärt sich dadurch, daß bei den höheren Konstruktionen Teilaufgaben ausgeklammert und weniger formalisiert beschrieben werden, nämlich als "Anforderungen" an untergeordnete Bausteine.

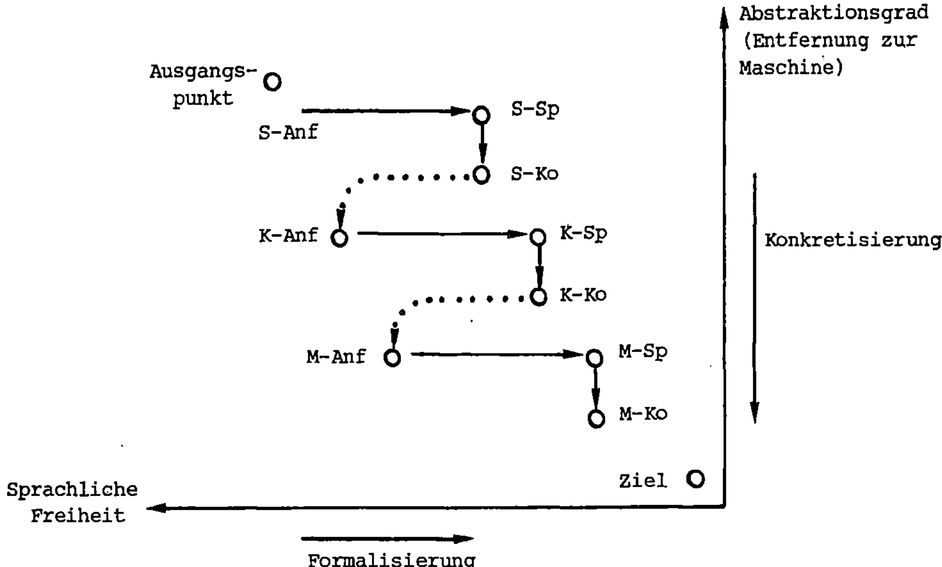

Abb. 5: Entwurfstätigkeiten auf mehreren Entwurfsebenen in der Programmentwicklungs-Ebene

S- : System-		Anf : Anforderungen
K- : Komponenten-		Sp : Spezifikation
M- : Modul-		Ko : Konstruktion

4 Techniken der Programmentwicklung

In Abb. 6 ist die Lage der bekanntesten Programmentwicklungs-Techniken
in der PEE dargestellt. Im folgenden soll auf einer "Wanderung" durch
diese Ebene die Einordnung jeder einzelnen Technik erläutert werden.

Naturgemäß finden sich die Techniken, die heute in erster Linie zur
Analyse und Definition eingesetzt werden, im linken oberen Bereich
der PEE.

S A D T (Structured Analysis and Design Technique, SOFTECH 1976, vgl. /ROS 77/) ist
ein vorwiegend graphisches Beschreibungsmittel zur Darstellung der Wechselwirkungen
von Tätigkeiten und Daten (im weitesten Sinne). In den sogenannten "activity diagrams" werden die Knoten durch Tätigkeiten, die Pfade durch Daten markiert, in den
dazu dualen "data diagrams" ist es gerade umgekehrt. Wohl hauptsächlich wegen der
komplexen graphischen Struktur von SADT sind Werkzeuge für diese Technik bislang
kaum bekannt.

Auf gleichem Abstraktionsniveau wie SADT, aber stärker formalisiert ist PSL (Problem
Statement Language, University of Michigan 1976, vgl. /T-H 77/). Wie der Name schon
sagt, ist PSL eine Sprache oder genauer ein Sprachrahmen für die Beschreibung von
Objekten (z. B. Prozessen, Daten, Mengen) und von zwischen diesen bestehenden Relationen (z. B. "besteht aus", "benutzt", "sendet", "empfängt"). Sprach-"rahmen" des-

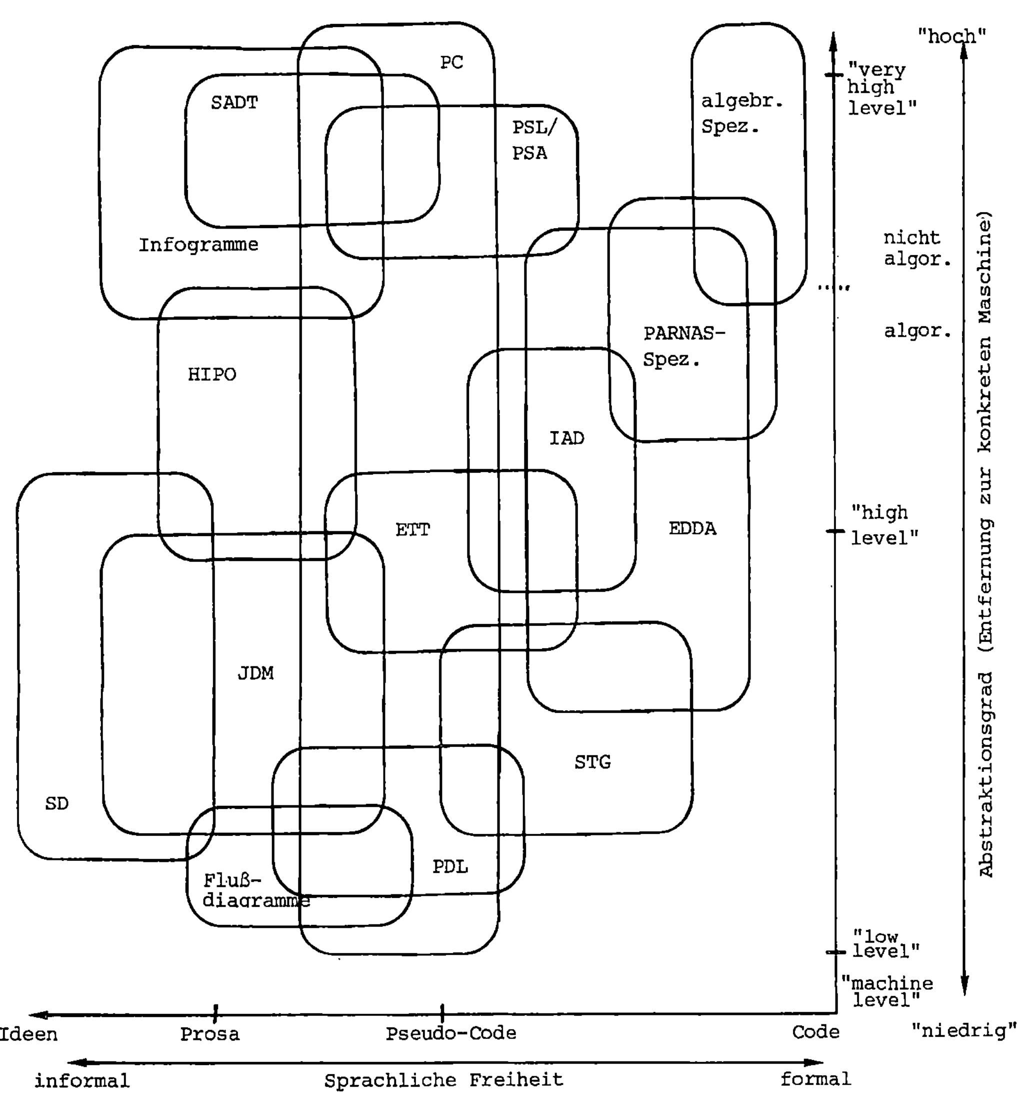

Abb. 6: Die "Programmentwicklungsebene"

<u>Legende</u>:

IFG:	Infogramme
SADT:	Structured analysis and design technique
PSL/PSA:	Problem statement language / problem statement analyser
HIPO:	Hierarchy plus input - process - output
JDM:	JACKSON design methodology
SD:	Structured design
PDL:	Programm design language
PC:	Pseudo-Code
ETT:	Entscheidungstabellen-Technik
IAD:	Interaktionsdiagramme
EDDA:	Entwurfs-Dialekte für Daten-Abstraktion
STG:	Struktogramme

halb, weil PSL lediglich eine Menge von Schlüsselworten zur Verfügung stellt, die
den Rahmen für den übrigen, nicht formalisierten Text bilden. Daher gibt es auch
keine Compiler für PSL, sondern lediglich einen "Problem Statement Analyser" (PSA),
der gewisse Buchführungsaufgaben wie die (Namens-) Konsistenzprüfung von Definitionen, die Überprüfung bzw. Ergänzung von Relationen sowie die Ausgabe von Berichten
und Graphiken übernimmt. Ein häufig beklagter Mangel von PSL ist das Fehlen der
Möglichkeit, eigene Objekte und Relationen zu definieren oder zumindest problemspe-
zifisch zu benennen. Diese Erweiterung ist jedoch prinzipiell unproblematisch.

I n f o g r a m m e   (SOFTLAB 1979, vgl. /FRO 80/) sind ein während der Projekt-
arbeit an Informations-Systemen entstandenes Darstellungsmittel. In einer kreuz-
förmig angelegten Tabelle werden (in dieser Reihenfolge) die Aufgaben, Informationen,
Daten und Systemkomponenten (Eselsbrücke: AIDS), die für das zu entwerfende System
relevant sind, dargestellt und miteinander in Beziehung gesetzt. Ähnlich wie bei den
benachbarten Techniken sind die Automatisierungsmöglichkeiten begrenzt. Sie erstrecken sich hauptsächlich auf die Speicherung und Editierung der gesammelten Informationen.

Deutlich "tiefer" als die genannten Techniken, d. h. problemferner und maschinennäher ist die H I P O – Technik (Hierarchy plus Input-Process-Output, IBM 1974, vgl.
/IBM 74/) bzw. ihre deutsche Abart EVA (Eingabe-Verarbeitungs-Ausgabe) einzuordnen.
HIPO's sind dreispaltige Tabellen, die sich für die Darstellung funktionaler Zusammenhänge des Typs

Ausgabe   =   V (Eingabe)

eignen. V ist dabei eine irgendwie geartete, meist verbal beschriebene Verarbeitungs-
vorschrift. Dazu kommt eine Reihe graphischer Symbole (5 Arten von Pfeilen, Daten-
trägersymbole, Konnektoren) und die Möglichkeit des hierarchischen Aufbaus mit Hilfe
von baumartigen Übersichtsdiagrammen. HIPO's sind ein eindeutig funktionsorientier-
tes Beschreibungsmittel. Die Daten sind als Eingabe bzw. Ausgabe um die zentral dargestellten Verarbeitungsfunktionen angeordnet. Damit wird z. B. eine Modularisierung
unter funktionalen Gesichtspunkten indirekt favorisiert. Modernere Entwurfsmethoden
gehen dagegen gerade den umgekehrten Weg, indem sie die Funktionen um die zentral
gelagerten Daten gruppieren (vgl. unten zum Thema "Daten-Abstraktion"). Wegen des
relativ informalen Charakters der HIPO's gehen die Automatisierungsmöglichkeiten
nicht über Speicherung und Editierung hinaus.

Ein weiteres Stück tiefer als HIPO liegt die weit verbreitete J A C K S O N -Methode
("JDM"-Jackson Design Methodology, M. JACKSON, 1975, vgl. /JAC 76/). Die formalen
Hilfsmittel dieser Methode sind baumartige Darstellungen von Datenstrukturen und
Programmen mit den Kompositionsmöglichkeiten der Sequenz, Iteration und Auswahl
sowie deren linearisierte Form, genannt "schematic logic". Die Grundidee der JACKSON-
Methode, zuerst die Repräsentation der Daten festzulegen und sodann die Programm-
struktur analog dazu zu entwerfen, steht im diametralen Gegensatz zur Idee der Da-
ten-Abstraktion, nämlich Programme zunächst unabhängig von der Daten-Repräsentation
zu entwerfen (von ihr zu "abstrahieren") und erst zum spätestmöglichen Zeitpunkt
Entscheidungen über diese zu treffen. Automatische Unterstützung findet die JACKSON-
Methode hauptsächlich in Code-Generatoren aus "schematic logic".

In der unmittelbaren Nachbarschaft der JACKSON-Methode findet sich *Structured design*
(YOURDON & CONSTANTINE 1975), vgl. /Y-C 75/. In noch stärkerem Maße als bei JACKSON
wird hier in epischer Breite eine "Methodologie", bestehend aus Methoden wie "transform analysis", "transaction analysis", "top-down-design" vorgestellt. Die formalen
Beschreibungsmittel sind sehr begrenzt (Datenflußdiagramme, Strukturdiagramme, Flußdiagramme), eine weiterreichende direkte Unterstützung durch Werkzeuge ist daher
kaum möglich.

Noch eine weiteres Stück maschinennäher und nicht ganz so informal ist P D L (Program Design Language, CAINE, FABER & GORDON 1975, vgl. /C-G 75/). Hier handelt es
sich um einen sehr einfachen Pseudocode mit Verzweigung, Schleife und Fallanweisung
als einzigen formalen Kontrollstrukturen. Die Automatisierungsmöglichkeiten sind
dementsprechend beschränkt.

Die Mischung von formal-sprachlichen und natürlich-sprachlichen Elementen ist der
wohl am weitesten verbreitete Ansatz beim Software-Entwurf. Wir bezeichnen alle
solchen Mischungen als *Pseudo-Codes* (PC). (Die Verwendung von Kommentaren in Programmiersprachen führt dagegen noch nicht zum Pseudo-Code, jedenfalls solange die Kommentare keine semantische Bedeutung haben). Generell lassen sich in Pseudo-Codes vier
Textformen unterscheiden:

(1) Code-Elemente (einer zugrundeliegenden Programmiersprache, häufig der zu ver-
     wendenden Implementierungssprache)

(2) vom PC-Entwerfer selbst definierte, formal festgelegte Sprachelemente

(3) formatierte Texte

(4) formatfreie Texte

Das oben erwähnte PDL verwendet z. B. Elemente der Arten (2) und (4). Pseudo-Code
kann von ganz "oben" bis ganz "unten" eingesetzt werden, die Lage eines Pseudo-Codes
in der PEE hängt von seiner spezifischen Definition und Anwendung ab. Im weiteren
Sinne gehören auch die unten aufgeführten Struktogramme und Entwurfssprachen zu den
Pseudo-Codes. Die Stärke von (gut definierten und angewendeten) Pseudo-Codes liegt
in ihrer Flexibilität, der durchgehenden Verwendungsmöglichkeit über mehrere Projektphasen hinweg und in der Anpassungsmöglichkeit an die Implementierungssprache (falls
diese dazu geeignet ist). Nachteilig sind der zu leistende Definitions- und Schulungsaufwand sowie die gegenüber voll formalen Sprachen eingeschränkten Automatisierungsmöglichkeiten.

F l u ß d i a g r a m m e   sind eine der ältesten Formen der Programmdokumentation
und sollen hier nur zum Vergleich herangezogen werden. Die bloße Formalisierung von
wenigen Kontrollstrukturen, das Zulassen beliebig verschlungener Programmpfade und
die Maschinennähe dieser Darstellungsform führen zu ihrer Verbannung in die linke
untere Ecke der Programmentwicklungs-Ebene.

Flußdiagramme sind spätestens seit der Einführung der S t r u k t o g r a m m e
(NASSI und SHNEIDERMAN 1973, vgl. /N-S 73/) entbehrlich geworden. Struktogramme
sind ein zweidimensionaler Pseudo-Code mit Sequenz, Iteration, Verzweigung, Fallanweisung, Schleife und Prozeduraufruf als formalen Kontrollstrukturen. Gegenüber den
Flußdiagrammen (und auch den meisten Programmiersprachen) haben Struktogramme den
Vorteil, daß sie g o t o – artige Kontrollübergänge ausschließen. Werkzeuge im Zusammenhang mit Struktogrammen reichen von der automatischen Struktogramm-Ausgabe
über Makro-Generierung aus Struktogrammen bis zur Syntaxführung beim Programmentwurf.

Die E n t s c h e i d u n g s t a b e l l e n - Technik (ETT, vgl. /STR 77/) läßt
sich relativ schwer in die PEE einordnen. Ähnlich wie bei Pseudo-Code reicht ihr
Einsatz vom "oberen" bis in den "unteren" Bereich. Die Formalisierung besteht in
der tabellenartigen Anordnung von Bedingungs- und Aktionsfolgen. Die Automatisierungsmöglichkeiten sind vergleichsweise gut. Sie reichen von Editierhilfen über
Redundanz-, Vollständigkeits- und Konsistenzprüfungen bis zur Code-Generierung aus
Entscheidungstabellen.

I n t e r a k t i o n s d i a g r a m m e   ("IAD", SOFTLAB 1977, vgl. /DEN 77/)
sind ein auf endlichen Automaten basierendes graphisches Beschreibungsmittel für
Dialogabläufe. Insofern ist ihr Einsatz auf dialogbezogene Anwendungen wie z. B.
die Beschreibung von Benutzer-Schnittstellen beschränkt. IAD's ordnen sich in der
PEE im "high level" Bereich ein, sind stärker formalisiert als die meisten Pseudo-
Codes, lassen aber durch die textuelle Beschreibung von einfachen Zuständen Raum für
informale Einschübe. Eine IAD-Sprache gestattet die Linearisierung von IAD's und
deren Verarbeitung durch einen IAD-Compiler, der lauffähigen Code aus IAD's erzeugt.

Als ebenfalls auf Zustandsdiagrammen basierende Technik, allerdings mit anderem An-
wendungsschwerpunkt (Parallelverarbeitung) gehören übrigens auch die PETRI-Netze in
die nähere Umgebung der IAD's. Sie werden hier nicht in die Betrachtung einbezogen,
weil die Erfahrungen mit ihrem Einsatz beim Programmentwurf noch relativ gering sind.

Die rechte obere Ecke der PEE ist das Feld der   D a t e n - A b s t r a k t i o n.
Dies resultiert aus der Zielsetzung, Programmentwürfe schon auf abstraktem Niveau
so weit wie möglich zu formalisieren und dabei noch unabhängig von speziellen Daten-
Repräsentationen zu halten.

Ein Vorläufer der Daten-Abstraktion ist die PARNAS'sche Spezifikationstechnik ("PST",
PARNAS 1972, vgl. /PAR 72/). PARNAS' Grundidee ist es, Effekte von zustandsändernden
Funktionen ("O-functions") nicht durch Änderungen an der zugrundeliegenden Datenrepräsentation, sondern durch die Werte von zustandsbeschreibenden Funktionen ("V-
functions") zu definieren. Die Repräsentation der Daten tritt also in der Spezifikation überhaupt nicht auf, sie bleibt "geheim" (Prinzip des "information hiding").
In der Spezifikationssprache SPECIAL (SRI 1976, vgl. /R-R 76/) fand die PST ihre
sprachliche Ausformulierung. Zu den SPECIAL-Werkzeugen zählen Syntax-, Konsistenz-
und Vollständigkeitsprüfer sowie Verifikationshilfen wie neuerdings ein "verification
condition generator" für PASCAL (vgl. unten).

Die konsequente Weiterentwicklung der PARNAS'schen Ideen führte zur Methode der
Daten-Abstraktion in ihrer heutigen Form. Pate stand dabei neben PARNAS die Programmiersprache SIMULA, in der schon 1967 die gemeinsame Behandlung von Daten und Operationen im Rahmen von sog. "classes" vorgeschlagen wurde. Dies ist das Modularisie-
rungsprinzip der Daten-Abstraktion: Daten und die darauf zugreifenden Operationen
bilden immer zusammen eine untrennbare Einheit, wobei für die Benutzung einer solchen Einheit ausschließlich die Operationen zur Verfügung stehen.

Daten-Abstraktion finden wir in drei Ausprägungsformen: Erstens als reines Modula-
risierungs-Prinzip in der oben geschilderten Form. Zweitens in der Form der abstrakten Datentypen ("abstract data types") d. h. von Daten-Abstraktions-Schemata. Zu
einem solchen Schema können wie zu jedem Datentyp Objekte in beliebiger Anzahl vereinbart bzw. generiert werden. Eine dritte Kategorie bilden die generischen abstrakten Datentypen, bei denen verwendete Objekte und Typen als Parameter definiert werden können.

Für die sprachliche Formulierung von Spezifikationen nach der Methode der Daten-
Abstraktion gibt es zwei Möglichkeiten. Beim o p e r a t i o n e l l e n Ansatz
liegt der Beschreibung wie bei PARNAS ein Zustandsmodell und damit eine hypotheti-
sche Maschine zugrunde. Der a l g e b r a i s c h e Ansatz abstrahiert auch davon
und benutzt zur Spezifikation lediglich mathematische (genauer: algebraische) Gebilde: Mengen, Funktionen und Gleichungen. In der PEE liegt der operationelle Ansatz
wegen des noch vorhandenen Maschinenmodells "unter" dem algebraischen.

Auf dem operationellen Ansatz basieren eine Reihe von Entwurfssprachen, die hier
mit dem Kürzel EDDA (Entwurfs-Dialekte für Daten-Abstraktion) bezeichnet werden
sollen. Häufig bauen sie, ähnlich wie Pseudo-Codes, auf einer bestimmten Programmiersprache auf, die dann möglicherweise auch Implementierungssprache ist. Bei
SOFTLAB existieren z. B. drei solcher Dialekte (über den Sprachen SPL, C und ADA).
Der SPL-Dialekt und sein Einsatz beim Programmentwurf sind in /DEN 79b/ ausführlich
beschrieben.

Die Werkzeuge für diese Entwurfssprachen sind wegen ihres lokalen Einsatzes noch
auf Textaufbereitung, einfache Syntax- und Konsistenzprüfungen beschränkt. Ziel ist
die Standardisierung einer Entwurfssprache und deren Unterstützung durch weiterreichende Werkzeuge.

Auf ADA baut auch ein neuerer Entwurf einer semi-formalen Spezifikationssprache auf
(ANNA - a language for ANNotating ADA programs, vgl. /K-L 80/). Möglicherweise liegt
hier der Ansatz für eine künftige standardisierte Entwurfssprache und für Verifika-
tionsversuche mit ADA.

In der äußersten rechten oberen Ecke der PEE liegt die Methode der a l g e b r a i -
s c h e n   S p e z i f i k a t i o n. Diese Methode wurde Mitte der 70-er Jahre
von GUTTAG (vgl. /GUT 77/) und anderen populär gemacht und ist seitdem Gegenstand
intensiver theoretischer Arbeiten verschiedener Gruppen, von denen stellvertretend
für andere die ADJ-Gruppe (vgl. /ADJ 77/) genannt sein soll. Nach diesem Ansatz besteht eine algebraische Spezifikation aus zwei Teilen, der Signatur und Axiomen.
Die Signatur beschreibt die Funktionalitäten aller Operationen, die zu dem zur De-
batte stehenden Datentyp ("type of interest", kurz TOI) gehören. Sie ist damit ge-
wissermaßen die "Syntax" des TOI. Dessen Semantik steckt in den Axiomen. Diese
machen Aussagen über die Gleichheit von solchen Ausdrücken, die sich gemäß der Signatur bilden lassen. Algebraische Spezifikationen sind inhärent nicht-algorithmisch,
d. h. nicht direkt von einer Maschine ausführbar.

Ausformulierungen des algebraischen Ansatzes zu einer Spezifikationssprache bestehen
erst in Ansätzen (vgl. z. B. CLEAR, /B-G 79/), über Erfahrungen im praktischen Einsatz und mögliche Unterstützung durch Werkzeuge ist noch wenig bekannt.

5 Erweiterung der zweiten Dimension: Die Validations-Ebene

Die PEE ist ein gut geeignetes Schema zur Einordnung und Darstellung
von Analyse-, Definitions-, Entwurfs- und Implementierungstechniken.
Für Techniken, die den zweiten Teil des "software life cycle", nämlich
Test, Integration und Installation unterstützen, bietet die PEE jedoch
keinen Platz.

Dieser Platz läßt sich schaffen, wenn man die PEE an der Abstraktions-
Achse spiegelt und damit zur "Entwurfs- und Validations-Ebene" erweitert (vgl. Abb. 7). Diesem Spiegelungsprozeß liegt eine symmetrische
Sicht des Software-Produktionsprozesses zugrunde, wie sie sich z. B.
bei einem neueren "life cycle" von BOEHM (/BOE 79/) und im SOFTLAB-
Projektmodell (/HES 80/) wiederfindet. Dabei werden Entwurfs- und In-
tegrationstätigkeiten als duale Prozesse aufgefaßt. Dem Aufbrechen
eines Systembausteines in kleinere Einheiten beim Entwurf ("Konstruktion") entspricht der Zusammenbau ("Montage") dieser Einheiten bei der
Integration, der Beschreibung der Funktion eines Bausteines ("Spezifikation") entspricht die Überprüfung dieser Funktion am Ergebnis
("Validation").

Wie auf der Entwurfsseite der PEE können wir auch auf der Validationsseite Techniken von unterschiedlich formalem Charakter unterscheiden.
Am formalsten sind *Verifikations* - Verfahren, d. h. Verfahren zum Beweis der Korrektheit von Programmen. (Man beachte, daß hier der klassische Verifikationsbegriff verwendet wird, im Gegensatz zu neueren
amerikanischen Publikationen, die unter "Verifikation" auch Test und
andere informale Methoden subsummieren).

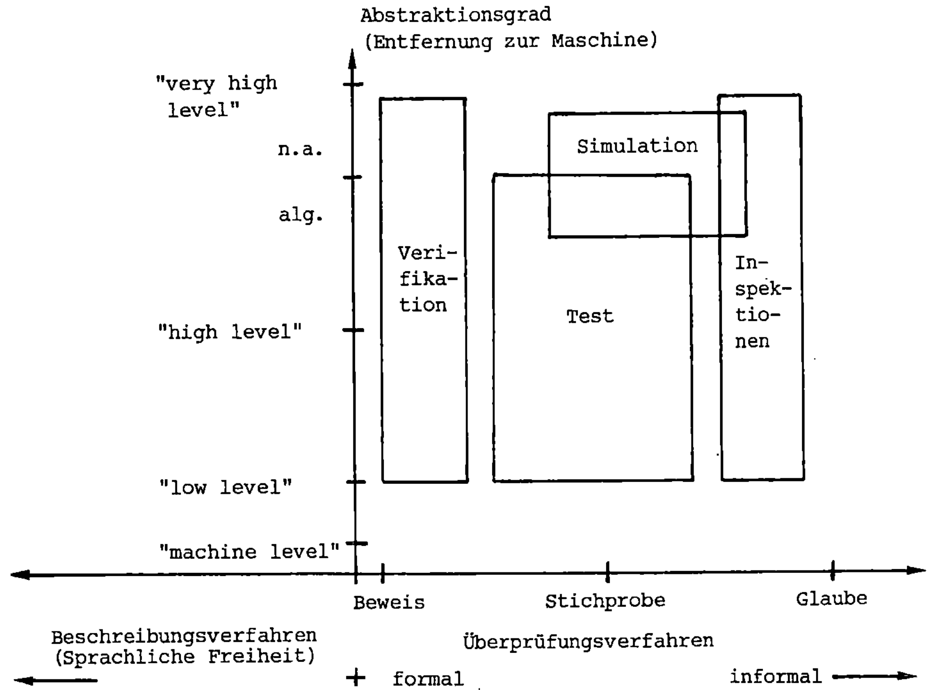

Abb. 7: Erweiterung der PEE: Die Validations-Ebene

Weniger formal als die Verifikation ist die stichprobenartige Überprüfung, d. h. der *Test*. Dies ist ein weites Feld, das von sehr systematischen Testverfahren (links in der Validations-Ebene) bis zu ganz unsystematischen Stichproben (rechts) reicht.

Werden Tests nicht an dem zu überprüfenden Baustein selbst, sondern an einem Substitut durchgeführt, das dessen Funktionen oder Teile davon übernimmt, so sprechen wir von *Simulation*. Diese eignet sich besonders für die frühzeitige Validation auf maschinenfernem Niveau, wie z. B. bei der Untersuchung einer Benutzerschnittstelle.

Als noch weniger formal, wenn auch nicht unbedingt weniger wirkungsvoll, werden maschinenlose Tests, d. h. Programmdurchsichten bzw. gedanklich vollzogene Probe"läufe" eingestuft. Wir fassen diese unter dem Begriff *Inspektionen* zusammen.

Die letzte Instanz ist schließlich der "Glaube" des Entwicklers an die Richtigkeit seines Produktes.

Welches ist nun der Weg des Software-Ingenieurs durch die Validations-Ebene? Ähnlich wie auf der Entwurfsseite gibt es auch hier verschiede-

ne Möglichkeiten. Normalerweise beginnt die Validation im "Stichproben"-Bereich mit dem mehr oder weniger systematischen Test kleiner
Bausteine. Diese werden zu immer größeren Einheiten montiert und gemeinsam getestet. Dies ist ein "Abstraktions"vorgang im Sinne der Erweiterung des Blickwinkels und der gleichzeitigen Abkehr von Details.
Außer beim Aufspüren von Fehlern tritt der Detailtest immer mehr gegenüber der Betrachtung des Zusammenwirkens von Bausteinen und der
Erfüllung ihrer (von außen gesehenen) Funktion zurück. Der letzte
Schritt auf diesem Wege ist der Abnahmetest bzw. die Abnahme-Inspek-
tion, d. h. die Überprüfung des fertig installierten Systems aus Be-
nutzersicht.

Insofern steht dem Fortschreiten von "oben" nach "unten" beim Entwurf
ein solches von "unten" nach "oben" bei der Validation gegenüber. Dies
gilt jedenfalls für den hier skizzierten "bottom-up test". Umgekehrt
beginnt man beim "top-down test" im Gebiet der Simulation: Hier simuliert man das Zusammenwirken des Gesamtsystems bereits von Testbeginn
an, indem man noch nicht getestete bzw. testbereite Bausteine durch
sog. "stubs" (oder "dummies") ersetzt. Diese Stellvertreter werden
dann im Laufe der fortschreitenden Integration nach und nach durch die
entsprechenden Originalbausteine abgelöst.

Testverfahren sind umso sicherer, je systematischer sie durchgeführt
werden, d. h. je weiter links in der Validations-Ebene sie liegen. Die
sicherste Methode ist natürlich die Verifikation, sie verläuft direkt
neben der formalen Mittelachse der Gesamtebene. Verifikation findet
(wie jedes formale Validationsverfahren) immer relativ zu einer vorgegebenen Spezifikation statt, d. h. zu einer Beschreibung, die in der
PEE weiter oben liegt. Es ist klar, daß diese Kette irgendwann einmal
ein Ende hat, spätestens, wenn es um die Validation der Systemziele,
also des Sinns und Zwecks des ganzen Projektes geht. Die höchste Stufe
der Validation ist und bleibt letztlich immer eine Sache des "Glau-
bens".

Damit ist die rechte obere Ecke der Landschaft als Endpunkt des Ge-
samtprojektes erreicht.

In Abb. 8 wurde der Versuch unternommen, einige bekanntere Validationsverfahren bzw.
die dazugehörigen Werkzeuge in die Validations-Ebene einzuordnen. Eine Systematik
fällt hier noch schwerer als auf der Entwurfsseite, wo durch eine gewisse Populari-
tät des Themas inzwischen wesentlich mehr Material vorliegt. Die Klassifikation der
Testverfahren stützt sich in erster Linie auf MYERS, der eine sehr gute Übersicht
über dieses Gebiet liefert (/MYE 79/).

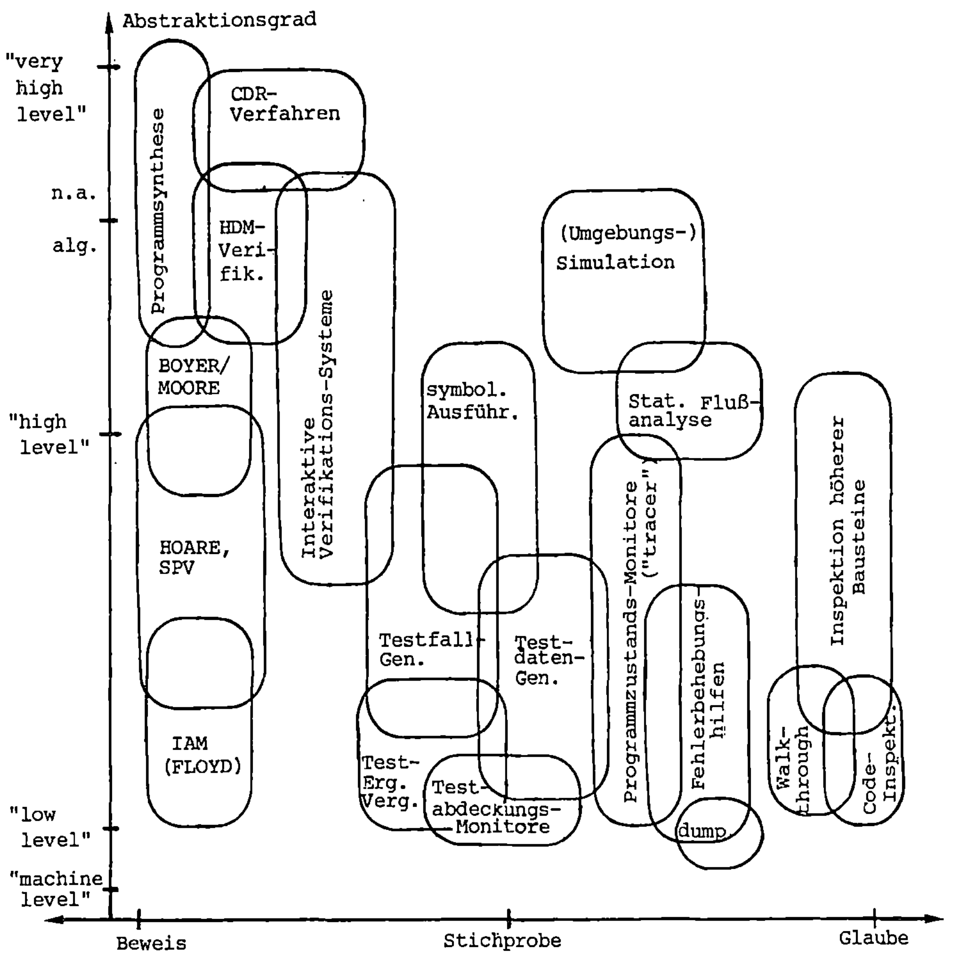

Abb. 8: Validations-Techniken

V e r i f i k a t i o n   kann sich auf maschinennahem (unten in der Validations-Ebene) oder maschinenfernerem Niveau (oben) vollziehen. Ausgangspunkt für das gesamte Gebiet und relativ weit "unten" angesiedelt ist FLOYD's Methode der induktiven Zusicherungen ("inductive assertion method", kurz IAM, vgl. /FLO 67/). Sie liegt auch heute noch den meisten gebräuchlichen Verfahren bzw. Systemen zugrunde. Bei dieser Methode muß der (menschliche) "Verifikator" das Programm (bei FLOYD als Fluß-diagramm repräsentiert) an bestimmten, ausgesuchten Punkten durch Zusicherungen ("assertions") erweitern, die Aussagen über den Zustand ausgezeichneter Variablen beim Durchlauf dieser Punkte machen. Typische Zusicherungen sind Schleifeninvarianten, aber auch Eingangs- und Ausgangsbedingungen von Unterprogrammen ("pre/post-conditions"). Die Zusicherungen sind also eine Art von Spezifikation, die allerdings bei FLOYD eigens zum Zwecke der Verifikation, d. h. also parallel zur Programmerstellung oder sogar erst nachträglich erstellt wird.

Aus den Zusicherungen lassen sich mit Hilfe eines "verification condition generators" (VCG) Verifikationsbedingungen generieren, d. h. logische Sätze über den Zusammenhang von Programmzuständen. Der (mechanisierte oder von Hand geführte) Beweis dieser Bedingungen liefert dann - zusammen mit entsprechenden Aussagen über die Terminierung - die Korrektheit des Programmes.

Wegen seiner Flußdiagramm-Orientierung findet sich das FLOYD'sche Verfahren am unteren Ende des Verifikations-Spektrums.

Einen Schritt weiter (und "höher" in diesem Spektrum) geht HOARE (vgl. /HOA 69/),
der für eine einfache Programmiersprache zeigt, welche Bezüge zwischen Zusicherungen
von den einzelnen Anweisungen der Sprache induziert werden. Dies ist der Ausgangspunkt der sog. "axiomatischen Semantik" für Programmiersprachen.

Auf höheren Programmiersprachen bauen auch der Stanford-PASCAL-verifier ("SPV",
Stanford University 1975, vgl. /ILL 75/) und das LISP-Verifikationssystem von BOYER
und MOORE (/B-M 75/) auf.

In der Höhe von SPECIAL (vgl. Abschnitt 4) liegen die bereits oben erwähnten Verifi-
kations-Hilfsmittel des SRI (HDM verifier, Stanford Research Institute, vgl. /LRS
79/).

Im Zusammenhang mit abstrakten Datentypen stellt sich die Frage der Korrektheit
einer speziellen Datenrepräsentation ("Correctness of data representation", kurz
CDR) gegenüber der "abstrakten" Spezifikation des Datentyps, d. h. in unserer Sprech-
weise die Verifikation der Konstruktion gegenüber der zugehörigen Spezifikation.
Diese Frage wurde von HOARE aufgeworfen (/HOA 72/) und u. a. von GUTTAG (/GUT 77/),
LISKOV (/LIS 77/) und WULF (/WLS 76/) im Zusammenhang mit den datentyp-orientierten
Programmiersprachen CLU und ALPHARD weiterverfolgt.

Die CDR-Betrachtungsweise führt zu einem vom FLOYD'schen Grundprinzip abweichenden
Ansatz, der in den jüngsten Entwicklungen auf diesem Gebiet eine immer größere Bedeutung einnimmt. Statt nämlich Programm und Spezifikation in der Form von "assertions" unabhängig voneinander zu entwickeln und gegeneinander abzuprüfen ("generate
and prove"-Strategie), ist man heute an einer gleichzeitigen Programm- und Beweis-
entwicklung interessiert, an deren gemeinsamer Spitze die Spezifikation steht
("verify while develop"-Prinzip). DIJKSTRA und GRIES haben zu diesem Thema vielbe-
achtete Beiträge geliefert (/DIJ 76/, /GRI 76/). Das geplante Verifikationssystem
von RAULEFS und SIEKMANN (/R-S 80/) geht ebenfalls in diese Richtung.

Bei den Werkzeugen, die das "verify while develop"-Prinzip unterstützen, handelt es
sich naturgemäß um i n t e r a k t i v e Systeme, bei denen der Entwickler sowohl
die Programm-Weiterentwicklung als auch deren Verifikation laufend durch eigene
Ideen und Entscheidungen steuert.

Am konsequentesten wird dieser Ansatz von T r a n s f o r m a t i o n s systemen
verfolgt. Ausgehend von einer formalen Spezifikation, bewegt sich der Entwickler in
der PEE mit Hilfe eines solchen Systems schrittweise längs der Abstraktionsachse
auf das Maschinenniveau zu. Die Entscheidung über den jeweils nächsten dabei einzu-
schlagenden Schritt trifft er selbst, während ihm das System die Ausführung des
Schrittes abnimmt. Ist die Korrektheit einer Transformationsregel einmal bewiesen,
so bedarf deren Anwendung keiner weiteren Verifikation. Das bedeutet, daß für alle
vom System ausgeführten Entwicklungsschritte deren Verifikation sozusagen automatisch mit anfällt. Das bekannteste System dieser Art wurde von DARLINGTON und
BURSTALL entwickelt (vgl. /D-B 76/). Sein Schwerpunkt liegt bei der Rekursionsauf-
lösung. Eine Ausdehnung auf den gesamten Programmentwicklungsprozeß ist das Ziel
des Münchner CIP-Projektes (vgl. /BAU 77/).

Noch einen Schritt weiter als Transformationssysteme gehen Systeme zur Programm -
s y n t h e s e. Während beim Transformationsansatz wie beim interaktiven Verifizieren die Entscheidungen immer noch der Benutzer des Systems treffen muß, versu-
chen Synthese-Systeme, ihm durch geeignete Strategien auch diese Entscheidungen ab-
zunehmen oder zumindest leichter zu machen. Bei der Untersuchung und Auswahl solcher
Strategien liegt ein Berührungspunkt zu den Methoden der "Artificial Intelligence".
Bislang liegen für Synthese-Systeme Konzepte, allenfalls Prototypen vor. Als Beispiele seien die Arbeiten von MANNA und WALDINGER (/M-W 77/), RAULEFS et al.
(/EIG 80/) und BIBEL (/BIB 80/) genannt, dort finden sich weitere Literaturhinweise.

Von industrieller Seite wird allen Verifikationsbestrebungen nach wie vor mit einer
gewissen Skepsis begegnet. Diese ist verständlich, wenn man sich klar macht, wie
weit man heute noch von der bloßen Möglichkeit entfernt ist, große Software-Systeme
vollständig zu verifizieren - ganz abgesehen davon, daß beim Bestehen dieser Möglichkeit die Kosten-Nutzen-Analyse sicher negativ für die Verifikation ausfallen
würde. Trotzdem hat der wissenschaftliche Fortschritt bei der Entwicklung formaler
Verfahren für die industrielle Software-Produktion schon Früchte getragen: Die Notwendigkeit für formale Spezifikationen wird heute mehr und mehr eingesehen, sei es
nicht zum Zwecke der formalen Verifikation, dann aber als Ausgangspunkt für systematische und verläßliche Tests. In der näheren Erforschung solcher Zusammenhänge
und der Konzeption von Werkzeugen für den spezifikations-getriebenen Test wird
vielerorts ein lohnenderes Forschungsziel gesehen als in der Neu- oder Weiterentwicklung von Verifikationsverfahren.

Auf dem Gebiet der T e s t unterstützung existiert eine solche Fülle von speziellen, teilweise sehr lokalen und unveröffentlichten Hilfsmitteln, daß es unmöglich
ist, in diesem Rahmen eine auch nur einigermaßen befriedigende Auswahl daraus vorzu-
stellen. Stattdessen wird hier versucht, die MYERS'sche Klassifizierung der Test-
Techniken in die Validations-Ebene zu übertragen und damit innerhalb des Testgebietes kleinere Felder abzustecken, in der die Einzeltechniken ihren Platz finden. Für
sämtliche Literaturangaben zu diesem Thema wird auf /MYE 79/ verwiesen.

Eine noch recht grobe Unterteilung der Testverfahren liefert das Kriterium, ob sie
vorwiegend für den "black box test" oder für den "white box test" geeignet sind.
Der "black box test" überprüft die Funktionen und Leistungen eines Bausteines von
außen, d. h. aus der Position des Benutzers bzw. des Aufrufenden. "White box test"
richtet sich dagegen auf das Innere eines Bausteines. In der Terminologie des Projektmodells (vgl. Abschnitt 2, Abb. 4) ist die Spezifikation die Überprüfungsgrund-
lage für den "black box test", die Konstruktion für den "white box test". Im praktischen Gebrauch werden beide Teststrategien im Wechsel eingesetzt und ergänzen
einander.

Am nächsten benachbart zu den interaktiven Verifikationssystemen sind Werkzeuge zur
s y m b o l i s c h e n   A u s f ü h r u n g   von Programmen. Dies sind spezielle
Interpreter, die mit symbolischen (statt mit alphanumerischen) Werten arbeiten und
die, z. B. bei Verzweigungen, den Benutzer möglicherweise "um Rat fragen".

Die systematische Auswahl der Testfälle ist die wichtigste Voraussetzung für einen
zuverlässigen Test. Naheliegend ist die Idee, diese Aufgabe automatisch von
T e s t f a l l - G e n e r a t o r e n ausführen zu lassen, die (zumindest für den
"black box test") nach Möglichkeit direkt auf der Spezifikation aufsetzen.

Deutlich von diesen zu unterscheiden sind die T e s t d a t e n - G e n e r a -
t o r e n , die - evtl. mit Hilfe von Zufallsgeneratoren - für eine möglichst
gleichmäßige und repräsentative Streuung der Testdaten sorgen.

Von MYERS nicht gesondert erwähnt, aber beim Anfallen größerer Mengen von Testergebnissen immer wichtiger werden Hilfsmittel zum automatischen Vergleich von Testergebnissen mit den aus der Spezifikation heraus vorhergesagten Ergebnissen.

Diese Aufgabe kann von T e s t t r e i b e r n   mit übernommen werden, d. h.
Programmen, die den Ablauf der ausgewählten Testfälle am zu testenden Baustein
steuern und diese mit Testdaten versorgen. Die Erstellung von Testtreibern wird -
zumindest teilweise - von sog. "module driver tools" unterstützt.

Während die genannten Verfahren großenteils den "black box test" unterstützen und
damit im oberen Teil der Landschaft zu finden sind, gibt es auch typische Hilfsmittel für den "white box test", die dem unteren Bereich zuzuordnen sind. Auf der
mehr formalen Seite finden sich Monitore für die Testabdeckung ("test coverage
monitors"), wie z. B. die bekannten C 1 - M o n i t o r e.

Schon mehr in den Bereich der *Fehlerbehebung* als in den des eigentlichen Tests
fallen Programmzustands-Monitore ("program state monitors", wohl bekanter unter
dem Schlagwort "trace tools"). Diese geben an bestimmten Programmpunkten Auskunft
über den Zustand bestimmter Programmvariablen. Die sorgfältige Auswahl sowohl der
Programmpunkte als auch der betroffenen Variablen bestimmen maßgeblich die Effektivität solcher Hilfsmittel.

Weitere Fehlerbehebungshilfen ("debugging aids") reichen von der (benutzerge-
steuerten) Ausgabe von Variablenwerten und Speicherinhalten, Auskunftsfunktionen
über die Vorgeschichte von Daten und Kontrollfluß bzw. Rekonstruktion der Vorgeschichte ("playback") bis zum berühmt-berüchtigten "dump". Dieser hat seinen Platz
in der äußersten rechten unteren Ecke des Testgebietes.

Auch für die   I n s p e k t i o n s   verfahren gibt es eine weitergehende, wenn
auch bei weitem nicht so detaillierte Klassifizierung. MYERS unterscheidet zwischen
"code inspections" und "walkthroughs", wobei die ersteren das Schwergewicht mehr
auf das statische, die letzteren auf das dynamische Durcharbeiten von Programmen
legen. Gemeinsam ist beiden Verfahren das Prinzip, daß mehrere "Inspekteure" (die
nicht zu den Vorgesetzten des betroffenen Entwicklers gehören) das Produkt im
Rahmen einer formalen Sitzung durcharbeiten.

Verallgemeinert man diese Techniken, die zunächst für die Überprüfung von Moduln
entwickelt wurden, auf die Überprüfung größerer Bausteine, so kommt man über die
Komponenten- bzw. Subsystem- und System-Inspektion schließlich zur Abnahme-Inspek-
tion, d. h. zur Überprüfung des fertiggestellten Systems durch Auftraggeber und
künftige Benutzer.

6   Die dritte Dimension (Automatisierbarkeit):
      Die Technologie-Landschaft

Stand zu Beginn der 70-er Jahre die Entwicklung einzelner, isolierter
Techniken für die Bewältigung spezieller software-technologischer
Probleme im Vordergrund, so verlagerte sich (mit dem wachsenden Ange-
bot solcher Techniken) das Schwergewicht der methodischen Untersuchungen in den letzten Jahren auf die folgenden beiden, eng miteinander verknüpften Fragestellungen:

- Wie kommt man zu einer lückenlosen, durchgehenden und integrierten
  (d. h. von methodischen "Bruchstellen" freien) Unterstützung des
  gesamten Software-Produktionsprozesses von der Analyse und Definition bis zur Installation und Wartung des Systems?

- Wie und inwieweit läßt sich der Software-Produktionsprozeß (im
  ganzen gesehen) automatisieren?

Versuche, auf diese beiden Fragen Antworten zu geben, finden wir in
den sogenannten "Software Engineering Environments" (kurz SEE's, in
deutscher Übersetzung "Programmierumgebungen").

In der Programmentwicklungs-Ebene läßt sich ein SEE durch eine Fläche
bzw. eine Anzahl von Flächen darstellen. Diese stehen für die einzelnen Techniken, die Bestandteil des SEE sind bzw. auf die es sich
stützt. Z. B. stellt Abb. 6 ein - wenn auch nicht besonders sinnvolles
SEE dar, nämlich das SEE aller in Kap. 4 beschriebenen Programmentwicklungs-Techniken. "Nicht besonders sinnvoll" ist dieses SEE, weil

- die Forderung der Integration der einzelnen Techniken nicht erfüllt
  (und bei so gegensätzlichen Techniken wie "HIPO" und "PARNAS",
  "JACKSON" und "Daten-Abstraktion" wohl auch kaum erfüllbar) ist

- die Validationsebene nicht abgedeckt ist, d. h. Validations-
  techniken völlig fehlen.

Ein besser geeignetes Beispiel zeigt Abb. 13 (vgl. unten).

Die bloße Betrachtung von SEE's als Flächen in der Programmentwicklungs-Ebene läßt den oben genannten zweiten Gesichtspunkt der Automatisierung völlig außer acht.

Das ist der Grund dafür, die Programmentwicklungs-Ebene nochmals um
eine Dimension zu erweitern. Wie die beiden bereits eingeführten
Achsen "Abstraktionsgrad" und "Sprachliche Freiheit" bildet die neu
hinzutretende Achse der "Automatisierbarkeit" ein Kontinuum, auf dem
sich Automatisierungsmöglichkeiten mit nach oben hin zunehmender Mächtigkeit abtragen lassen.

Diese reichen von der

- Textverwaltung

über Funktionen zur

- Textaufbereitung
- Produktverwaltung
- Informationsaufbereitung (mit Ausgabe von Graphiken, Reports etc.)
- syntaktischen Überprüfung
- semantischen Überprüfung
- Generierung von (Teil-) Produkten

bis hin zu

- Entscheidungshilfen

und schließlich zur

- Entscheidungsübernahme.

Die drei Kriterien

- Abstraktionsgrad
- Sprachliche Freiheit
- Automatisierbarkeit

bilden zusammen die Grundachsen für die " S o f t w a r e -
T e c h n o l o g i e - L a n d s c h a f t "   (vgl. Abb. 9).

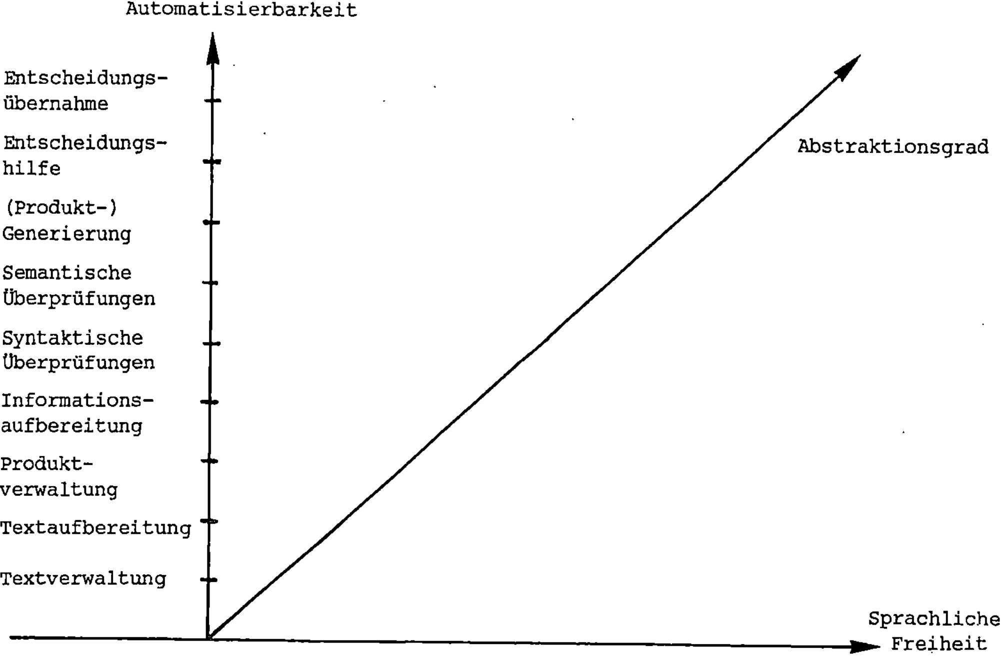

Abb. 9:   Die Grundachsen der Software-Technologie-Landschaft

Anders als bei den ersten beiden Kriterien (Abstraktionsgrad und
Sprachliche Freiheit) läßt sich bei der Automatisierbarkeit eine
Korrelation zu den beiden anderen Kriterien, insbesondere zum Krite-
rium der sprachlichen Freiheit feststellen.

Diese Korrelation besteht ganz einfach darin, daß sich Texte umso
eher automatisch analysieren und verarbeiten lassen, je formaler die

Sprache ist, in der sie abgefaßt werden.

Auch zum Kriterium der Abstraktion besteht eine, wenn auch schwächere,
Korrelation: Die Automatisierungsmöglichkeiten wachsen i. a. mit stei-
gender Konkretisierung. So ist z. B. die Übernahme von Entwurfsentscheidungen durch ein automatisches System bei der (Weiter-)Entwick-
lung nicht-algorithmischer Spezifikationen ein hartes, in voller
Allgemeinheit sogar unlösbares Problem.

In Abb. 10 sind eine Reihe von Werkzeugen, die als typische Bestandteile von Programmierumgebungen auftreten, zusammen mit ihren Automatisierungsmöglichkeiten dargestellt. Der pyramidenartige Aufbau dieser "Landschaft" spiegelt die oben erwähnte Korrelation zwischen
sprachlicher Freiheit und Automatisierbarkeit wider.

Die einfachste Form der Computer-Unterstützung besteht in der
T e x t - V e r w a l t u n g , d. h. in der Möglichkeit zur Eingabe,
Speicherung und Ausgabe von Texten. Dazu gehört ein Dateiensystem
("file system"), das die Grundlage für alle weiteren Werkzeuge bildet.
Textverwaltung erstreckt sich zum einen auf die Verwaltung von benutzereigenen Texten, umfaßt aber auch die Kommunikation verschiedener
Benutzer untereinander, z. B. die Herausgabe von Hinweisen und Informationen durch Manager und Betreuer, die Verbreitung von Hand-
büchern, Mustern, Richtlinien etc.

Zusätzlich zu den reinen Textverwaltungsfunktionen übernimmt ein
Text-Editor A u f b e r e i t u n g s funktionen wie wort-, zeilen-,
abschnittsweises Kopieren, Einsetzen und Löschen, Layout-Funktionen
wie Einrücken und Randausgleich, Such- und Ersetzungsfunktionen und
- je nach Komfort des Editors - vieles andere mehr.

Nicht zu verwechseln mit den oben erwähnten Textverwaltungsfunktionen
sind die P r o d u k t v e r w a l t u n g s funktionen, die zu den
charakteristischen Funktionen einer Produktbibliothek gehören. Hier
wird die Definition eines Produktbegriffes - etwa im Rahmen eines
Projektmodells wie im Beispiel von /HES 80/ - vorausgesetzt. Texte
treten nicht mehr als zusammenhang- und strukturlose Bruchstücke auf,
sondern als wohldefinierte Elemente ("Teilprodukte") des Gesamtproduktes, die ihren festen Platz in diesem haben und jederzeit bequem
identifizierbar und manipulierbar sind. Zu den Produktverwaltungs-
funktionen gehören z. B.

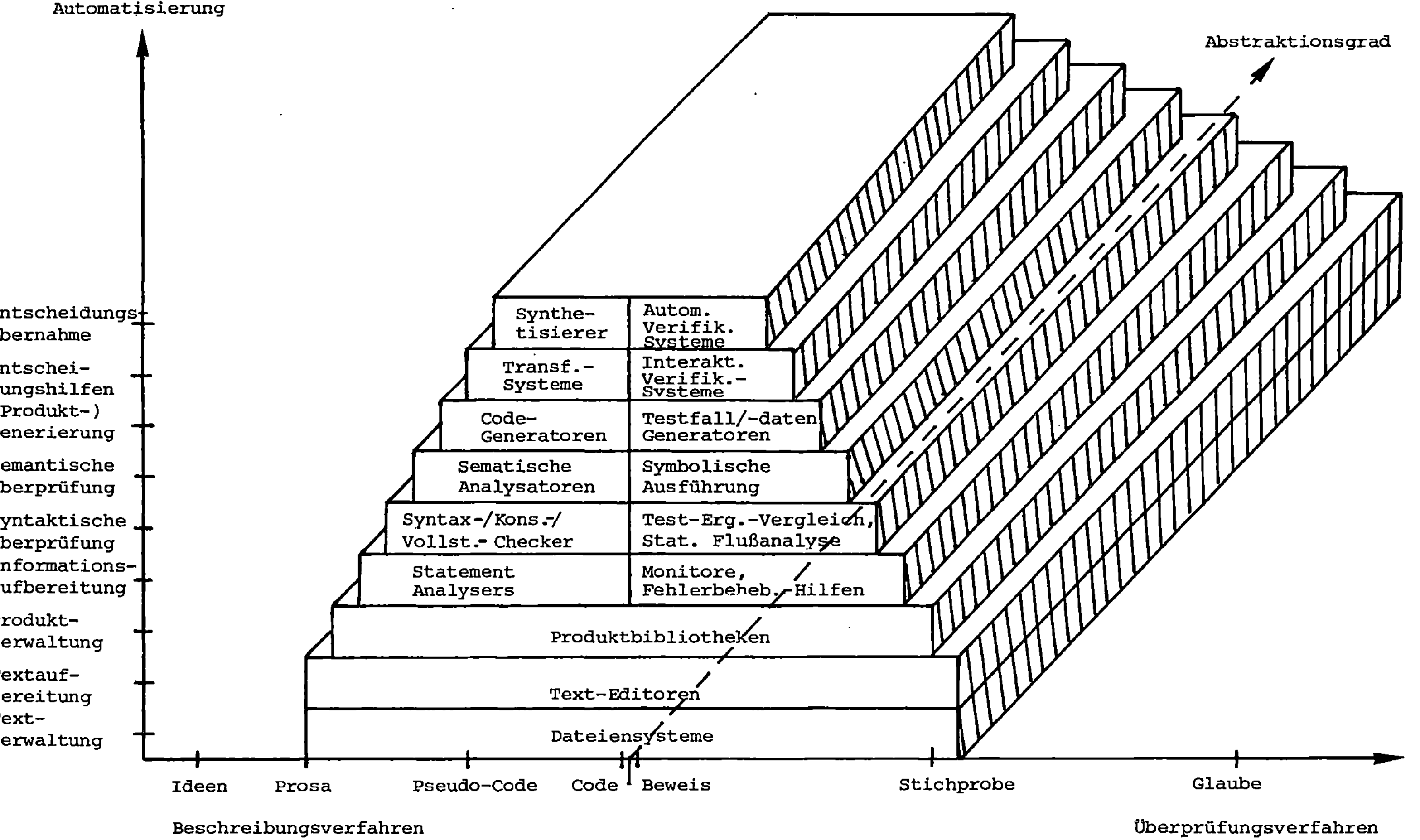

Abb. 10:   Software-Entwicklungs-Werkzeuge in der Technologie-Landschaft

- die Definition von Mustern und Formularen für Produkte und Teilprodukte,

- Vorbereitungen zur Erzeugung von (Teil-) Produkten (Bereitstellen
  von Platz, Rahmen, Identifizierungsmöglichkeiten ...),

- die Bildung und konsistente Verwaltung mehrerer Versionen des
  gleichen (Teil-) Produktes,

- die Zustandsüberführung von (Teil-) Produkten (z. B. von der
  Arbeits- in die Integrationsversion, von der Integrations- in die
  Systemversion),

- die Ein- und Ausgabe von (Teil-) Produkten über maschinenlesbare
  Datenträger,

- die Zusammenstellung von Dokumenten aus verschiedenen Teilprodukten,

- Suchfunktionen für Produkte und Teilprodukte in verschiedenen
  vorliegenden Versionen.

Übernimmt das unterstützende System neben der Produktverwaltung auch
die Verwaltung von Management-Informationen, so sprechen wir von einer
P r o j e k t b i b l i o t h e k. Für nähere Einzelheiten dazu und
weitere Literaturhinweise wird auf /DEN 79a/ und /D-H 80/ verwiesen.

Während die bisher genannten Werkzeuge den Software-Produktionsprozeß
in seiner Gesamtheit unterstützen und ihr Einsatz sich damit jeweils
über das gesamte Projekt erstreckt, sind die nun folgenden Werkzeuge
an bestimmte Teilaufgaben der Software-Produktion gebunden. Insbesondere ist zwischen Werkzeugen für die Entwurfstätigkeiten und solchen
für die Validationstätigkeiten zu unterscheiden. Abb. 10 macht dies
durch die nun einsetzende Unterteilung in Entwurfs- und Validationswerkzeuge deutlich.

Unter I n f o r m a t i o n s a u f b e r e i t u n g wird - im
Gegensatz zu der oben erwähnten Textaufbereitung - die syntaktische
Analyse von bestimmten, formal-sprachlich gegebenen Informationen,
Ausgabe von Analyseergebnissen (Fehler, Inkonsistenzen, Querbezüge)
und die Umsetzung der Informationen in tabellarische, graphische

oder andere benutzerfreundliche Form verstanden. Werkzeuge, die solche Aufgaben auf der Entwurfsseite erfüllen, sollen in Anlehnung an
den "problem statement analyser" von PSL/PSA "statement analysers"
heißen.

Auf der Validationsseite stehen auf diesem Automatisierungsniveau
die Testabdeckungs- und Programmzustands-Monitore sowie andere Fehlerbehebungshilfen, soweit sie dem Benutzer aufbereitete Informationen
zur Verfügung stellen.

Die nächste Stufe der Automatisierung bildet die (vollständige, d. h.
den gesamten Text erfassende) s y n t a k t i s c h e   Ü b e r -
p r ü f u n g.   Dies ist die Aufgabe eines "Syntax-Checkers" oder
des klassischen "Parsers" in einem Übersetzersystem. Hierzu gehören
auch Konsistenz-, Vollständigkeits- und Redundanzüberprüfungen von
formalen Spezifikationen.

Auf der Validationsseite finden sich auf dieser Stufe die Werkzeuge
zur statischen Flußanalyse sowie zum (automatischen) Vergleich von
Testergebnissen.

Einen Schritt weiter gehen   s e m a n t i s c h e   Ü b e r -
p r ü f u n g s - Werkzeuge wie z. B. die semantischen Analysatoren
von Übersetzern (auf der Entwurfsseite) und Hilfsmittel zur symbolischen Ausführung von Programmen (auf der Validationsseite). An dieser
Stelle sei angemerkt, daß die Unterscheidung von "syntaktischen" und
"semantischen" Überprüfungen (wie auch der anderen Stufen der Auto-
matisierungs-Skala) fließend ist. So beschreiben die sogenannten
"semantischen Analysatoren" in Übersetzern meist den kontext-sensi-
tiven Teil der Syntaxanalyse. Eine echte semantische, d. h. die Ausführung des Programmes betreffende Analyse, wie z. B. im Hinblick
auf versuchte Zuweisung undefinierter Größen, Division durch Null etc.
wird selten statisch durchgeführt.

Auf der nächsten (Automatisierungs-) Stufe steht die automatische
G e n e r i e r u n g   von Produkten und Teilprodukten, seien es
Programme, Teile von Entwürfen oder von Testentwürfen. Wichtigstes
Beispiel auf der Entwurfsseite sind die Code-Generatoren von Über-
setzern, auf der Validationsseite die Testfall- und Testdaten- Gene-
ratoren.

Während alle zuletzt betrachteten Hilfsmittel dem Entwickler jeweils
einen einzelnen Schritt seiner Arbeit abnehmen bzw. ihn dabei unterstützen, ist es das Ziel der folgenden Werkzeuge, dem Entwickler durch-
gehende Unterstützung über weite Strecken des Produktionsprozesses
hinweg zu bieten. Dabei wird die Durchführung einzelner Teilschritte
automatisiert, d. h. vom Werkzeugsystem übernommen.

Ein gradueller Unterschied besteht darin, wie der Entwicklungsprozeß
zwischen den einzelnen Teilschritten gesteuert wird. Hier ist zwischen
Werkzeugen zu unterscheiden, die allenfalls E n t s c h e i d u n g s -
h i l f e n   bieten, die eigentliche Entscheidungsfindung aber dem
Entwickler überlassen, und solchen, die ihm auch die E n t s c h e i -
d u n g s f i n d u n g   abnehmen.

Zu der ersten Kategorie gehören die (interaktiven) Transformationssysteme auf der Entwurfsseite sowie die interaktiven Verifikationssysteme auf der Validationsseite.

Der "Gipfel" der Automatisierung (und damit auch der "Technologie-
Landschaft") ist mit Synthese-Systemen und Werkzeugen zur automatischen Verifikation erreicht.

7   Programmierumgebungen
     ("Software Engineering Environments")

Nach den in Kapitel 6 getroffenen Vorbereitungen läßt sich eine
P r o g r a m m i e r u m g e b u n g   (SEE) als ein Ausschnitt aus
der Technologie-Landschaft (vgl. Abb. 10) definieren. Als Bestandteil
nicht ausdrücklich erwähnt, aber als begriffliche Grundlage fast immer
vorhanden ist dabei ein "software life cycle" oder ein "Projektmodell"
d. h. ein Begriffsschema für die Phasen, Tätigkeiten und Produkte eines Software-Projektes. Nicht immer vorhanden, aber vor allem von industrieller Seite immer stärker gefordert sind ferner Methoden und
Werkzeuge, die die Projektführung (das "Management") bei ihren Tätigkeiten in ähnlicher Weise unterstützen wie die oben genannten Techniken den Entwickler. Zur weiteren Unterscheidung sollen sie "Projektführungstechniken" (im Gegensatz zu den "Produktionstechniken")
heißen. Zu den Projektführungstechniken gehören z. B. Hilfsmittel
für die Projektplanung und -verfolgung, Aufwandsschätzung und -berech-
nung, für die Qualitätssicherung und die Bewertung von abgeschlossenen

Projekten.

Da der SEE-Begriff relativ neu und die Literatur darüber noch recht
verstreut und ungeordnet ist, kann hier nur ein erster ansatzweiser
Versuch unternommen werden, einen Überblick über dieses Gebiet zu
geben. Die meisten Informationen stammen von dem "Symposium on Software Engineering Environments" ($S^2 E^2$), das 1980 von der GMD veranstaltet wurde (vgl. /SEE 80/ und /H-M 81/).

Aufgrund ihrer Entstehungsgeschichte lassen sich zwei Kategorien von
SEE's unterscheiden: homogene und heterogene SEE's.

Dabei verstehen wir unter einem h o m o g e n e n SEE ein solches,
das im wesentlichen um eine Technik (z. B. ein bestimmtes Werkzeug,
eine Entwurfs- oder Programmiersprache) herum gruppiert ist und das
(in den meisten Fällen) auch historisch aus dieser Technik hervorge-
gangen ist.

Dagegen entsteht ein h e t e r o g e n e s SEE durch Integration
verschiedener gleichberechtigter Techniken, die nacheinander oder
auch wahlweise für die verschiedenen Entwicklungsaufgaben eingesetzt
werden können.

Heute läßt sich noch nicht mit Bestimmtheit sagen, welcher der beiden
Ansätze auf die Dauer größeren Erfolg haben wird. Beide Ansätze werden
etwa mit gleicher Intensität verfolgt, wobei eine gewisse Vorliebe der
universitären Entwicklungen für den homogenen und der industriellen
Entwicklungen für den heterogenen Ansatz zu erkennen ist.

Wesentliche Unterschiede weisen die beiden Ansätze in den folgenden
Punkten auf:

-   Ein heterogenes SEE ist leichter dazu in der Lage, den gesamten
    "software life cycle" abzudecken. Mit dem homogenen Ansatz fällt
    es schwer, so heterogene Tätigkeiten wie Analyse, Definition, Ent-
    wurf, Implementierung, Installation und Wartung und womöglich noch
    Management-Aufgaben wie Planung und Qualitätssicherung mit dem
    gleichen oder mit ähnlichem Instrumentarium zu unterstützen.

-   Heterogene SEE's sind flexibler im Einsatz für bestimmte Problem-
    klassen oder Anwendungsgebiete wie z. B. Dialog- oder Realzeit-

systeme. Dies ist insbesondere der Fall, wenn für bestimmte Entwicklungsphasen alternative Techniken zur Unterstützung angeboten
werden.

- Für den Benutzer eines homogenen SEE's sind die Übergänge zwischen
  verschiedenen Entwicklungsphasen leichter, er braucht nicht umzu-
  denken, verschiedene Ein- und Ausgabesprachen einzelner Werkzeuge
  zu lernen und Übersetzungschritte selbst vorzunehmen.

- Die Validation des Gesamtproduktes wird durch ein homogenes SEE
  erleichtert, während ein heterogenes SEE die Validation an den
  "Bruchstellen" zwischen Bausteinen, die mit unterschiedlichen
  Techniken entwickelt werden, zwangsläufig erschwert.

Schon an dieser kurzen, keineswegs erschöpfenden Aufstellung sieht
man, daß sich die Vor- und Nachteile beider Ansätze nahezu die Waage
halten.

Im folgenden werden eine Reihe von bestehenden bzw. in Entwicklung
befindlichen SEE's aufgezählt und kurz erläutert. Dabei werden zunächst die homogenen und im Anschluß daran die heterogenen SEE's be-
sprochen. Eine zusammenfassende Darstellung liefert Tab. 11. Dabei
wird in der Spalte "Unterstützung" durch eine grobe Balkendarstellung
angedeutet, in welchen Phasen die Produktionstätigkeiten (linker Teil
der Spalte) bzw. die Projektführungstätigkeiten (mittlerer Teil der
Spalte) unterstützt werden sowie ob ein Editor bzw. eine Projekt- oder
Produktbibliothek enthalten sind (rechter Teil der Spalte). Für die
Produktionstätigkeiten wurden die 9 Phasen des SOFTLAB-Projektmodells
(vgl. /HES 80/) zugrunde gelegt.

Ein schon nahezu klassisches Beispiel einer homogenen Programmierumgebung bildet das
von KOSTER et al. entwickelte und inzwischen auf verschiedenen Anlagen installierte
CDL2-System (/KOS 76/, /BAY 80/). Wie schon der Name (Compiler Description Language)
sagt, handelte es sich zunächst um ein Hilfsmittel für einen eng begrenzten Aufgabenbereich (Übersetzerbau), der aber mittlerweile laut ausdrücklicher Erklärung
der Autoren auf die allgemeine Entwicklung "großer sequentieller Systeme nicht-
numerischer Natur" ausgedehnt wurde. Dazu trug wesentlich die Hinzunahme eines
hierarchischen Modularisierungskonzeptes bei. Zu einer Programmierumgebung wurde
CDL2 durch den Ausbau zum "CDL"-Labor" seit 1977. Dabei traten zu den Analyse- und
Codegenerierungs-Komponenten ein Dateiensystem, eine Produktbibliothek ("program
data base") und ein Editor hinzu.

Ein ebenfalls homogenes SEE, aber mit speziellem Anwendungsbereich (Betriebssystem-
Entwicklung, Beschreibung paralleler Prozesse) ist das *COSY-System* von LAUER und
SHIELDS (/L-S 80/). Kern der COSY ("Concurrent System") -Notation sind die von

CAMPBELL und HABERMANN entwickelten "path expressions". Zur Entwurfssprache (mit entsprechenden Möglichkeiten zur Verifikation) wird die COSY-Notation durch Hinzunahme von Sprachelementen zur Hierarchiebildung und zur Modularisierung.

Weitere typische Vertreter von homogenen SEE's sind die oben erwähnten Transformationssysteme wie das *CIP-System* oder das auf einem ganz ähnlichen Ansatz beruhende *PDS ("Program development system")* von CHEATHAM et al. (/CTH 79/). Kern des Systems ist in beiden Fällen eine ALGOL-artige Entwicklungssprache (CIP-L bzw. EL1). Bei CIP-L handelt es sich um eine sogenannte "Breitbandsprache", d. h. eine einheitliche Sprache für den gesamten Programm-Entwicklungsprozeß von der (nicht algorithmischen) Spezifikation bis zur maschinennahen, effizienz-orientierten Programmierung (/BAU 78/).

Ebenfalls um eine einzige Sprache herum gruppiert ist *APSE ("ADA Programming Support Environment")*, die geplante Programmierumgebung für ADA (vgl. /ADA 80/, /STO 80/). Hier ist weniger die Programmentwicklung durch Transformationen das Ziel als der baukastenartige Aufbau von Software-Systemen aus Standard-Bausteinen großer ADA-Programmbibliotheken. Für den Aufbau solcher Bibliotheken, der dazugehörigen Steuerungselemente und Werkzeugbestände gibt /STO 80/ detaillierte Richtlinien. Danach werden künftige APSE's sowohl die Produktions- als auch die Projektführungstätigkeiten durchgehend unterstützen.

Eine Prototyp-Entwicklung für einen Teil der ADA-Umgebung hat das *GANDALF-Projekt* an der Carnegie-Mellon-University zum Ziel (/H-P 80/). Geplante Werkzeuge unterstützen die System-Komposition und -Generierung (SCG), die inkrementelle Programmkonstruktion (IPC) und das Projekt-Management (PM).

Auf einem ursprünglich   homogenen, später zu einem heterogenen erweiterten Ansatz beruht *HDM ("Hierarchical Development Methodology"*, Stanford Research Institute, vgl. /LRS 79/, /SIL 80/). Kern von HDM ist die in Kap. 4 erwähnte Entwurfssprache SPECIAL. Zu SPECIAL und seinen Werkzeugen (Syntaxanalyse, Typvergleiche, Konsistenzprüfungen, Verifikationshilfen) kamen als weitere Sprachen HSL (Hierarchy Specification Language) und ILPL (Intermediate Level Programming Language) hinzu. Die eigentliche Programmiersprache kann frei ausgewählt werden, für PASCAL und MODULA existieren Verifikationshilfen.

Einen echten heterogenen Ansatz finden wir bei *SDS ("Software Development System")*, dem SEE von TRW. Hier wurden zwei Sprachen bzw. Sprachsysteme (RSL: "Requirements Specification Language" und PDS: "Program Design System"), die hauptsächlich die ersten Projektphasen bis hin zum Modulentwurf unterstützen, mit Werkzeugen zur Dokumentenerstellung und -verwaltung (Editor, Datenbank) zu einem SEE verbunden.

Auf die Produktverwaltung konzentriert war das erste bekanntgewordene Projektbibliothekssystem, die *"Development Support Library"* von BAKER (/BAK 75/). In diesem System wurde die Idee des "Chief programmer team" verwirklicht. Für den Entwickler bedeutet das, daß er die Projektbibliothek nur mit Hilfe eines "Bibliothekars" im Stapelbetrieb benutzen kann (vgl. /D-H 80/).

Beim *CADES-System* von ICL (/MCG 79/ und /SNO 80/) spielt die Projektbibliothek (IDMS: "Integrated Database Management System") ebenfalls eine zentrale Rolle. Ziel des CADES-Systems war die Unterstützung bei der Entwicklung eines großen Betriebssystems. Die CADES-Entwurfssprache SDL (Systems Descriptive Language) baut auf S3, einem ALGOL 68-Derivat auf.

Ebenfalls mit dem Ziel, die Entwicklung parallelverarbeitender Systeme zu unterstützen, tritt das System *DREAM* (Design, Realisation, Evaluation and Modeling System, University of Colorado, Boulder, vgl. /RID 80/) an. Entwurfssprache ist DDN (Dream Design Notation), eine Weiterentwicklung von TOPD (/HEN 75/). Sie basiert auf dem operationellen Ansatz zur Beschreibung von Daten-Abstraktionen. Zu den Werkzeugen gehören eine Datenbank mit Funktionen zur Produktverwaltung und Informationsaufbereitung, Simulatoren, Zustandsverfolger, Konsistenzprüfer etc.

143

SEE-Bezeichnung kurz	SEE-Bezeichnung lang	Autor(en), Inst.	Unterstützung der Produktion (AN SE MI SI BW / DF KE SS IN)	Unterstützung der Proj.-Fü. (PL QS / SZ BS)	Dok. Ed / PB	Bemerkungen, spezielle Ziele, Anwendungen
CDL2	Compiler Description Language	KOSTER et al.	CDL2		——	Übersetzerbau, System-Programmier.
COSY	Concurent Systems	LAUER et al.	COSY			Betriebssystem-Entwicklung
CIP	Computer-aided, Intuition-guided Programm	BAUER et al.	CIP-L			Programmentwicklung durch Trans-formationen
PDS	Program Development System	CHEAT-HAM et al.	EL1		DB	Programmentwicklung durch Transformat.
APSE	ADA Programming Supp. Environment	U.S. DoD	ADA		——	Standardisierung, "Baukasten-SW"
GAN-DALF	Software Development Environment for "ADA"	HABER-MANN, PERRY	SCG / IPC	PM	——	Komfortable Projektbibliothek für ADA
HDM	Hierarchical Development Methodology	SRI	SPECIAL / HSL / ILPL			PARNAS-Spezifi-kationen
SDS	Software Development System	TRW	RSL PDS		DB	große Militär-projekte
CADES	Computer Aided Design Eval. System	ICL	SDL / S3		IDMS	Betriebssystem-entwicklung
DREAM	Design, Real., Evaluation and Modeling System	Univ. of Col. Boulder	DDN		DB	Parallemverarbei-tende Systeme

SEL-Bezeichnung		Autor(en)	AN DF SE KE MI SS SI IN BW	PL SZ QS BS	Ed PB PB	Bemerkungen
PWB	Programmer's Workbench	BELL Labs.	SCCS TD / C MRCS		DB	Werkzeug-"kasten" auf UNIX
AIDES	Automated Interactive Design and Eval. System	HUGHES Air-craft	SCG (SD)	DQMS	DBMS	Flugzeugbau (große Graphiken)
SWB	Software Workbench	TOSHIBA	III I II IV	P	I/II	Software-"Fabrik" für Realzeit-Anwend.
SDEM/ SDSS	Software Devel. Eng. Meth./ Support System	FUJITSU	MDL/MDA		DB	Standardisierung der Software-Produktion
S/E/ TEC	Software Eng. Technology	SOFTLAB	IFG / EDDA / IAD,ET / STG,PC / TUS / IMAS	PF-TEC	PB PET	

Tab. 11:   Software Engineering Environments

<u>Legende zu Tab. 11:</u>

—————————   Unterstützung

— - —— — — —   teilweise bzw. geplante Unterstützung

<u>Phasen:</u>

AN:	Analyse	SS:	Subsystem-Integration
DF:	Definition	SI:	System-Integration
SE:	Systementwurf	IN:	Installation
KE:	Komponentenentwurf	BW:	Betrieb & Wartung
MI:	Modul-Implementierung		

<u>Projektführung:</u>

PL:	Projektplanung
SZ:	Aufwandsschätzung/ -planung
QS:	Qualitätssicherung
BS:	Bewertung, Statistik

<u>Dokumentation:</u>

Ed:	Editor
PB:	Projekt-bibliothek
DB:	Datenbank

Wie das CADES-System hat die *"Programmers Workbench"* (PWB) von BELL (/D-M 76/) ihre Bewährungsprobe im vielfältigen Einsatz bereits bestanden. Sie ist eng an die UNIX-Umgebung gekoppelt. Zu den PWB-Werkzeugen gehören ein "Source Code Control System" (SCCS), ein "Modification Request Control System" (MRCS), Hilfsmittel zur Dokumentenvorbereitung und Testtreiber (TD) zur Simulation von Zielrechner-Umgebungen.

Speziellen Anwendungen, nämlich denen des Flugzeugbaus gewidmet sind die SEE's *AIDES* ("Automated Interactive Design and Evaluation System") von HUGHES Aircraft (/WIL 80/) und *ARGUS* von BOEING. Beide Systeme bieten hauptsächlich graphische Unterstützung für die Entwurfsphasen und Hilfsmittel für das Management an. Bei AIDES dient dem ersten Ziel ein "Structure Chart Graphics System" (SCG), das der "Structured Design"-Methode folgt, dem letzteren ein nicht unumstrittenes "Design Quality Metrics System" (DQMS).

Ein nicht geringes Aufsehen erregten auf der S^2E^2-Tagung zwei Systeme aus Japan. Die *"Software Workbench"* von TOSHIBA verfolgt einen typisch heterogenen Ansatz, indem sie Editor, Datenbank, Sprach- und Graphikprozessoren, Simulatoren, Systemgeneratoren, Lader und Testsystem zu einem SEE (SWB I/II) vereinigt. Geplant ist die Erweiterung um Werkzeuge für die Anforderungsanalyse und den Entwurf (SWB III), für die Wartung (SWB IV) und zur Unterstützung des Managements (SWB-P).

Bei *SDEM/SDSS* (Software Development Engineering Methodology/Software Development Support System) von FUJITSU steht ein detaillierter "life cycle" und die methodische Unterstützung durch Anleitungen, Muster und Richtlinien im Vordergrund. SDSS enthält eine Projektbibliothek, ein PSL/PSA-artiges Entwurfssystem (MDL/MDA: Module Description Language/Analyser) und Testwerkzeuge.

Die *"Software Engineering Technologie"* (S/E/TEC) von SOFTLAB besteht aus 7 Teilen (vgl. Abb. 12). Die Klammer um das gesamte System bildet das SOFTLAB-Projektmodell (/HES 80/). Produktions- und Projektführungstechniken unterstützen die Tätigkeiten der Entwickler bzw. des Projekt-Managements. Das interaktive Programmentwicklungs-Terminalsystem PET/MAESTRO bietet komfortable Dateiverarbeitungs- und Editierunterstützung (/SCH 79/). Die Projektbibliothek (/DEN 79a/) verwaltet sämtliche anfallenden Produkte und Management-Informationen. Neben der laufenden PET-Version sind auch Installationen auf anderen Basissystemen (z. B. UNIX) in Arbeit. Bei der Produktion wird der Entwickler ferner durch Produktmuster und Standards unterstützt. Erstere geben ihm Anhaltspunkte für den Aufbau und Inhalt der Produkte, letztere für deren Anfertigung und Ausgestaltung.

Was die Auswahl seiner Produktionstechniken anbetrifft, ist S/E/TEC ein heterogenes System mit homogenem Kern. Diesen homogenen Kern bildet das Prinzip der Daten-Abstraktion, das den wichtigsten Produktionstechniken von S/E/TEC zugrunde liegt. Im einzelnen gehören zu den Produktionstechniken:

- Infogramme (IFG)
- Entwurfssprachen für Daten-Abstraktion (EDDA)
- Interaktionsdiagramme (IAD)
- Entscheidungstabellen (ET)
- Struktogramme (STG)
- Pseudo-Code (PC)
- Test-Unterstützungssystem (TUS)
- Interaktives Wartungssystem (IMAS)

Die ersten 6 Techniken wurden in Kap. 4 erläutert. Das Test-Unterstützungssystem umfaßt

- Testtreiber
- Testfalldatei
- Testumgebung (simulierte Datei- und Code-Umgebung)
- den automatischen Vergleich von Testergebnissen mit vorgegebenen Werten
- Monitore für C1-Abdeckung, Kontrollfluß-, Prozeduraufruf- und Schleifen-Überwachung

- Fehlerbehebungshilfen

Geplant ist der Ausbau durch Testfall- und Testdaten-Generatoren.

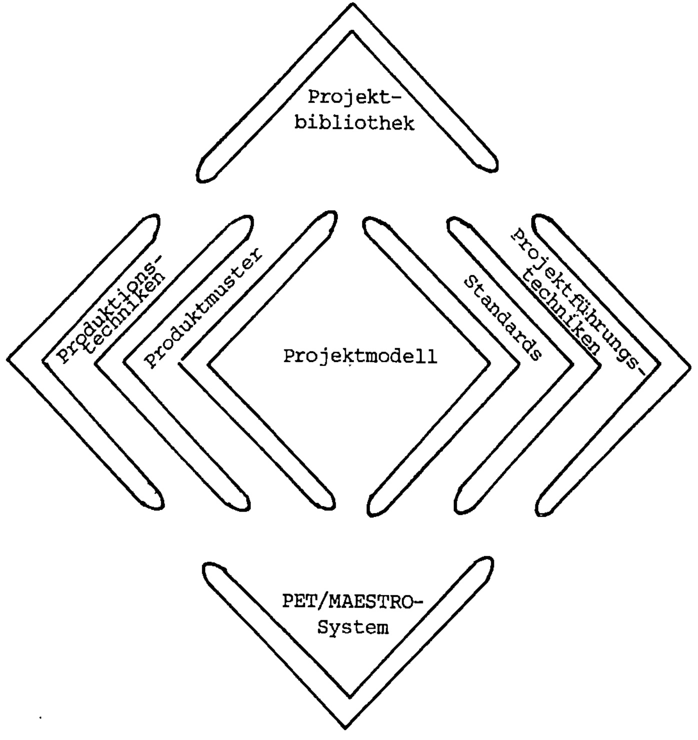

Abb. 12: Die "Software Engineering Technologie" S/E/TEC

Das interaktive Wartungssystem, das sich noch im Entwurfsstadium befindet, wird in
enger Verbindung mit der Projektbibliothek konzipiert. Viele Untersuchungen der
letzten Jahre haben gezeigt, daß für eine zuverlässige Wartung eine wohlstruktu-
rierte und dokumentierte Entwicklung unerläßlich ist. Bei der Anlage der Entwick-
lungsbibliothek   müssen daher schon die Anforderungen der Wartung berücksichtigt
werden. Die Schaffung einer integrierten Entwicklungs- und Wartungsbibliothek ist
Gegenstand eines zur Zeit bei SOFTLAB durchgeführten Forschungsprojektes.

Abb. 13 stellt die Lage der S/E/TEC-Produktionstechniken (ausgenommen das Wartungssystem) in der Programmentwicklungs-Ebene dar. Zu den genannten Komponenten kommen
auf der Validationsseite die Techniken zur Qualitätssicherung ("Reviews" für Entwürfe und "Inspektionen" für fertige Software-Bausteine) hinzu.

Weitere, in Abb. 13 nicht dargestellte Projektführungstechniken von S/E/TEC betreffen die Aufwandsschätzung, -planung und -verfolgung, die Projektplanung und die
Anleitung der Entwickler durch die Projektführung.

Inwieweit die S/E/TEC-Produktionstechniken automatisiert sind, geht aus Abb. 14
hervor. Textverwaltung und -aufbereitung werden direkt vom PET/MAESTRO-System übernommen, die Produktverwaltung von der S/E/TEC-Projektbibliothek. Dazu gehört auch
die Bereitstellung von Produktmustern und Standards für die Konzeption neuer Produkte.

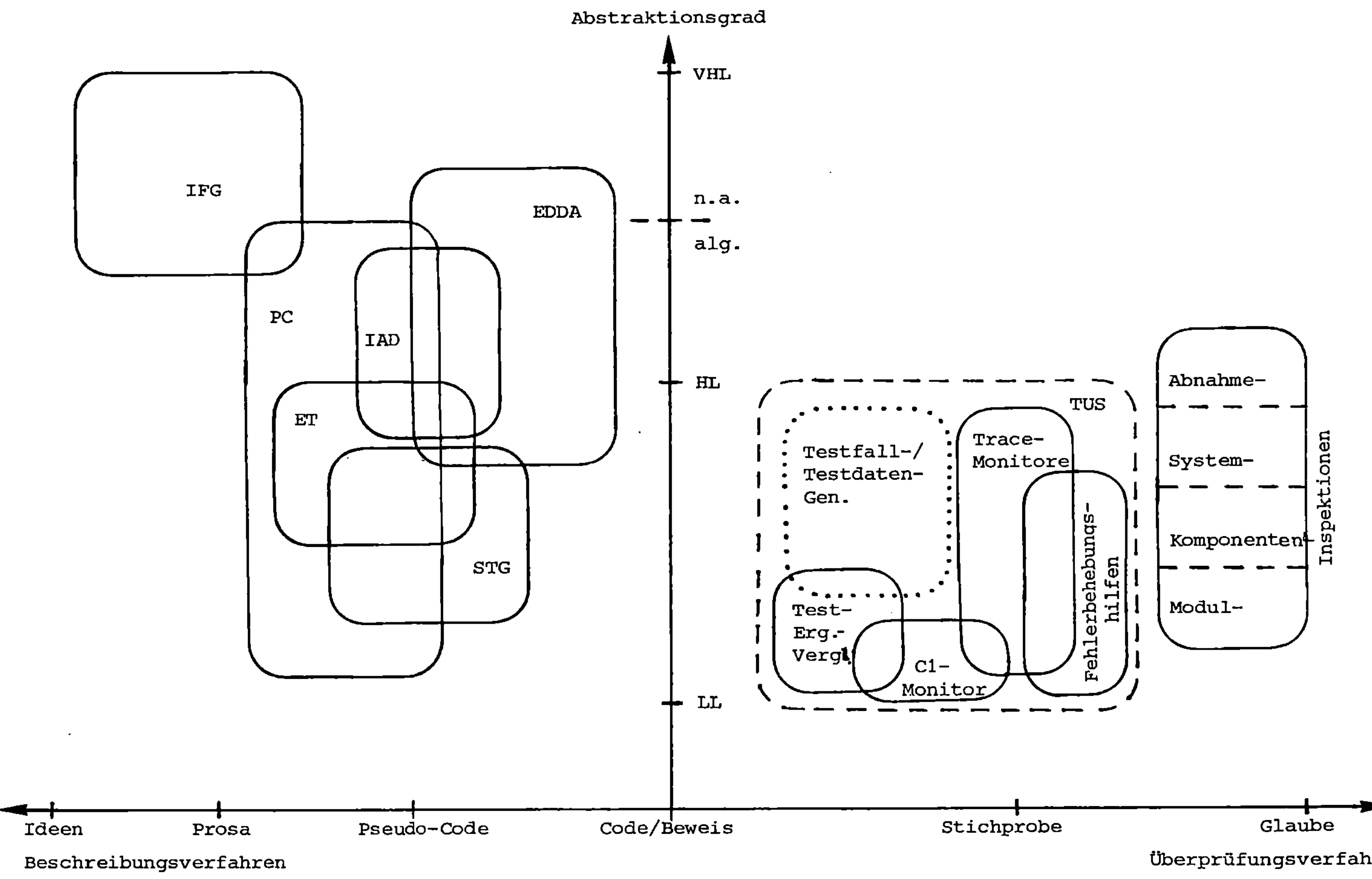

Abb. 13:   Die S/E/TEC-Produktionstechniken in der PEE

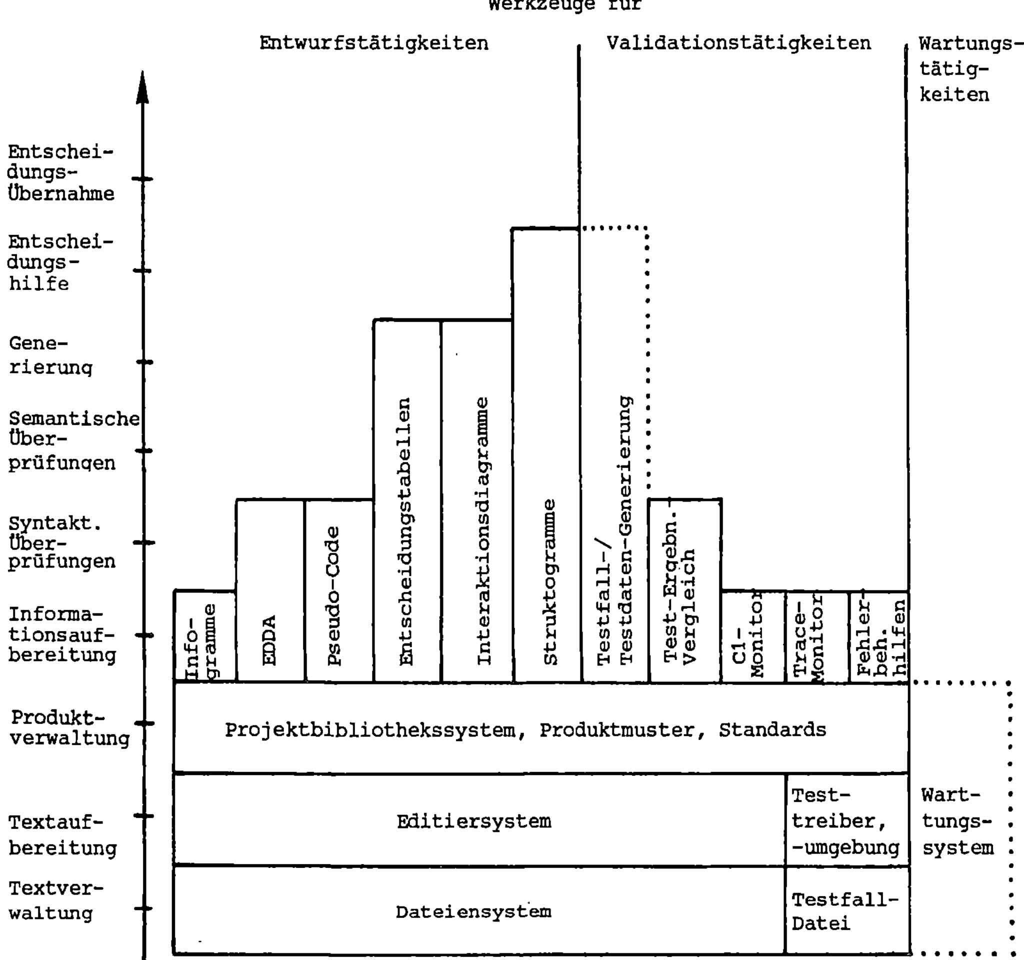

Abb. 14: Automatisierung der S/E/TEC-Produktionstechniken

Bei Infogrammen geht die Unterstützung bis zur Informationsaufbereitung, bei den EDDA's und beim Pseudo-Code bis zur syntaktischen Überprüfung. Entscheidungstabellen und Interaktionsdiagramme sind bis zur Code-Generierung automatisch unterstützt, bei den Struktogrammen kommen noch Syntaxführungsfunktionen hinzu.

Auf der Validationsseite gehören die Bereitstellung von Testtreibern, Testrahmen und Testfalldateien zu den elementaren Textverarbeitungs- und -aufbereitungsfunktionen.

Die Monitore für C1-Abdeckung und die verschiedenen Trace- und Fehlerbehandlungshilfen leisten Unterstützung bis zur Informationsaufbereitung. Beim Testergebnis-Vergleich geht die Unterstützung bis zur syntaktischen Überprüfung, bei der Testfall-/Testdatenerzeugung wird sie bis zur Generierung gehen.

Beim Wartungssystem betrifft die Automatisierung in erster Linie die Produktverwaltung, kann aber im Falle bestimmter Funktionen auch darüber hinausgehen.

8 Schlußbemerkungen

In den vorangegangenen Kapiteln wurde gezeigt, wie sich die Software-Technologie-Landschaft seit den Ursprüngen der Programmierung durch ständige Ausdehnung entlang der Dimensionen von Abstraktion und sprachlicher Freiheit sowie durch die wachsenden Automatisierungsmöglichkeiten zu ihrer heutigen Form entwickelte. Die Definition und Benutzung höherer Programmiersprachen, die Entwicklung und Verwendung von Techniken für die Phasen vor und nach der eigentlichen Programmierung sowie die Schaffung und der Einsatz von "Software Engineering Environments" waren Marksteine dieser Entwicklung.

Ziel der vorliegenden Arbeit war es, die Struktur dieser Landschaft, die relative Lage verschiedener Techniken in ihr und den Verlauf möglicher Wege durch sie zu veranschaulichen und dabei einen Überblick über wichtige Elemente der gegenwärtigen Software-Technologie zu geben.

Die Erkenntnis, daß es durch die Landschaft mehr oder weniger beschwerliche Wege gibt und das Auffinden der letzteren gehören zu den wichtigsten methodischen Ergebnissen der letzten Jahre. Eine moderne, den heutigen Bedürfnissen angepaßte Programmierumgebung darf sich diesen Erkenntnissen nicht verschließen und muß Techniken zur Verfügung stellen, die ihren Benutzern bei der "Reise" durch die Technologie-Landschaft einen größtmöglichen Komfort und weitestgehende "Fahr"-unterstützung bieten. Die Schaffung und ständige Weiterentwicklung von Programmierumgebungen, die diesen Anforderungen genügen, wird voraussichtlich noch auf Jahre hinaus beherrschendes Thema der Software-Methodik bleiben.

Die vorliegende Arbeit wurde mit Mitteln des Bundesministeriums für Forschung und Technologie (Förderkennzeichen 081 5054 A) und der SOFTLAB GmbH gefördert. Für die Unterstützung der Arbeit, für zahlreiche Anregungen und für die kritische Durchsicht des Manuskripts danke ich Herrn M. BROY sowie meinen SOFTLAB-Kollegen E. DENERT, U. MAIBORN, P. MEINEN, G. MERBETH, H. NEUMAIER und P. SCHNUPP.

LITERATUR

/ADA 80/   Reference manual for the ADA programming language, Proposed standard
           document, U.S.DoD (July 1980)

/ADJ 77/   GOGUEN, J.A., THATCHER, J.W., WAGNER, E.G., WRIGHT, J.B.: Initial
           algebra semantics and continuous algebras, JACM 24.1, pp. 68-95 (1977)

/B-T 79/   BABB, R.G., TRIPP, L.L.: An approach to defining areas within the field
           of software engineering, ACM SIGSOFT SE Notes, 4.4, pp. 9-17 (1979)

/BAK 75/   BAKER, F.T.: Structured programming in a production programming environ-
           ment, Proc. Int. Conf. on Reliable Software, Los Angeles, pp. 172-183
           (1975)

/BAU 77/   BAUER, F.L.: PARTSCH, H., PEPPER, P., WÖSSNER, H.: Techniques for
           program development, in: Software Eng. Techniques, Infotech State of
           the Art Report 34, pp. 27-50 (1977)

/BAU 78/   BAUER, F.L., BROY, M., GNATZ, R., HESSE, W., KRIEG-BRÜCKNER, B.: A wide
           spectrum language for program development, Third Intern. Symp. on
           Programming, Paris 1978

/BAY 80/   BAYER, M.; BÖHRINGER, B., DEHOTTAY, J.P., FEUERHAHN, H., JASPER, J.,
           KOSTER, C.H.A., SCHMIEDECKE, U.: Software Development in the CDL2
           laboratory, in: /SEE 80/

/BIB 80/   BIBEL, W.: Syntax-directed, semantics-supported program synthesis, Art.
           Intelligence 14, pp. 243-261 (1980)

/BOE 79/   BOEHM, B.W.: Guidelines for verifiying and validating software require-
           ments and design specifications, EURO IFIP 79, pp. 711-719, North
           Holland 1979

/B-M 75/   BOYER, R.S., MOORE, J.S.: Proving theorems about LISP functions, JACM
           22.1, pp. 129-144 (1975)

/B-G 79/   BURSTALL, R.M., GOGUEN, I.A.: The semantics of CLEAR, a specification
           language, in: Abstract Software Specifications, LNCS 86, pp. 292-332,
           Springer 1979

/C-G 75/   CAINE, S.H., GORDON, E.K.: PDL - a tool for software design, Proc. Nat.
           Comp. Conf. AFIPS, pp. 271-276 (1975)

/CTH 79/   CHEATHAM, T.E., TOWNLEY, J.A., HOLLOWAY, G.H.: A system for program
           refinement, Proc. 4th ICSE München, IEEE Cat. CH 1479-5/79, pp. 53-62
           (1979)

/D-B 76/   DARLINGTON, J., BURSTALL, R.M.: A system which automatically improves
           programs, Acta Inf. 6, pp. 41-60 (1976)

/DEN 77/   DENERT, E.: Specification and design of dialogue systems with state
           diagrams, Proc. Inter. Comp. Symp. 1977, Liege, pp. 417-424, North
           Holland 1977

/DEN 79a/ DENERT, E.: The project library - a tool for software development,
           Proc. 4th ICSE München, IEEE Cat. CH 1479-5/79, pp. 153-163 (1979)

/DEN 79b/ DENERT, E.: Software-Modularisierung, Informatik-Spektrum 2.4,
           pp. 204-218 (1979)

/D-H 80/   DENERT, E., HESSE, W.: Projektmodell und Projektbibliothek: Grundlagen
zuverlässiger Software-Entwicklung und Dokumentation, Informatik-
Spektrum 3.4, pp. 215-228 (1980)

/DIJ 76/   DIJKSTRA, E.W.: A discipline of programming, Prentice Hall 1976

/D-M 76/   DOLOTTA, T.A., MASHEY, J.R.: An introduction to the programmer's
workbench, Proc. 2nd ICSE, San Francisco, pp. 164-168 (1976)

/EIG 80/   EIGEMEIER, H., KNABE, C., RAULEFS, P., TRAMER, K.: An expert system for
automatic coding of abstract data type specifications, GI-10. Jahrestagung, Inf. Fachberichte 33, pp. 431-441, Springer 1980

/END 78/   ENDRES, A.: Methoden der Programm- und Systemkonstruktion; ein Status-
bericht, in: GI - 8. Jahrestagung, Berlin, Informatik-Fachberichte 16,
pp. 29-73, Springer 1978 u. Inf.-Spektrum 3.3, pp. 156-171 (1980)

/FLO 67/   FLOYD, R.W.: Assigning meanings to programs, Proc. Symp. of Appl.
Math., Vol. 19, Amer. Math. Soc., pp. 19-32 (1967)

/FRE 76/   FREEMANN, P.: Tutorial on Software Design Techniques, IEEE Computer
Society (1976)

/FRO 80/   FRÖLICH, R.: Das Infogramm: Eine Technik zur Analyse, Definition und
zum Entwurf von DV-Systemen, SOFTLAB, Interner Bericht (1980)

/GRI 76/   GRIES, D.: An illustration of current ideas on the derivation of
correctness proofs and correct programs, IEEE Transact. on Software
Eng. SE-2.4, pp. 238-244 (1976)

/GUT 77/   GUTTAG, J.: Abstract data types and the development of data structures,
CACM 20,6, pp. 396-404 (1977)

/HEN 75/   HENDERSON, P.: Finite state modeling in program development, SIGPLAN
Notices 10.6., pp. 221-227 (1975)

/HES 80/   HESSE, W.: Das Projektmodell - eine Grundlage für die ingenieurmäßige
Software-Entwicklung, GI - 10. Jahrestagung, Informatik-Fachberichte
33, pp. 107-122, Springer 1980

/HOA 69/   HOARE, C.A.R.: An axiomatic basis for computer programming, CACM 12.10,
pp. 576-583 (1969)

/HOA 72/   HOARE, C.A.R.: Proof of correctness of data representations, Acta Inf.
1.4, pp. 271-281 (1972)

/H-P 80/   HABERMANN, A.N., PERRY, D.E.: System composition and version control
for ADA, in: /SEE 80/

/H-M 81/   HAUSEN, H.L., MÜLLERBURG, M.: Software-Produktions-Umgebungen:
Entwicklungsstand und Trends, im vorliegenden Tagungsband (1981)

/IBM 74/   HIPO - A Design Aid and Documentation Technique, IBM Report Nr.
GC 20-1851-0 (1974)

/ILL 75/   IGARASHI, S., LONDON, R.L., LUCKHAM, D.C.: Automatic program verification I: A logical basis and its implementation, Acta Inf. 4.2,
           pp. 145-182 (1975)

/JAC 76/   JACKSON, M.A.: Constructive methods of program design, Lect. Notes
in Comp. Sc. 44 (1976)

/KOS 76/   KOSTER, C.H.A.: Using the CDL Compiler-Compiler, in: Compiler
            construction, an advanced course, LNCS 21, Springer 1976

/K-L 80/   KRIEG-BRÜCKNER, B., LUCKHAM, D.C.: ANNA - towards a language for
            annotating ADA programs, ACM Symp. on the ADA prog. lang. (Dec. 1980)

/L-S 80/   LAUER, P.E., SHIELDS, W.M.: COSY - a system specification language, in:
            /SEE 80/

/LRS 79/   LEVITT, K.N., ROBINSON, L., SILVERBERG, B.A.: The HDM handbook, Vol. I,
            II, III, SRI International, Menlo Park CA (1979)   .

/LIS 77/   LISKOV, B.H., SNYDER, A., ATKINSON, R., SCHAFFERT, C.:.Abstraction
            mechanismus in CLU, CACM 20.8., pp. 564-576 (1977)

/L-Z 75/   LISKOV, B., ZILLES S.: Specification techniques for data abstraction,
            IEEE Trans. on Software Eng. 1,1, pp. 7-18 (1975)

/L-S 78/   LUDEWIG, J., STRENG, W.: Überblick und Vergleich verschiedener Mittel
            für die Spezifikation und den Entwurf von Software, Bericht KfK 2506,
            Kernforschungszentrum Karlsruhe (1978)

/M-W 77/   MANNA, Z., WALDINGER, R.: The automatic synthesis of recursive programs,
            Proc. Symp. on Art. Intell. and Prog. Lang., pp. 29-36 (1977)

/MCG 79/   McGUFFIN, R.W., ELLISTON, A.E., TRAUTER, B.R., WESTMACOTT, P.N.:
            CADES - Software engineering in practice, in: Proc. 4th ICSE München,
            IEEE Cat. CH 1479-5/79, pp. 136-144 (1979)

/MYE 79/   MYERS, G.J.: The art of software testing, John Wiley & Sons 1979

/N-S 73/   NASSI, I., SHNEIDERMANN, B.: Flowchart techniques for structured
            programming, SIGPLAN Notices 8,8, pp. 12-16 (1973)

/PAR 72/   PARNAS, D.L.: A technique for software module specification with
            examples, CACM 15,5, pp. 330-336 (1972)

/PDV 80/   PDV-Berichte, Vergleich verschiedener Spezifikationsverfahren am
            Beispiel einer Paketverteilanlage, Teil 1 und 2, KfK-PDV 186,
            Kernforschnungszentrum Karlsruhe 1980

/R-Y 78/   RAMAMOORTHY, C.V., YEH, R.T.: Tutorial: Software methodology, IEEE
            Cat. No. EHO 142-0, pp. 44-164 (1978)

/R-S 80/   RAULEFS, P., SIEKMANN, J.: Programmverifikation - Darstellung des
            Forschungsvorhabens (Aug. 1980)

/RID 80/   RIDDLE, W.E.: An assessment of DREAM, in: /SEE 80/

/R-L 77/   ROBINSON, L., LEVITT, K.N.: Proof techniques for hierarchically
            structured programs, CACM 20,4, pp. 271-283 (1977)

/ROS 77/   ROSS, T.D.: Structured analysis (SA): A language for communicating
            ideas, IEEE Trans. on Software Engineering, Vol. SE-3, No. 1 (1977)

/R-R 76/   ROUBINE, O., ROBINSON, L.: SPECIAL reference manual, SRI International,
            Menlo Park CA (1976)

/SCH 79/   SCHNUPP, P.: PET/X1150 - Der Software-Entwickler am "interaktiven
            Regietisch", in: 8. Jahrbuch der EDV 1979, Forkel 1979

/SEE 80/   Symposium on Software Engineering Environments, im Erscheinen beim
            North Holland-Verlag

/SIL 80/   SILVERBERG, B.A.: An overview of the SRI Hierarchical Development
            Methodology, in: /SEE 80/

/SNO 80/   SNOWDON, R.A.: CADES and software system development, in: /SEE 80/

/STO 80/   Requirements for ADA programming support environments, "STONEMAN",
            U.S. DoD, Feb. 1980

/STR 77/   STRUNZ, H.: Entscheidungstabellentechnik, Hanser 1977

/T-H 77/   TEICHROEW, D., HERSHEY, E.A.: PSL/PSA: A computer aided technique for
            structured documentation and analysis of information processing
            systems, IEEE Trans. of Software Engineering, Vol. SE-3, No. 1 (1977)

/WIL 80/   WILLIS, R.R.: AIDES: Computer aides design of software systems, in:
            /SEE 80/

/WLS 76/   WULF, W.A., LONDON, R.L., SHAW, M.: An introduction to the construction
            and verification of ALPHARD programs, Transact. on Software Engineering
            SE-2, pp. 253-264 (1976)

/Y-C 75/   YOURDON, E., CONSTANTINE, L.L.: Structured design, YOURDON Inc.,
            New York 1975, auch: YOURDON Press 1978 und Prentice Hall 1978

DIPROTOR

Ein Softwarewerkzeug zur Erstellung von
Diagrammen und Programmrahmen für die
datenstrukturorientierte Methode des Programmentwurfs

K. Schollenberger

K. Truöl

U. Viebeg

Gesellschaft für Mathematik
und Datenverarbeitung m. b. H.
Informatik-Kolleg
Rheinstraße 75
6100 Darmstadt

Abstract

Es wird ein Programmsystem vorgestellt, das Dokumentation und Codierung
bei Anwendung der datenstrukturorientierten Methode des Programmentwurfs nach M. A. Jackson unterstützt. Aus einer einfachen, auf Stufennummern basierenden Beschreibung der Baumdiagramme für Datenstrukturen,
Programmstrukturen oder Programmstrukturen mit zugeordneten Operationen
werden die Diagramme generiert und wahlweise auf dem mechanischen Druk-
ker, Laserdrucker oder Plotter ausgegeben sowie auf Wunsch Programmrahmen für verschiedene Programmiersprachen erzeugt.

1. Einleitung

Die Methode des datenstruktur- und problemorientierten Entwurfs strukturierter Programme (Jackson Methode) ist eine inzwischen weit akzeptierte
und in vielen Bereichen der Anwendungsprogrammierung einsetzbare Methode
zur Realisierung der allgemeinen Prinzipien der Strukturierten Programmierung. Durch eine solche Methode werden diese Prinzipien erst in ge-
ordneten systematischer Weise anwendbar; Prinzipien, deren Ziele die
Korrektheit, Zuverlässigkeit und Modifizierbarkeit von Programmen sind.

Diese Methode des Entwurfs strukturierter Programme wird wesentlich unterstützt durch die Baumdiagramm-Technik, ein grafisches Darstellungsmittel zur Unterstützung der einzelnen Schritte des methodischen Vor-
gehens. Diese Schritte sind:

- Erstellung der Datenstrukturen für ein Problem

- Ableitung der Programmstrukturen

- Auflistung der Operationen und Bedingungen

- Zuordnung der Operationen und Bedingungen zu den Programmstrukturen

Durch die intensive Benutzung grafischer Strukturen ist eine gute, über-
sichtliche und damit änderungsfreundliche Programmentwicklungsdokumen-
tation gegeben.

Um die manuell aufwendige Erstellung und Nachführung einer solchen Programmdokumentation zu erleichtern, ist es sinnvoll und notwendig, einfache und flexible Softwarewerkzeuge bereitzustellen, die den Programmierer soweit wie möglich von Routinearbeit entlasten.

Diese Gedanken führten im Informatik-Kolleg zu der Idee, ein Programmsystem DIPROTOR (DIagramm-PROgramm-GeneraTOR) zum Generieren von Diagrammen und Programmrahmen zu konzipieren. Die Begründung war gegeben
durch die Notwendigkeit, für interne Programmierarbeiten und für die
Kursvorbereitung eine wirkungsvolle Unterstützung zu schaffen, ein
Softwarewerkzeug zur Demonstration in Kursveranstaltungen zu besitzen
und gleichzeitig ein größeres Schulungs- und Demonstrationsprojekt für

die Anwendung der Methode selbst zu haben.

Die von DIPROTOR generierten Baumdiagramme weichen in der Darstellung
von den von Jackson benutzten Diagrammen insofern leicht ab, als bei
DIPROTOR-Diagrammen Möglichkeiten für Backtracking-Strukturblöcke, Quit-
Operationen und Iterations- / Selektionsbedingungen vorgesehen sind.

2. Systemübersicht

Aus einer Eingabe, die in einer einfachen Sprache beschriebene Daten-
oder Programmstrukturen sowie gegebenenfalls Operationen und Bedingungen
enthält, werden Baumdiagramme gedruckt bzw. geplottet oder Programmrahmen für verschiede Programmiersprachen generiert.

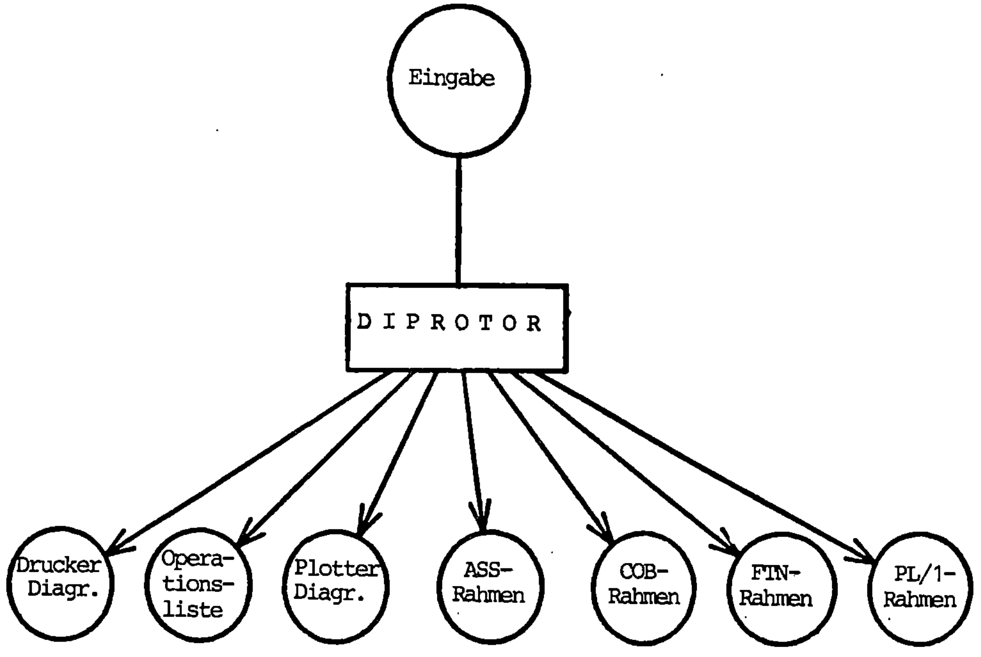

DIPROTOR ist ein in COBOL, der Plotterteil in FORTRAN,geschriebenes Programmsystem, das aus mehreren selbständigen Programmen besteht. Diese sind über temporäre Dateien als Schnittstellen verbunden. Die gewünschte Leistung von DIPROTOR wird über geeignete Kommandoprozeduren auf der Ebene des Betriebssystems ausgewählt. In einem Lauf kann jeweils nur eine von mehreren Diagrammbeschreibungen der Eingabedatei bearbeitet werden.

DIPROTOR ist verfügbar für die Rechenanlagen TR440 (TNS440), IBM/370 (OS/MVS) und Siemens 77xx (BS2000). Die Übernahme auf weitere Anlagen ist geplant und kann darüber hinaus auf Wunsch leicht durchgeführt werden.

3. Beschreibung der Eingabe

Die Eingabedatei enthält die Beschreibung von mehreren Diagrammen und zu jeder Diagrammbeschreibung wahlweise eine Liste von Operationen und Bedingungen. Ein optionaler Parameterteil am Anfang der Datei kann allgemeine Steuerparameter für die Auswahl des zu bearbeitenden Diagramms und die Art der Bearbeitung enthalten.

Jeder der Blöcke "Parameter", "Diagrammbeschreibung" und "Operationen/ Bedingungen" wird von einem Schlüsselwort eingeleitet, das in Spalte 1 eines Eingabesatzes beginnt. Innerhalb dieser Blöcke ist die Eingabedatei formatfrei, d. h. daß hier die logische Satzstruktur unabhängig von der physischen Satzstruktur ist. Jedes Schlüsselwort und jeder Text der Eingabedatei kann beliebig über physische Satzgrenzen hinaus fortgesetzt werden.

4. Parameter

Der erste Block der Eingabedatei kann Schlüsselwortparameter zur Auswahl der gewünschten DIPROTOR-Funktionen enthalten. Jeder der Parameter ist mit einem Standardwert vorbesetzt und daher optional. Das Schlüsselwort PARAMETER= steht in den Spalten 1 - 10 des ersten Satzes des Para-

meterblocks; der Rest dieses Blocks ist unabhängig von der physischen
Satzstruktur. Die Reihenfolge der Parameter ist beliebig. Die Funktionen der einzelnen Parameter sind:

- Auswahl eines Diagramms innerhalb der Eingabedatei,
- Erstellen ASSEMBLER-Programmrahmen,
- Erstellen COBOL-Programmrahmen,
- Erstellen FORTRAN-Programmrahmen,
- Erstellen PL/1-Programmrahmen,
- Spaltenanzahl und Zeilenanzahl der Druckerausgabe,
- Erzeugen der Liste der Operationen und Bedingungen,
- Berechnungsformel für die Knotenpositionen,
- Einschließendes Zeichen für einen Kommentar in der Eingabedatei,
- Auswahl einer Codetabelle für die Druckerausgabe (z. B. für den
  Laserdrucker),
- Eigene separate Druckertabelle,
- Angaben für die Plotterausgabe.

5. Diagrammbeschreibung

In der Eingabedatei können mehrere Diagrammbeschreibungen, jeweils
wahlweise mit der zugehörigen Liste der Operationen und Bedingungen
hintereinander stehen. Die Auswahl des Diagramms durch DIPROTOR wird
über den Parameter DIAGR= gesteuert.

Das Schlüsselwort DIAGRAMM= steht in den Spalten 1 - 9 des Eingabesatzes. In Hochkommata eingeschlossen kann ein Kommentar folgen, der als
Überschrift über das Diagramm gedruckt wird. Die Überschrift kann mehr-
zeilig sein; das Trennzeichen ist der Schrägstrich.

Der hierarchische Zusammenhang der Strukturblöcke eines Baumdiagramms
wird durch Stufennummern beschrieben, wie sie aus einigen höheren Programmiersprachen zur Beschreibung von Datenstrukturen bekannt sind.
Die Stufennummern brauchen nicht lückenlos zu sein. Für jeden Struk-
turblock, jeden Knoten des Baumdiagramms, ist in der Datei genau ein
logischer Satz enthalten. Die Beschreibung der einzelnen Strukturblök-
ke erfolgt in der Reihenfolge von oben nach unten und von links nach
rechts. Unmittelbar auf die Beschreibung eines Strukturblockes folgt

die Beschreibung seines ersten "Sohnes", bzw. seines ersten "Bruders"
(wenn kein "Sohn" existiert), bzw. des "Bruders" oder "Nachbarn" seines
nächsten "Vorfahren", der einen solchen besitzt. Ein "Sohn" ist dadurch
als solcher gekennzeichnet, daß er eine größere Stufennummer als der
"Vater" besitzt.

Zusätzlich kann auf eine Diagrammbeschreibung die zugehörige Liste der
Operationen und Bedingungen folgen. Ist diese vorhanden, wird sie eingeleitet durch das Schlüsselwort OPERATIONEN=. Die Reihenfolge der Operationen und die der Bedingungen braucht nicht lückenlos und aufstei-
gend zu sein.

6. Beispiel für eine Eingabe

```
PARAMETER= DIAGR=   FORMEL=2
PLOTTER=20,21,8,2,8,2,2,8,2,2,8,2,1,0


DIAGRAMM= 'PRUEFUNG EINER EINGABEDATEI'
10 'PRUEFUNG'
20 '1,7,10'                  O
20 'PRUEFUNG/RUMPF'          I (1)
30 'KART-VER'
40 '2'                       O
40 'VERARB-KART'
50 '8,12'                    O
50 'VERARB-KART/RUMPF'       I (2)
60 'FELD-VER'                B (5)
70 'FELD-NUM'
80 '14'                      O
```

```
80 'FELD-NUM/RUMPF'           I (3)
90 'STELLE1'
92 '15'                       Q (5)
92 '13'                       O
80 '6,11'                     O
70 'FELD-N-NUM'
80 '14'                       O
80 'FELD-N-NUM/RUMPF'         I (3)
90 'STELLE2'
92 'STELLE2/PRUEFUNG'         S (4)
94 'FEHL-ANZ'
96 '5'                        O
92 '13'                       O
80 '11'                       O
50 '3'                        O
40 '4'                        O
40 '9,7'                      O
20 'schliessen/Dateien'      O
20 'stop'                     O


OPERATIONEN=
  1 'oeffnen Dateien'
  2 'schreiben Satz'
  3 'schreiben Fehlerfeld'
  4 'schreiben Summe'
  5 'markieren Fehlerstelle'
  6 'Summe := Summe + Feld'
  7 'lesen Eingabe'
  8 'Summe := 0'
  9 'Kartenzaehler := Kartenzaehler + 1'
 10 'Kartenzaehler := 1'
 11 'Feldzaehler := Feldzaehler + 1'
 12 'Feldzaehler := 1'
 13 'Stellenzaehler := Stellenzaehler + 1'
 14 'Stellenzaehler := 1'
 15 'quit wenn aktuelle Stelle keine Ziffer'
I(1) 'bis eof oder Kartenzaehler > n'
I(2) 'bis Feldzaehler > m'
I(3) 'bis Stellenzaehler > p'
S(4) 'aktuelle Stelle keine Ziffer'
B(5) 'alle Stellen Ziffern' ' eine Stelle keine Ziffer'
```

Die Strukturbeschreibung des Diagramms enthält für jeden Knoten die
Stufennummer, den Knotentext sowie eine der Kennungen blank, I, S, B,
O bzw. Q für FOLGE, ITERATION, SELEKTION, BACKTRACKING, OPERATION bzw.
QUIT.

7. Druckerausgabe

Bei einem Programmlauf kann aus einer Diagrammbeschreibung ein Baumdiagramm (Datenstruktur, Programmstruktur mit oder ohne Operationen)
erzeugt werden.

Enthält die Diagrammbeschreibung die kleinste der Stufennummern mehrfach, werden mehrere Diagramme nebeneinander gedruckt. Die Ausgabe
verschiedener Diagramme untereinander ist in einem Programmlauf nicht
möglich.

Wahlweise kann zusätzlich die zugehörige Liste der Operationen und Bedingungen gedruckt werden.

Möglichkeiten zur Steuerung der Diagrammausgabe bieten die Parameter
im Parameterteil zur Auswahl des Diagramms : Bestimmung des Papier-
formats, Anforderung der zusätzlichen Operations- / Bedingungsliste,
Angabe der Berechnungsformel für das Diagramm, Angabe des Druckertyps
und einer vom Standard abweichenden Druckzeichentabelle.

Ein Baumdiagramm kann sich über mehrere Druckerseiten erstrecken, abhängig von seiner Größe und dem Papierformat des Druckers. Ist es brei-
ter als das Druckerpapier, wird es in Streifen zerlegt, und diese
Streifen werden nacheinander ausgedruckt.

8. Laserdruckerausgabe zu dem Beispiel

PRUEFUNG EINER EINGABEDATEI

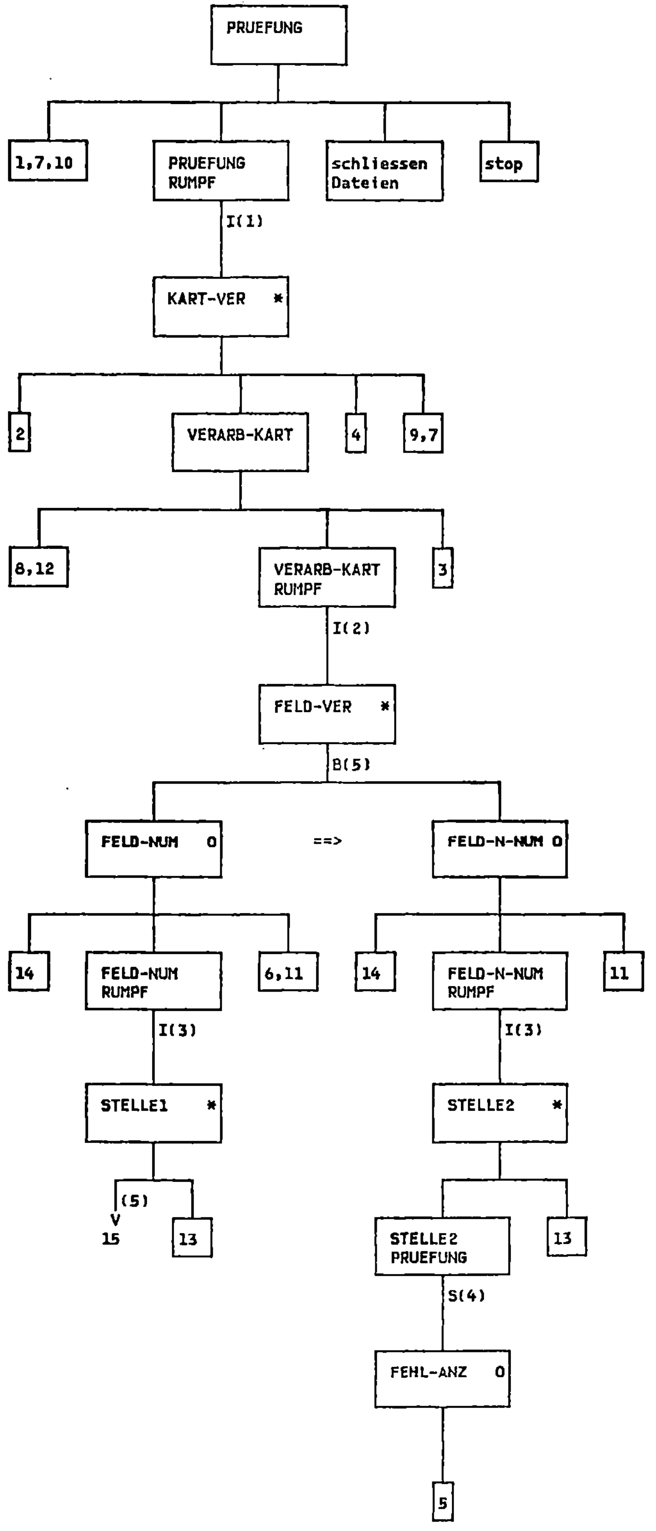

9. Plotterausgabe

Die Ausgabe der Diagramme kann auch auf einem Trommel - oder Mikrofilm-Plotter erfolgen. Hierfür sind zusätzliche Angaben in der Eingabedatei möglich zur Steuerung von

- Bildbreite, Bildhöhe

- Schriftgröße und Stiftwahl für die Überschrift

- Schriftgröße und Stiftwahl für die Texte in den Strukturknoten

- Stiftwahl für die Rahmen der Strukturknoten

- Schriftgröße und Stiftwahl für die Texte in den Operationsknoten

- Stiftwahl für die Rahmen der Operationsknoten

- Schriftgröße und Stiftwahl für die Texte an den Verbindungslinien

- Stiftwahl für die Verbindungslinien

- Auswahl von Trommel- oder Mikrofilm-Plotter

Diese Parameter können global im Parameterteil der Eingabedatei - evtl.
unter Ausnutzung der Standardwerte - vorgegeben und gegebenenfalls
knotenspezifisch innerhalb der einzelnen Knotenbeschreibungen abgeändert werden.

10. Plotterausgabe zu dem Beispiel

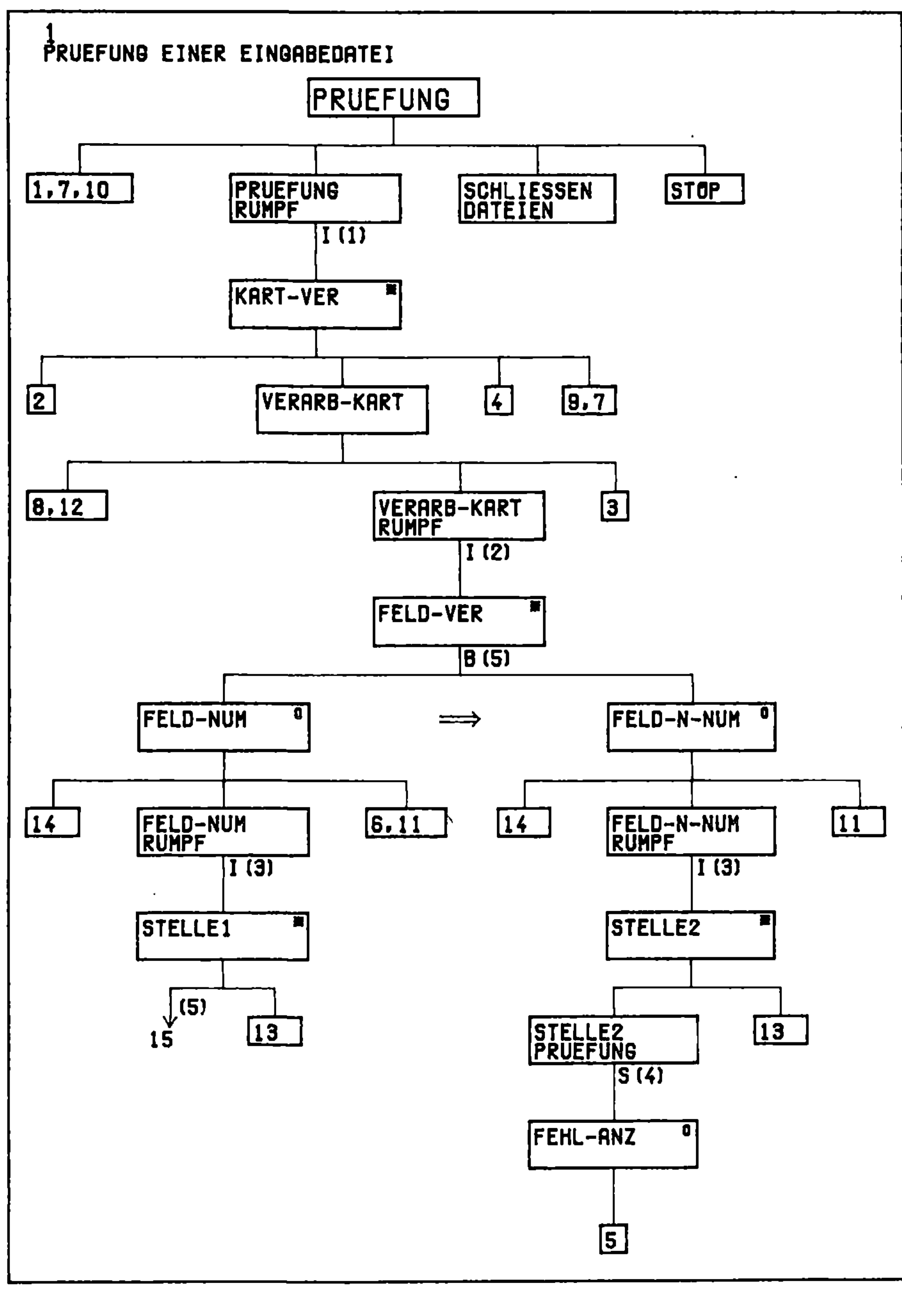

11. Programmrahmen

Aus einer Diagrammbeschreibung, evtl. zusätzlich mit zugehörigen Texten
für Operationen und Bedingungen, kann von DIPROTOR ein syntaxfehler-
freier Programmrahmen für ein ASSEMBLER-, COBOL-, FORTRAN- oder PL/1-
Programm generiert werden. Programmrahmen bedeutet, daß ein Programm
so vollständig generiert wird, wie es aufgrund der vorliegenden Diagrammbeschreibung möglich ist.

Dabei werden die Kontrollstrukturen des Programms generiert.Die Operationen werden entweder als Texte aus der Diagrammbeschreibung oder
über den Operationsnummernverweis aus der zugehörigen Operationsliste
entnommen und als Kommentar in das Programm an den richtigen Stellen
eingesetzt. Bei den Bedingungen wird analog verfahren. Diese Kommentare sowie insbesondere auch alle Datendeklarationen müssen anschließend vom Programmierer durch den entsprechenden Programmcode ersetzt
werden.

Der generierte Programmrahmen wird "nest-free", d. h. mit ineinander-
geschachtelten Kontrollstrukturen aufgebaut. Dabei ist besonders auf
Kontextfreiheit geachtet worden, d. h. Unabhängigkeit der Codierung
einer Kontrollstruktur von ihrer Umgebung im Programm. Details der
Codierung für COBOL können dem folgenden Beispiel entnommen werden.

12. COBOL-Programmrahmen zu dem Beispiel

```
************************************************************************
*                                                                      *
*   PRUEFUNG EINER EINGABEDATEI                                        *
*                                                                      *
************************************************************************
  IDENTIFICATION DIVISION.
  PROGRAM-ID. PRUEFUNG.
*
  ENVIRONMENT DIVISION.
  CONFIGURATION SECTION.
  SOURCE-COMPUTER. SIEMENS 7760.
' OBJECT-COMPUTER. SIEMENS 7760.
  INPUT-OUTPUT SECTION.
  FILE-CONTROL.
*
  DATA DIVISION.
  WORKING-STORAGE SECTION.
*
  PROCEDURE DIVISION.
  PRUEFUNG SECTION.
*
*PRUEFUNG
  SEQU-001.
*=>                        1    'oeffnen Dateien'
*=>                        7    'lesen Eingabe'
*=>                       10    'Kartenzaehler := 1'
*PRUEFUNGRUMPF
  ITER-003.
*=>  IF      (1)     'bis eof oder Kartenzaehler > n'
        GO TO ITER-003-END.
*KART-VER
  SEQU-004.
*=>                        2    'schreiben Satz'
*VERARB-KART
  SEQU-006.
*=>                        8    'Summe := 0'
*=>                       12    'Feldzaehler := 1'
*VERARB-KARTRUMPF
  ITER-008.
*=>  IF      (2)     'bis Feldzaehler > m'
        GO TO ITER-008-END.
*FELD-VER
  BACK-009.
*    IF      (5)     'alle Stellen Ziffern'
*        GO TO BACK-009-01.
*    IF      (5)     'eine Stelle keine Ziffer'
*        GO TO BACK-009-02.
  BACK-009-01.
*=>  MOVE 0 TO BSCHALTER-005.
*FELD-NUM
  SEQU-010.
*=>                       14    'Stellenzaehler := 1'
*FELD-NUMRUMPF
  ITER-012.
*=>  IF      (3)     'bis Stellenzaehler > p'
        GO TO ITER-012-END.
*STELLE1
  SEQU-013.
*=>  IF                   15    'quit wenn aktuelle Stelle keine Zif
*=>                              fer'
*=>      MOVE 1 TO BSCHALTER-005
```

```
          GO TO SEQU-010-END.
*=>                        13   'Stellenzaehler := Stellenzaehler +
*=>                             1'
 SEQU-013-END.
      GO TO ITER-012.
 ITER-012-END.
*=>                         6   'Summe := Summe + Feld'
*=>                        11   'Feldzaehler := Feldzaehler + 1'
 SEQU-010-END.
*=>  IF BSCHALTER-005 = 0
          GO TO BACK-009-END.
 BACK-009-02.
*=>  MOVE 0 TO BSCHALTER-005.
*FELD-N-NUM
 SEQU-017.
*=>                        14   'Stellenzaehler := 1'
*FELD-N-NUMRUMPF
 ITER-019.
*=>  IF      (3)    'bis Stellenzaehler > p'
        GO TO ITER-019-END.
*STELLE2
 SEQU-020.
*STELLE2PRUEFUNG
 SELE-021.
*=>  IF NOT (4)    'aktuelle Stelle keine Ziffer'
          GO TO SELE-021-END.
*FEHL-ANZ
 SEQU-022.
*=>                         5   'markieren Fehlerstelle'
 SEQU-022-END.
 SELE-021-END.
*=>                        13   'Stellenzaehler := Stellenzaehler +
*=>                             1'
 SEQU-020-END.
      GO TO ITER-019.
 ITER-019-END.
*=>                        11   'Feldzaehler := Feldzaehler + 1'
 SEQU-017-END.
 BACK-009-END.
      GO TO ITER-008.
 ITER-008-END.
*=>                         3   'schreiben Fehlerfeld'
 SEQU-006-END.
*=>                         4   'schreiben Summe'
*=>                         9   'Kartenzaehler := Kartenzaehler + 1'
*=>                         7   'lesen Eingabe'
 SEQU-004-END.
      GO TO ITER-003.
 ITER-003-END.
*=>                             'schliessen
*=>                             Dateien'
*=>                             'stop'
 SEQU-001-END.
```

Literatur

Jackson, M. A.
"Grundsätze des Programmentwurfs"
Toeche-Mittler Verlag Darmstadt, 1979

Schollenberger, Truöl, Viebeg
"DIPROTOR - Benutzeranleitung"
GMD Informatik-Kolleg Darmstadt, 1980

Lehrgangsunterlagen des Informatik-Kollegs zur
Strukturierten Softwareentwicklung

RELSPEZ – EINE RELATIONALE PROBLEMSPEZIFIKATION;
KONZEPT UND ERFAHRUNGSBERICHT

Thorsten Spitta, Antonio Schnieder
MIREKON GmbH
Marburger Str. 3
D-1ooo Berlin 3o

SUMMARY:

Method, tool and experiences of the requirement specification method RELSPEZ are
presented. RELSPEZ is based on a relational data model and expresses input and output of every atomic processing of an application function on parts of the data
model. Processing is described in a semi-formal manner. The method RELSPEZ was
developped in an industrial software project and also applied there. The tool for
running it is PET/X 116o. After a pilot application the further application of
RELSPEZ - and other specification methods - was recommended only to be used for
incomplete specifications of user-relevant requirements. The reasons for such a
revised use of the method are discussed.

1. BEGRIFFE

Nachdem viele ungelöste Probleme der Softwaretechnologie zu einem nicht unbeträcht-
lichen Teil als begriffliches Phänomen erkannt worden sind (WEDEK 8o, HELDM 8o),
gebietet es sich für einen Beitrag zum Thema Software-Engineering, zunächst
Schlüsselbegriffe zu klären.

"Spezifikation" gehört zu den schillerndsten Begriffen des Faches. Er wird in
(SCHN/FLOY 76) und (KIMM/KOCH 79) genau widersprüchlich verwendet, hier als 'Anforderungsdefinition' i. S. der vom Benutzer gewünschten Systemleistung, dort als
'Konstruktion' i. S. einer technischen Lösung. Die erstgenannte Sicht scheint
sich durchzusetzen und hat auch Eingang in ein Projektmodell (HESSE 8o) gefunden,
das mit dem Ziel einer allgemeingültigen Verbreitung erarbeitet wurde. S p e -
z i f i k a t i o n wird daher i. S. einer 'Anforderungsdefinition' als detaillierte Benennung aller für den Benutzer eines Systems relevanten Eigenschaften
desselben definiert. Es wird im folgenden auszuführen sein, wie das Attribut 'detailliert' zu verstehen ist. Häufig wird als Spezifikation das "Was" eines Systems
i. Gs. zum "Wie" umschrieben. Es wird jedoch in 2. gezeigt, daß sich das "Was" und
das "Wie" prinzipiell nicht trennen läßt, vielmehr pragmatisch auf Spezifikation
und Entwurf zu verteilen ist.

Software soll diejenigen Probleme der realen Welt lösen helfen, die einer Lösung
durch Computerabläufe zugänglich sind. P r o b l e m e in diesem eingeschränkten Sinne bestehen aus Objekten und Verrichtungen auf diesen i. S. der betriebswirtschaftlichen Organisationslehre (KIES/KUB 77). Diese werden für die Software-
entwicklung als Daten und Algorithmen abstrahiert.

Sowohl Daten als auch Algorithmen müssen teilweise sehr detailliert festgelegt werden, um i. S. der Anforderung des Anwenders auf Korrektheit überprüfbar zu sein. Aus diesen Erfordernissen heraus konstruieren wir den Begriff P r o b l e m s p e z i-f i k a t i o n.

2. AUFGABENSTELLUNG

Im Projekt MIREKON - <u>M</u>odulares <u>I</u>nformations- und <u>R</u>echensystem für die <u>Konfektions</u>-industrie - war ein portables betriebliches Anwendungssystem für Auftrags- und Materialdurchlauf in Fertigungsbetrieben der Bekleidungsindustrie zu entwickeln. Sowohl Zielrechner als auch Zielbetriebe waren sehr heterogen; es war also Software- und Organisationsportabilität gefordert (GAS/SPI 8o).

Darüber hinaus existierte fast keine in den Betrieben anerkannte begriffliche Norm über grundlegende Objekttypen eines Konfektionsbetriebes. Da wurde z. B. ein als Material zu bezeichnender Objekttyp als "Teil", "Stoff", "Artikel" u. ä. benannt.

MIREKON hatte also zunächst folgende Aufgabenstellung zu lösen, die als typisch für die Entwicklung portabler Anwendungssoftware gelten kann:

- Spezifikation eines Anwendungssystems mit sparten- und betriebsspezifischen Varianten
- Schaffung einer einheitlichen Datenbasis, möglichst unabhängig von Mengengerüsten
- Schaffung eines einheitlichen begrifflichen Kanons
- Spezifikation von Anwendungen, ohne ein bestimmtes reales Basissystem (Hardware, Systemsoftware, Datenverwaltungssystem) voraussetzen zu können
- Spezifikation in einer den Anwendern verständlichen oder vermittelbaren Sprache.

Neben den Restriktionen der Aufgabenstellung mußten technologische gesetzt werden, denen zufolge die Spezifikationen rechnergestützt erstell- und wartbar sein mußten.

Bekannte Spezifikationsmethoden schieden aus, da sie die Anforderungen nicht erfüllten.

PSL/PSA ist zwar für kommerzielle Anwendungssysteme entwickelt (TEICH 76), erfordert aber einen erheblichen Schulungsaufwand, dazu einen größeren Entwicklungsrechner und ist vor allem Anwendern aus kleinen Firmen nicht mit vertretbarem Aufwand vermittelbar.

SADT (ROSS/SHO 77) hat zwar den letztgenannten Nachteil nicht, ist jedoch u. E. als rein grafische Beschreibungsmethode nicht auf ökonomische Weise rechnergestützt zu handhaben.

Es war daher eine praxisgerechte und trotzdem möglichst präzise Methode für eine Problemspezifikation im industriellen Rahmen zu entwickeln.

3. LÖSUNG

Die Lösung der geschilderten Aufgabenstellung besteht aus zwei Teilprodukten:

- Datenmodell
- Problemspezifikation.

Diese entstehen in drei Arbeitsschritten:

1. Beschreibung aller Grundobjekte: originäre Daten,
2. Beschreibung aller Verarbeitungen auf diesen Daten: Einzelverarbeitungen,
3. Beschreibung aller Ergebnisse aus den Verarbeitungen: abgeleitete Daten.

Originäre und abgeleitete Daten sind im Datenmodell enthalten, das einmal für alle Anwendungen existiert.

Einzelverarbeitungen sind Kern einer Problemspezifikation, die für jede betriebswirtschaftliche Anwendung existiert. Die Modularisierung der Anwendungen erfolgt nach dem Prinzip des abstrakten Datentyps, das entweder auf Datenbestände aus dem Datenmodell oder auf Bildschirmmasken (Transaktionen) angewendet wird.

3.1 DATENMODELL

Zur Erstellung des Datenmodells wurden zunächst die Datenbasen von lo Mitgliedsbetrieben analysiert auf Synonyme und Homonyme und ein einheitlicher Datenelementkatalog (data dictionary) erstellt. Er enthält Name/Typ/verbale Definition/Schlüssel jedes Datenelements.

Als Beschreibungsmodell für die Beziehungen der Daten zueinander wurde das relationale Modell zugrundegelegt, da es durch seine Normalisierungstechnik unabhängig von Mengengerüsten ist (DATE 75). Dem Modell zufolge wurden über mehrere Stufen Relationen aus den Daten gebildet, indem alle Datenelemente mit einheitlichem Schlüssel zusammengefaßt wurden.

Durch die empirische Analyse wurden zunächst alle Grundobjekte eines Betriebes (z. B. Material, Erzeugnis, Lager, Arbeitsplatz, Auftrag) mit Hilfe primärer Relationen beschrieben. Hierbei wurden alle klassifizierenden Schlüssel, die aus mehreren Teilschlüsseln bestanden, durch identifizierende Schlüssel ersetzt.

Ergebnis dieses ersten Arbeitsschrittes war eine

- Normierung der Schlüssel
- Normierung der Datenelemente und damit der Attribute der Grundobjekte

- Standardisierung der Stammrelationen.

Im dritten Arbeitsschritt war das Datenmodell dann noch um abgeleitete Daten und
Relationen zu erweitern. So vervollständigt, stellte es eine wesentliche Grundlage
für Entwürfe für reale Zielsysteme dar, die nicht über die Mächtigkeit des Relatio-
nenmodells verfügen.

3.2 PROBLEMSPEZIFIKATION

Eine Problemspezifikation ist eine detaillierte Beschreibung des "Was" eines Anwen-
dungskomplexes u n d desjenigen "Wie", das nur problemabhängig validierbar ist.
Alle Verarbeitungen, deren Richtigkeit nur der Anwender entscheiden kann, müssen so
detailliert spezifiziert sein, daß ihre Richtigkeit nachvollziehbar ist. Dies ist
i. d. R. nur auf der Ebene der Datenelemente möglich. Leistungskataloge z. B. in der
Art "Lagerzugang buchen" (dies ist das "Was"!) reichen dazu nicht aus, das spätere
Programm gegen seine Spezifikation auf Richtigkeit zu überprüfen.

Die von MIREKON entwickelte Spezifikationsmethode RELSPEZ erlaubt eine solche Spezifikation, indem sie die Verarbeitung jedes Datenelementes auf der Grundlage des relationalen Datenmodells beschreibt.

3.2.1 DIE METHODE RELSPEZ

Zunächst wird eine Anwendungsfunktion top down zerlegt, bis eine Zerlegung nur noch
elementare Verarbeitungsschritte erlaubt. Die Ebene einer weitergehenden Spezifikation ist die Einzelverarbeitung.

B E I S P I E L :

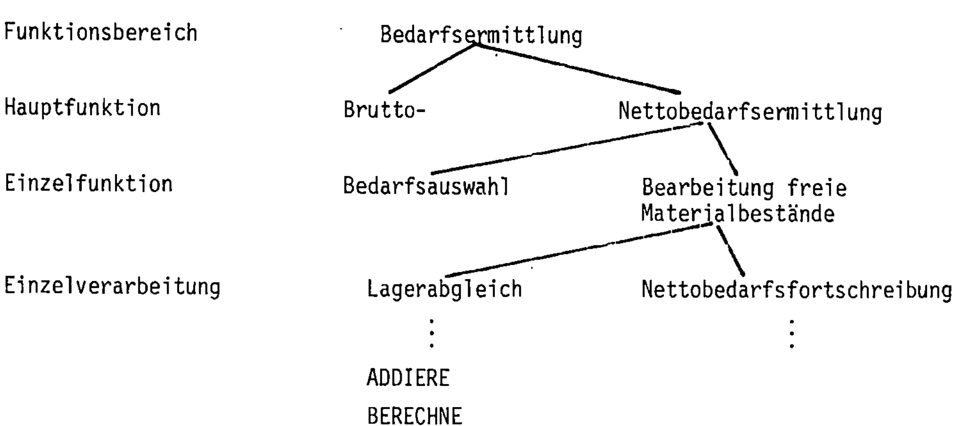

Die Einzelverarbeitung (EV) wird als E - V - A -Tabelle wie folgt dargestellt:

```
+--------------------------------------------------------------+
|                                                              |
|               E I N G A B E      <EV-nr>                      |
|                                                              |
| <eingabedaten>                                               |
+--------------------------------------------------------------+
|                                                              |
|            V E R A R B E I T U N G    <EV-nr>                 |
|            <verarbeitungsbeschreibung> | <kommentar> |       |
|            <erweiterte verarbeitungsbeschreibung>            |
+--------------------------------------------------------------+
|                                                              |
|               A U S G A B E      <EV-nr>                      |
|                                                              |
| <ausgabedaten>                                               |
+--------------------------------------------------------------+
```

```
<eingabedaten> | <ausgabedaten>  ::= <<qualifikationsattribut-liste> | K>
                                     <relation>
                                     (<attribut-liste>)

<verarbeitungsbeschreibung>      ::= A: <aktionsbeschreibung> |
                                     P: <pruefungsbeschreibung>

<aktionsbeschreibung>            ::= <elementare verarbeitungsanweisung>
                                     <attribut-liste> | <relation>

<elementare verarbeitungsanw.>   ::= BERECHNE | ADDIERE | SUBTRAHIERE |
                                     := {wertzuweisung}

<pruefungsbeschreibung>          ::= <vergleich> | <kommentar>
                                     J:<aktionsbeschreibung>
                                     N:<aktionsbeschreibung>


<vergleich>     sei der Kuerze halber nicht weiter ausgefuehrt.

<kommentar>                      ::= /*<freier Text>*/

<erweiterte verarbeitungs-
 beschreibung>                   ::= <entscheidungstabelle> |
                                     <zustands-uebergangs-matrix> |
                                     <praezedenzmatrix>
```

Die o. g. Darstellungsmittel sind syntaktisch nicht vorgeschrieben. Sie werden nach anderweitigen Festlegungen benutzt (vgl. z. B. B. STRU 77).

Ergänzend noch einige Erläuterungen:

<u>Eingabe und Ausgabe:</u>

Angabe aller zu verarbeitenden Datenelemente (= Attribute) mit Qualifikation der Relation, in der sie stehen, und Angabe des für den logischen Zugriff zu ihnen erforderlichen Teilschlüssels oder Angabe nur der Relation bzw. K, wenn alle Attribute (Bsp. 1) bzw. der gesamte Primärschlüssel (Bsp. 2) angesprochen sind.
Durch Weglassen qualifizierender Schlüssel kann auch der Zugriff zu Mengen von Attributwerten sehr knapp ausgedrückt werden (Bsp. 3). Ebenso läßt sich durch Weglassen von Attributen der Zugriff zu (Teil-)schlüsseln ausdrücken (Bsp. 4). Logische Zeiger werden explizit ausgewiesen (Bsp. 5).

B E I S P I E L E:


```
(1)  <K>
       Auftrag              Alle Datenelemente eines Auftrages


(2)  <K>
       Auftrag              Das Auftragsdatum eines bestimmten Auftrages
        (Auftragsdatum)


(3)   Auftrag              Das Auftragsdatum aller Aufträge
        (Auftragsdatum)


(4)  <Auftragsnr>          Zugriff auf eine bestimmte Auftragesnummer
       Auftrag
         (    )


(5)  <K>
       Auftrag              Die Vertreternummer des Auftrages und
        (Kundennr,          die Vertreternummer, die dem beauftragenden
        Vertreternr)        Kunden fest zugeordnet ist
       <Kundennr>
        Kunde
         (Vertreternr)
```


<u>Verarbeitung:</u>

Die Verarbeitungsbeschreibung sieht nur die Sequenz und die Alternative vor.
Schleifen sind dem Entwurf vorbehalten und gehören nicht in die Spezifikation. Das Zulassen von freiem Text soll Oberspezifikationen vermeiden helfen, ermöglicht allerdings auch deren Gegenteil. Der verwendete Pseudocode ist syntaktisch und semantisch an COBOL bzw. ALGOL angelehnt.
Ein faksimiliertes Beispiel aus der Entwicklung ist in (GAS/SPI 8o) wiedergegeben und sei der Kürze halber hier nicht wiederholt. Die hier gegebene syntaktische Beschreibung enthält lediglich einige pragmatische Korrekturen (:= statt UEBERTRAGE).

3.2.2 Die Verwendung der Einzelverarbeitungen

Die mit RELSPEZ spezifizierten Einzelverarbeitungen sind ein - wenn auch wesentlicher - Bestandteil einer Problemspezifikation, die insgesamt aus folgenden Kapiteln besteht:

- Übersicht   (verbal oder grafisch)
- Leistung   (verbal)
- Handhabung   (Interaktionsdiagramme, logische Masken und Listen)
- Datenbasis   (verwendete Relationen)
- Einzelfunktionen   (RELSPEZ)
- Grobablauf   (Struktogramm als Übergang zum Entwurf).

Anhand der E - V - A -Tabellen kann maschinell das Kapitel Datenbasis erstellt oder - bei manueller Erstellung - überprüft werden. In Form einer Einzelfunktions-Relationen-Matrix enthält es erste wichtige Hinweise für den Entwurf bezüglich
- Datenschnittstellen
- Zugriffen
- Schleifenkonstruktionen.

Weiterhin ergeben sich Hinweise, welche Einzelverarbeitungen - und damit Leistungen für den Benutzer - nicht realisierbar sind, wenn die Zugriffsmethode des realen Zielsystems nicht die Leistungsfähigkeit aufweist, die in der Spezifikation unterstellt war; z. B. wenn Zugriffe über Teilschlüssel nicht effizient zu verwirklichen sind.

Der Entwurf greift die Einzelverarbeitungen auf, ohne Details zu wiederholen. Die E - V - A -Tabellen stellen somit eine problemspezifische Vorgabe für die Codierung dar.
Eine separate Zusammenstellung der abgeleiteten Relationen, um die das Datenmodell zu ergänzen ist, ermöglicht eine sorgfältige Prüfung, welche abgeleiteten Daten unabweisbar gespeichert werden müssen und welche nur bei Bedarf durch Verarbeitungsprogramme erzeugt werden sollen. Dies mildert die problematische Speicherung abgeleiteter Daten.

3.2.3 Operationen auf den Einzelverarbeitungen

Sowohl Datenmodell als auch Problemspezifikationen - und hier besonders die Einzelverarbeitungen - werden maschinell unterstützt und gepflegt.
Folgende Operationen auf einer Problemspezifikation sind im Rahmen der MIREKON-Projektbibliothek definiert:

EVAE   : Erfassung

EVAI   : Initialisierung
EVAP   : Formalprüfung
RELE/A : Erstellung Eingabe-/Ausgabeschnittstellen
RELPF   : Prüfung Einzelfunktions-Relationen-Matrix
RELPM   : Prüfung Input-Output-Matrizen
RELAB   : Erstellung abgeleitete Relationen
RELDM   : Vollständigkeitsprüfung Datenmodell.

Die Operationen sind wie die gesamte Projektbiliothek auf einem PET/X 116o-System implementiert. Grundlagen für Datenmodell und die Methode RELSPEZ wurden von SOFTLAB im Auftrage der MIREKON entwickelt. Datenmodell, RELSPEZ und deren maschinelle Handhabung wurden darauf aufbauend von MIREKON weiterentwickelt und dokumentiert.

4. ERFAHRUNGEN

4.1 VOLLSTÄNDIGE ANWENDUNG VON RELSPEZ

Die Methode RELSPEZ wurde zum ersten Mal in einem größeren Teilprojekt bei der Spezifikation der MIREKON-Stückliste mit zugehöriger Produktionsdatenverwaltung eingesetzt. In diesem Teilprojekt hat MIREKON ein auf die Bedürfnisse der Bekleidungsindustrie zugeschnittenes modulares Stücklistenkonzept entwickelt. Es wird gegenwärtig mittels des Datenbanksystems UDS und des Transaktionsmonitors UTM implementiert.

Erstellt wurden über 6oo E - V - A -Tabellen und über 6o Interaktionsdiagramme in einer sehr umfangreichen Problemspezifikation. Nach der Modularisierung der nachgelagerten Entwicklungsphase Entwurf wies das System ca. 6o Softwaremodule auf. Die Problemspezifikation wurde mehreren Abstimmungen mit Fachvertretern kleiner, mittlerer und großer Konfektionsbetriebe unterzogen, wurde auf Verwendbarkeit für zweistufige Betriebe (eigene Stoffherstellung vor der Konfektion) geprüft, wurde auf die Belange verschiedener Sparten (Damen- und Herrenbekleidung) untersucht.

Die Entwickler arbeiteten nach einer umfangreichen Ausfüllanleitung, die im Rahmen der Entwicklung erstellt wurde; die Anwender waren von der MIREKON-Zentrale in Workshops geschult worden, die Spezifikationen zu lesen.

Nach diesen Vorarbeiten bereitete die Verständigung mit den Anwendern über die z. T. sehr formalen Dokumente geringe Probleme. Für den Entwurf des Datenbankschemas ließ sich eine schematische Umsetzung von Relationen in 'owner' und 'member sets' angeben.

Der Entwicklungsaufwand für diese mit Abstand umfangreichste Problemspezifikation
im Projekt betrug mit zur Hälfte neuen Mitarbeitern lo MM. Dies erscheint ange-
messen und vertretbar. Davor war in einer Pilotinstallation in wesentlich kleine-
rem Umfang ein Anwendungsmodul 'Bruttobedarfsermittlung' mit einem Aufwand von
3 MM spezifiziert und dann mit simulierter Stücklisten-Schnittstelle implementiert
worden.
Die Methode hatte so gesehen die in sie gestellten Erwartungen im praktischen Einsatz erfüllt.

4.2 BEWERTUNG UND ZUKÜNFTIGE EINSCHÄTZUNG

Trotz der positiven Ergebnisse wurde die Anwendung von RELSPEZ aus pragmatischen
Gründen modifiziert, die nicht gegen die entwickelte Methode sprechen, wohl aber
gegen die durchgängige Verwendung halbformaler (wie RELSPEZ) und formaler (wie al-
gebraischer) Spezifikationen in der heutigen industriellen Umgebung, ganz besonders
in mittelständischen Betrieben.

Die Gründe liegen in

(1) den Basissystemen (insbes. Datenverwaltungssysteme)

(2) dem Entwicklungs- und Wartungsaufwand

(3) den Entwicklungsressourcen.

Zu (1):
Eine relationale Problemspezifikation läßt sich nach UDS als sehr leistungsfähigem
Basissystem noch durchaus umsetzen. Für weniger leistungsfähige Systeme oder gar
reine Dateiverwaltungssysteme können spezifizierte Leistungen nicht physisch realisiert werden. Eine Reihe von Einzelverarbeitungen finden sich nicht im Programm
wieder, das Programm wiederum enthält problemfremde Datenverwaltungs-Algorithmen.
Spezifikation und Programm entsprechen sich in diesem Fall nicht.

Zu (2):
Nun kann man die Entwicklung von Problemspezifikationen als Zukunftsinvestition
bezogen auf leistungsfähigere Basissysteme betrachten. Dies wird jedoch in mittelständischen Betrieben nicht so gesehen, da die Betriebe mit sehr geringen Ressour-
cen im EDV-Bereich arbeiten müssen, die vom Tagesgeschehen in Anspruch genommen
sind.

Praktisch wesentlich ist weiterhin, daß unter heutigen industriellen Bedingungen
auf längere Sicht die Problemspezifikation nicht gepflegt wird, d. h. im Zuge der
Wartung der Programme veraltet. Dies auszuschließen erscheint nur mit Programm-
bibliotheken möglich, die Quellcodeänderungen ohne entsprechende Änderung in der
Spezifikation unmöglich machen. Diese sind in mittelständischen Betrieben nicht
verfügbar.

Das am schwersten wiegende Problem ergibt sich aus dem Vollständigkeitsanspruch,
der allein die Verbindung zwischen Datenmodell/-basis und Spezifikation sicher-
stellen kann. Er zwingt zur Spezifikation trivialer Details wie etwa Datenübertra-
gungen von der Benutzerschnittstelle in interne Relationen oder das Setzen von Zu-
standsvariablen, um Einzelverarbeitungen voneinander unabhängig zu machen.
Hier entsteht echter Doppelaufwand zum Entwurf bzw. Quellprogrammen, der kaum zu
rechtfertigen ist. Dieser Doppelaufwand tritt u. U. auch bei anderen Spezifikationsmethoden mit Vollständigkeitsanspruch auf. Er wird u. E. erst dann verschwinden,

wenn es automatische Umsetzungen von der Spezifikation in Programme gibt.

Zu (3):
Auf die Notwendigkeit eines leistungsfähigen Entwicklungssystems wurde bereits eingangs hingewiesen. MIREKON verfügt mit PET/X 116o über ein solches System. Trotz der recht beachtlichen Leistungsfähigkeit ergaben sich im praktischen Einsatz Grenzen der Hardware, insbesondere in der maschinellen Integration vom Datenmodell und Spezifikationen. Diese abzubauen erscheint nur mit einem Datenbanksystem für die Entwicklung möglich.
Dann kommt man jedoch auch heute kostenmäßig in Bereiche, in denen das Entwicklungssystem den finanziell gesteckten Rahmen überschreitet.

4.3 Gezielte Anwendungen von RELSPEZ

Aufgrund der beim Methodenreview zu Tage getretenen Kritikpunkte
- Spezifikation über das Zielsystem hinaus
- Wartbarkeit schwierig
- Überspezifikation
- Entwicklungswerkzeug nicht leistungsfähig genug

wurden pragmatische Kurskorrekturen in der Verwendung, nicht jedoch in der Methode selbst angebracht.

Da es sich nicht als sinnvoll erwiesen hatte, weiterhin völlig abstrakt bezüglich des Basissystems zu spezifizieren, wurden die in Frage kommenden Basissyteme benannt und Systemvergleiche bezüglich
- Dateiverwaltungen/Datenbanksystemen
- Dialogsteuersystemen
- Bildschirmen

durchgeführt. Der Entwickler kann sich entweder auf diese Vergleiche stützen, wenn das Zielsystem bekannt ist, oder er kann Schnittmengen im Leistungsspektrum berücksichtigen.

Das relationale Datenmodell bleibt erhalten und ist weiterhin Grundlage für Problemspezifikationen, da sich der Zwang zur völligen gedanklichen Durchdringung einer Datenbasis für Schema- oder Dateientwürfe als sehr nützlich erwiesen hat.

Die einschneidenste Korrektur in der Verwendung von RELSPEZ beruht auf dem <u>Verzicht auf Vollständigkeit</u> der Spezifikationen unter Beibehaltung der Methode. Die anwendungsseitig wichtigen Einzelverarbeitungen werden weiterhin mit RELSPEZ spezifiziert und bleiben überprüfbar. Jedoch ist eine Prüfung auf Vollständigkeit und Widerspruchsfreiheit nicht mehr möglich. Die Methode ist aber praktisch handhabbar geworden. Sicher nicht zufällig ist es an anderer Stelle zu gleichlautenden Empfehlungen gekommen (BALZ/GOLD 78, JONES 79).

Entsprechend dem in 1. erhobenen Anspruch an die Überprüfbarkeit einer Problemspezifikation durch den Anwender werden weiterhin diejenigen Einzelverarbeitungen mit RELSPEZ als E - V - A's spezifiziert, die nur der Anwender auf Richtigkeit überprüfen kann. Alle anderen Einzelverarbeitungen werden nicht weiter aufgelöst. Dies sind insbesondere reine Wertzuweisungen, die bei kommerziellen Anwendungen volumenmäßig einen großen Raum einnehmen, Formalprüfungen, die meist nicht mehr prozedural programmiert, sondern bei der Maskendefinition festgelegt werden, und triviale Verbindungen zwischen E - V - A's, bei denen lediglich Zustandsvariable gesetzt werden.

Nach diesem Verfahren wurde und wird bei einer Reihe von Anwendungsgebieten gearbeitet (z. B. Produktionsplanung, Materialwirtschaft, Auftragsbearbeitung).

BEMERKUNG

Die Entwicklung und Anwendung von RELSPEZ wurde teilweise aus Mitteln des Bundesministeriums für Forschung und Technologie (Förder-KZ: o815o1B) gefördert, zum anderen Teil von den Gesellschaftern der MIREKON GmbH finanziert, d. s. 23 mittelständische Betriebe der Bekleidungsindustrie.

An der Entwicklung von RELSPEZ haben mitgearbeitet:

B. Hirschfeld, O. Bernhard, SOFTLAB GmbH, M. Reisin, D. Moritz, Wilhelm BLEYLE KG, B. Gasch, TU Berlin.

Ihnen allen sind die Autoren für viele Anregungen und Diskussionen zu Dank verpflichtet.

LITERATUR

BALZER, R. GOLDMAN, N., WHILE, D.
Informality in Program Specifications, in:
IEEE Trans. on Software Engineering, SE-4 (1978) H. 3 p. 94

DATE, C. J.
An Introduction to Database Systems,
Reading/Mass. et.al. 1975

GASCH, B., SPITTA, Th.
Zur Organisationsportabilität von Anwendungssoftware, in:
Tagungsband 2. Fachtagung ÖGI/GI
Linz 198o, S. 4o3-422

HELDMANN, G.
Methoden und Verfahren der Software-Technologie für die 8oer Jahre, in:
Tagungsband 2. Fachtagung ÖGI/GI
Linz 198o, S. 514-532

HESSE, W.
Das Projektmodell - eine Grundlage für die ingenieurmäßige Software-Entwicklung,
in:
1o. GI-Jahrestagung Saarbrücken 198o, Tagungsband

KIESER, A., KUBICEK, H.
Organisation
Berlin, New York 1977

JONES, G.
A Survey of Programming Design and Specification Techniques,
in:
Proceedings IEEE Conference on Specification of Reliable Software,
Cambridge/Mass. p. 91

ROSS, D. T., SCHOMANN, K. E. J.
Structured Analysis for Requirement Definition, IEEE Trans. on Software
Engineering, SE-3 (1977) H. 1, pp. 6-15

SCHNUPP, P., FLOYD, Chr.
Software
Berlin,.New York 1976

STRUNZ, H.
Entscheidungstabellentechnik
München, Wien 1977

TEICHROEW, D.
PSL/PSA - A Computer-Aided Technique for Structured Documentation and
Analysis of Information Processing Systems, in:
Proceedings of Second International Conference on Software Engineering, 1976

WEDEKIND, H.
Erweiterung einer Entwicklungsmethodologie für Datenbanksysteme um eine
Komponente zum Schutze vor Mißbrauch von personenbezogenen Daten / Zu einer
Methodologie und Teleologie einer angewandten Informatik, in:
Tagungsband 2. Fachtagung ÖGI/GI Linz 1980, S. 533-560

Die separate Compilation in CHILL

Alois Büchler
SIEMENS AG
Forschungslaboratorien.

Zusammenfassung:

Die höhere Programmiersprache CHILL bietet Sprachkonstrukte zur Unterteilung von Programmsystemen in Moduln und zur Definition der Mo-
dulschnittstellen an. Diese Modularisierung ist Grundlage der separaten Compilation und der Versionskontrolle des in den Forschungslaboratorien von Siemens entwickelten CHILL-Compilers. Im vorliegenden Papier wird das Konzept und die Implementierung der separaten
Compilation vorgestellt und die daraus resultierende Unterstützung
für die Enwicklung und Zuverlässigkeit von Programmen erläutert.

1. Einleitung

Große Programmsysteme werden nicht von einem Programmierer allein erstellt. Unter Umständen arbeiten hundert und mehr Leute an einem System. Mit der Zahl der Leute und dem Umfang des Systems wachsen die
Probleme der Koordination und der Kommunikation sowohl zwischen den
Systemkomponenten als auch den dafür Verantwortlichen.

Um diese Schwierigkeiten in den Griff zu bekommen, sind Sprachmittel
zur Modularisierung von Programmsystemen entwickelt worden (SIMULA
/Dah 66/, MODULA /Wir 77/). Die modularen Programmeinheiten solcher
Systeme haben explizit definierte Schnittstellen, die vom Compiler
geprüft werden können (vor allem durch Modechecking). Interne Details
einer Einheit sind außen aber nicht sichtbar. Bei herkömmlichen Compilern wird dies jedoch dadurch erkauft, daß stets das gesamte System
übersetzt werden muß, um die Zugriffsrechte und Schnittstellen kontrollieren zu können.

Bei großen und sehr großen Systemen führt dies aber zu einem unver-
tretbaren Übersetzungsaufwand. Für solche Systeme ist deshalb eine
getrennte Übersetzbarkeit von einzelenen Systemteilen unabdingbar.
Diese Möglichkeit ist zwar bei den in der Industrie üblichen Imple-
mentierungssprachen für Großsysteme (ASSEMBLER, COBOL, FORTRAN, PL/I)
ebenfalls gegeben, jedoch bieten sie keine Unterstützung der Schnittstellenprüfung und der Zugriffskontrolle an.

Eine Verbindung der beiden Gesichtspunkte der getrennten Übersetzbarkeit von Programmteilen und der Schnittstellenkontrollen zwischen diesen Teilen, die wir separate Compilation nennen wollen, bedeutet einen
wesentlichen Fortschritt im Hinblick sowohl auf Wartung und Entwicklung, als auch auf Zuverlässigkeit komplexer Programmsysteme. Sie ist
deshalb bei neueren Sprachentwicklungen, z.B. LIS /Ich 74, Ich 77/,
ALPHARD /Wul 74/, CLU /Lis 77/, MESA /Lau 79/, ADA /DoD 80/ ein we-
sentliches Merkmal. Auch existierende Sprachen, vor allem PASCAL /LeB
79/, /Cel 80/, wurden in dieser Richtung erweitert.

In diesem Papier wird das Konzept der separaten Compilation des im
Hause Siemens entwickelten CHILL-Compilers vorgestellt. Besondere Betonung haben wir auf leichte Verständlichkeit des Sprachkonzepts und
einfache Handhabung der Implementierung für den Anwender gelegt.

2. Das Modulkonzept von CHILL

Die höhere Programmiersprache CHILL (C.C.I.T.T. High Level Language
/CCI 80/ wurde vom C.C.I.T.T. (Comité Consultatif International Télé-
graphique et Téléphonique) in den Jahren 1975-1977 für die Implementierung von Vermittlungssystemen entwickelt. Im Laufe dieser Entwicklung setzte sich die Erkenntnis durch, daß dazu keine spezielle Ver-
mittlungssprache nötig ist, sondern daß auch eine Sprache mit dem Charakter einer allgemeinen höheren Programmiersprache den geforderten
Zweck erfüllt. Dies hat den Vorteil, daß die Programmierung der gesamten Software der Vermittlungsrechner, vom Betriebssystem, der Support-
Software, bis zu den eigentlichen Vermittlungsprogrammen in einer einzigen Sprache erfolgen kann.

Als Ergebnis dieser Überlegungen ist CHILL deshalb eine blockstrukturierte Sprache mit einem Modekonzept, das auf dem Typekonzept von PAS-

CAL aufbaut. Wesentliche Elemente von CHILL, die über die Elemente
der PASCAL-Sprachfamilie hinausgehen, sind Prozeßkonzept, statische
Initialisierung und Modulkonzept mit seperater Compilation.

2.1 Die Modulstruktur von CHILL-Programmen

Ein CHILL-Programmm besteht aus einer Sequenz von Moduln.
Jeder Modul wird durch

        modulname   :   MODULE

eingeleitet und durch

        END   modulname   ;

abgeschlossen.

Ein Modul ist eine Zusammenfassung von Daten- und Prozedur- bzw. Pro-
zeßdefinitionen, gefolgt von einem (eventuell leeren) Anweisungsteil.
Ausgeführt wird nur der Anweisungsteil genau eines Moduls, der beim
Binden angegeben werden muß.

Das CHILL-Konstrukt REGION unterscheidet sich von Moduln syntaktisch
nur durch das Schlüsselwort REGION statt MODULE, semantisch durch seine Bedeutung für Prozeßkommunikation und -synchronisation. Im weiteren verwenden wir deshalb den Begriff "Modul" sowohl für Programmeinheiten, die als MODULE als auch für solche, die als REGION definiert
sind.

Die Moduln eines Programms werden als von einem imaginären Prozeß um-
geben betrachtet, der beim Ablauf des Programms durch einen Sprung
auf den Rumpf des ausgewählten Moduls gestartet wird.
Zu den vom Programmierer definierten Moduln ist stets ein PRELUDE-
Modul hinzugefügt zu denken, in dem die Standardobjekte (Standardmo-
des, Standardprozeduren, usw.) definiert sind.

Während Blöcke (Prozeduren, Prozesse) das geeignete Werkzeug des strukturierten Programmierens im Kleinen sind, ist das Modulkonzept das
geeignete Strukturierungswerkzeug des Programmierens im Großen /DeR 76/.

2.2 Lebensdauer, Sichtbarkeit

Die Lebensdauer von Objekten und die Sichtbarkeit von Objektnamen,
d.h. die Zugriffsmöglichkeit auf Objekte, werden durch die oben genannten Struktureinheiten bestimmt. (Ausnahmen sind dynamisch ange-
forderte Speicherplätze). Bei Blöcken geschieht dies in der Art klas-
sischer blockstrukturierter Sprachen.

Moduln begrenzen im Gegensatz zu Blöcken die Sichtbarkeit sowohl von
innen nach außen als auch von außen nach innen. Sie begrenzen nicht
die Lebensdauer. Da unser CHILL-Subset Moduln nur auf globaler Ebene
zuläßt, bedeutet dies, daß die Lebensdauer der auf Modulebene definierten Objekte durch den die Moduln umfassenden imaginären Prozeß begrenzt
ist. Diese Objekte leben also während der gesamten Laufzeit des Programmes, sind aber vor unerwünschten Zugriffen von anderen als dem definierenden Modul aus geschützt.

2.3 Erweiterung der Sichtbarkeit

Durch die Anweisung

        GRANT   objektname   ;

kann ein Modul die Sichtbarkeit eines Objektes auf den umfassenden
Block (das ist der imaginäre Prozeß) ausdehenen. Wir sagen dafür auch,
daß der Modul das Objekt exportiert.

Damit ist dieses Objekt in einem anderen Modul jedoch noch nicht verfügbar, da Modulgrenzen die Sichtbarkeit in beiden Richtungen begrenzen. Erst durch ein explizites Sichtbarmachen (Importieren) durch

        SEIZE   objektname   ;

im anderen Modul kann auf das Objekt dort zugegriffen werden.

Bemerkung:
Dies ist nicht so in ADA (DoD 80): Dort gibt es nur ein Exportieren
durch den Definitionsteil eines Package. Die Definitonen dieses Package sind dann überall dort zugreifbar, wo das Package gesehen werden

kann. (Die USE-Klausel bedeutet nur eine Abkürzung der Schreibweise.)

Durch die GRANT/SEIZE-Anweisungen und die Objektdefinitionen in den
exportierenden Moduln sind die Schnittstellen zwischen den Moduln explizit definiert und damit vom Übersetzer kontrollierbar.

2.4 Programmieren in Abstraktionen

Der Nutzen, der aus der Strukturierung durch Block- und Modulkonzep-
te für die Programme erwächst, ist vielschichtig. Zunächst wird die
Lesbarkeit und Übersichtlichkeit erhöht. Dies trägt wesentlich zum
Verstehen der Programme bei.

Weiter wird durch die Strukturierungsmittel das Verbergen von Namen
(information hiding) und damit die Kontrolle über Zugriffsberechti-
gungen auf Objekte unterstützt. Dies wird durch die Sichtbarkeitsre-
geln der Struktureinheiten erreicht. Werden Objekte möglichst lokal
definiert, so sind sie da und nur da verwendbar, wo dies erforderlich
ist. Dadruch werden unerwünschte Nebeneffekte verhindert, also Sicherheit und Zuverlässigkeit erhöht.

Während die beiden genannten Punkte allgemein für blockstrukturierte
Sprachen gelten, bieten Sprachen wie CHILL durch ihr Modulkonzept ein
Hilfsmittel zur Unterstützung des Prinzips der Datenabstraktionen:
Ein Datum wird zusammen mit den darauf zugelassenen Operationen in
einem Modul definiert, der nur die für den Benutzer relevanten Operationen exportiert. Ein Benutzermodul kann dann dieses Datum nur über
die wohldefinierten Zugriffsoperationen manipulieren.

Für ihn sind sowohl die innere Struktur des Datums als auch die spezielle Implementierung der Zugriffsfunktionen ohne Belang. Von Interesse sind lediglich Aufruf und Resultat der Operationen. Im Beispiel 1
soll dies erläutert werden (siehe auch /Lis 74/).

Beispiel 1:

```
tabellenverwaltung:   MODULE          benutzer: MODULE
   GRANT kreiere, trage_ein,             SEIZE kreiere, trage_ein,
         drucke, alpha;                        drucke,alpha;
   SYNMODE tabellenmode=                 DCL  name1, name2 alpha;
        STRUCT (name alpha,              ...
                  :                      kreiere ();
                  :
                  );                     trage_ein (name1);
   DCL tabelle tabellenmode;             trage_ein (name2);
   kreiere: PROC ();                     ...
         ...          ;                  drucke (name1);
   trage_ein: PROC (name alpha);      END benutzer;
         ...                    ;
   drucke: PROC (name alpha);
         ...                 ;
   END tabellenverwaltung;
```

Der Benutzermodul kennt die Struktur der Tabelle nicht, er kann auch
nicht direkt darauf zugreifen. Dadurch ist die Tabelle vor nicht erlaubten Manipulationen geschützt. Ein weiterer wesentlicher Gesichtspunkt ist, daß eine Änderung der Darstellung und Realisierung der Tabelle (z.B. Listen- oder Baumstruktur) den Benutzermodul nicht berührt.
Es ist nur eine Anpassung der Zugriffsoperationen nötig, die notwendigen Änderungen beschränken sich also auf die Tabellenverwaltung. Das
gleiche gilt für Änderungen (z.B. Verbesserungen) der Operationen.
Betreffen diese nur die interne Implementierung, berühren sie den Benutzer überhaupt nicht. Wird im angegebenen Beispiel die Tabelle, die
zunächst als Liste realisiert ist, später als Baum organisiert, um
schnellere Zugriffszeiten auf die Elemente zu erreichen, müssen die
Zugriffspoerationen kreiere, trage_ein, drucke entsprechend geändert
werden. Ihre Schnittstelle nach außen, d.h. ihr Aufruf, z.B.

```
                drucke (name);
```

ändert sich jedoch nicht. Der Benutzermodul wird von dieser Änderung
also nicht berührt.

3. Separate Compilation von Moduln

Separate Compilation bedeutet, wie einleitend bereits gesagt, getrennte Übersetzung von Programmeinheiten mit Überprüfung der Schnittstellen zwischen den Einheiten.

Grundlage der separaten Compilation in CHILL ist das Modulkonzept:

- Übersetzungseinheit ist der Modul
- die Schnittstellen sind durch die GRANT- und SEIZE-Anweisungen und die Objektdefinitionen in den exportierenden Moduln exakt definiert.

3.1 Schnittstellenprüfung

Schnittstellenobjekte sind Modes, Konstante, Variable, Prozeduren, Prozesse. Die Schnittstellenprüfung besteht darin, daß der Compiler bei der Übersetzung eines Moduls, der ein gegebenes Objekt importiert (SEIZE), prüft, ob dieses Objekt entsprechend seiner Definition verwendet wird. Diese Prüfung erfolgt mit genau denselben Kriterien (in erster Linie Modechecking) wie bei Objekten, die innerhalb des Moduls definiert sind. Dadurch wird die Sicherheit, die Sprache und Compiler innerhalb eines Moduls gewährleisten, auf die Schnittstellen zwishcen den Moduln und damit auf das Gesamtsystem erweitert.

Die wesentliche Information, die der Compiler für das Modechecking benötigt, ist in den Symboltabellen enthalten. Bei der Übersetzung eines Moduls ist jedoch nur die Symboltabelle dieses Moduls bekannt, d.h. die Tabelleneinträge für importierte Objekte sind nicht bekannt. Um vollständiges Modechecking bei der Übersetzung durchführen zu können, müssen deshalb die Tabelleneinträge für die importierten Objekte rekonstruiert werden.

Die dazu nötige Inforamtion wird bei der vorangegangenen Übersetzung des exportierenden Moduls in eine permanente Datei eingetragen, die wir Projektbibliothek nennen. Sie enthält auch die weitere, zur Verwaltung und Kontrolle der Schnittstellen nötige Information. Die Projektbibliothek und das Abspeichern und Wiedergewinnen der Tabelleninformation sind so implementiert, daß beim Übersetzen eines importie-

renden Moduls die und nur die Tabelleneinträge der tatsächlich importierten Objekte aufgebaut werden. Dadurch werden die Tabellen bei den
einzelnen Übersetzungen möglichst klein gehalten.

3.2 Erzeugung des Objektprogramms

Aus jedem getrennt übersetzten Modul wird ein Objektmodul erzeugt.
Diese Moduln werden vom Binder zu einem ladbaren Objektprogramm gebunden. Die Externbezüge der Moduln auf Objektcodeebene werden dabei
über Entry- und Extern-Namen realisiert.

3.3 Recompilation, Versionenkontrolle

Eine Recompilation eines Moduls kann aus mehreren Gründen notwendig
sein, z.B. wenn

- die frühere Version des Moduls zu exportiernde Prozeduren enthält,
  deren Rumpf leer ist (Dummy-Prozeduren) und nun die Implementierung
  nachgeholt wird;

- die Implementierung geändert wird (wegen Fehlerkorrektur, Verbesserung des Algorithmus);

- die Objekte, die der Modul exportiert, sich ändern.

Während die ersten zwei Punkte unkritisch sind, berührt der dritte
Punkt auch andere Moduln. Bei einer Recompilation des Moduls muß deshalb neben der Prüfung der Schnittstelle von außen (d.h. der korrekten Verwendung der SEIZE-Objekte) auch geprüft werden, ob die Schnittstelle nach außen, die durch eine frühere Übersetzung festgelegt ist,
eingehalten wird. Ist dies nicht der Fall, muß gewährleistet werden,
daß die Moduln, die Objekte mit geänderten Attributen verwenden, angepaßt werden. Dies wird durch eine Versionenkontrolle erreicht: Die
aktuelle Version eines Objektes wird durch eine Versionsnummer bestimmt. Beim Übergang zu einer neuen Version wird diese Versionsnummer erhöht. Dazu vergleicht der Übersetzer die Definition jedes Objekts mit der in der Projektbibliothek gespeicherten Definition. Wird
bei einem Objekt eine Änderung der Definition festgestellt, bedeutet

dies den Übergang zu einer neuen Version dieses Objekts. In diesem
Fall wird, neben der Erhöhung der Versionsnummer, auch die alte Definition des Objekts in der Projektbibliothek durch die neue ersetzt.

Dem Binder wird die Versionsnummer als Bestandteil der Entry- bzw.
Extern-Namen des Maschinencodes übergeben. Er findet deshalb zu einem
Extern-Namen nur dann den zugehörigen Entry-Namen, wenn sie überein-
stimmende Versionsnummern enthalten. Wird versucht, einen Modul anzu-
binden, der auf ein geändertes Objekt zugreift ohne daß sein Quellcode angepaßt und neu übersetzt ist, wird ein Bindefehler gemeldet.
Dadurch wird eine Neuübersetzung des zugreifenden Moduls mit angepaß-
ter Verwendung des geänderten SEIZE-Objekts erzwungen. Die korrekte
Anpassung wird vom Übersetzer wie unter 3.1 beschrieben kontrolliert.

Dem Programmierer wird die Erhöhung einer Versionsnummer und damit der
Übergang zu einer neuen Version eines Objekts auf dem Übersetzungs-
protokoll mitgeteilt. Daraus kann er ersehen, welche Moduln von einer
Änderung betroffen sind und deshalb neu übersetzt werden müssen. Die
Vergleichskontrolle zwischen Entry- und Extern-Name durch den Binder
zwingt den Programmierer, diese Neuübersetzungen tatsächlich durchzuführen.

Die Versionenkontrolle gewährleistet also einerseits, daß die Sicherheit in einem Programmsystem auch bei Recompilationen einzelner Moduln gegenüber einer monolithischen Übersetzung des Systems nicht ab-
geschwächt wird. Andererseits wird der durch eine Änderung bedingte
Übersetzungsaufwand minimiert: Die objektbezogene Versionskontrolle
bedingt, daß die und nur die Moduln neu übersetzt werden müssen, die
von einer Änderung betroffen sind.

3.4 Übersetzungsreihenfolge, zyklisches Exportieren und Importieren

Im allgemeinen müssen in unserem CHILL-Subset (von wohldefinierten
Ausnahmen abgesehen) Namen vor ihrer Verwendung definiert sein.

Innerhalb eines Moduls ist die Einhaltung dieser Namensregel eindeutig aus dem Programmtext entscheidbar.

Bei separater Compilation mehrerer Moduln ist dies in Bezug auf GRANT-
und SEIZE-Objekte nicht mehr gegeben: Exportiert ein Modul m1 ein Objekt v und ein Modul m2 importiert v, so ist die Regel erfüllt, falls
zuerst m1 und dann m2 überstzt wird. Wird aber zuerst m2 und dann m1
übersetzt, ist die Regel nicht erfüllt. Das bedeutet, daß die Entscheidung nicht nur vom Programmtext, sondern auch von der Übersetzungsreihenfolge abhängt. Eine formale Ausdehnung der Namensregel auf
GRANT/SEIZE-Objektnamen hätte aber zwei Nachteile:

- die Verwendung von GRANT-Objekten wird eingeschränkt:
  das Beispiel 2 wäre nicht möglich;

- Der Anwender müßte die übersetzungsreihenfolge genau spezifizieren. Dies bedeutet sowohl zusätzlichen Ballast für den Anwender,
  als auch erhöhten Übersetzungsaufwand:
  Bei einer Recompilation eines Moduls müßten alle in der Übersetzungsreihenfolge später aufgeführten Moduln ebenfalls recompiliert
  werden.

Wir lassen deshalb für exportierte Objekte zu, daß sie in jedem Modul des Programmsystems, unabhängig von der Übersetzungsreihenfolge,
importiert werden dürfen.

Dies entspricht auch der CHILL-Philosophie von einem Gesamtprogramm:
Ein von einem Modul exportiertes Objekt wird von den anderen Moduln
betrachtet als ein Objekt, das in dem alle Moduln umfassenden imaginären Prozeß definiert ist. Es kann also von jedem Modul gleichermas-
sen importiert werden.

Deshalb ist die für GRANT-/SEIZE-Objekte eingeführte Regelung über
Definition und Verwendung von Objektnamen kein Bruch der ursprüngli-
chen Regel, sondern eine logische Ausdehnung auf das Gesamtprogramm.

Für die Schnittstellenprüfung ergeben sich dadurch allerdings Probleme: Wird ein Objekt importiert, das erst von einem später zu überset-
zenden Modul exportiert wird, kann die korrekte Verwendung dieses Objekts im importierenden Modul nicht geprüft werden (der Compoler weiß
zu diesem Zeitpunkt noch nicht einmal, ob das Objekt später tatsächlich exportiert wird). Deshalb wird in diesem Fall zunächst eine Mel-
dung erzeugt, die dem Anwender mitteilt, daß das betreffende Objekt

noch nicht definiert ist. Außerdem wird für den importierenden Modul
kein Maschinencode erzeugt. Dadurch wird der Programmierer gezwungen,
den importierenden Modul nach der Übersetzung des exportierenden Moduls nochmals zu übersetzen. Dabei kann dann eine komplette Schnittstellenprüfung durchgeführt werden.

Als Folge dieser Regelung für exportierte Objekte können die durch
die GRANT- und SEIZE-Anweisungen definierten Beziehungen zwischen den
Moduln Zykel enthalten. Diese können direkt sein, wie im Beispiel 2,
aber auch indirekt über mehr als zwei Moduln laufen.

Beispiel 2:

```
m1  :  MODULE                        m2  :  MODULE
        GRANT a;                             GRANT b;
        SEIZE b;                             SEIZE a;
           .        /* def a */                 .        /* def b */
           .        /* use b */                 .        /* use a */

           .                                    .
END m1;                              END m2;
```

Übersetzungsstrategie für Beispiel 2:

1. Modul m1 wird übersetzt, dabei wird das Objekt a exportiert, b ist
   jedoch noch nicht definiert, deshalb wird kein Maschinencode erzeugt.

2. Modul m2 wird übersetzt, dabei wird a importiert, b exportiert.
   Es kann sofort Maschinencode erzeugt werden.

3. Modul m1 wird nochmals übersetzt. Jetzt ist die Definition von b
   bekannt. Wird b entsprechend seiner Definition verwendet, wird auch
   für m1 Maschinencode erzeugt.

Wie aus Beispiel 2 zu ersehen ist, bedingen Zykel in den GRANT/SEIZE-
Beziehungen, daß Moduln mehrfach übersetzt werden müssen. Die Wahl
einer optimalen Übersetzungsreihenfolge, d.h. einer Reihenfolge mit
minmalem Übersetzungsaufwand, ist von den im einzelnen gegebenen
GRANT/SEIZE-Beziehungen abhängig. Bei erhöhtem Aufwand führt aber auch
eine beliebige Reihenfolge zum Ziel.

Ein Problem bei zyklischem GRANT/SEIZE sind allgemeine rekursive Definitionen:

```
SYNMODE                         SYNMODE
a = ARRAY (1:10) b;             b = ARRAY (1:10) a;
```

Innerhalb eines Moduls werden solche Definitionen durch die Regel,
daß Namen vor ihrer Verwendung definiert sein müssen, verhindert.
Um dies auch dann sicherzustellen, wenn die beiden Definitionen in
getrennten Moduln liegen, werden Objekte nur dann exportiert, wenn
sie vollständig und korrekt definiert sind. Dadurch wird erreicht,
daß modulübergreifende rekursive Definitionen ausgeschlossen werden,
ohne daß für korrekte Definitionen Einschränkungen gemacht werden
müssen.

3.5 Auswirkung der separaten Compilation auf die Programmentwicklung

Die separate Compilation von CHILL hat den Vorteil, daß der Programmierer einerseits nur mit dem einfachen und deshalb leicht verständlichen und handhabbaren Modulkonzept konfrontiert wird. Andererseits
ist sie dennoch mächtig in ihren Möglichkeiten:

Sie erlaubt bei maximaler Sicherheit des Gesamtprogramms (gemessen
an der Sicherheit durch eine monolithische Übersetzung):

- Das Top-down-Prinzip der Programmentwicklung:

  Programmteile, die zu einem aktuellen Zeitpunkt noch nicht ausprogrammiert sind, können in separate Moduln ausgelagert werden, wo
  ihre Schnittstellen definiert werden, aber die Implementierung of-
  fen bleibt. Wird zu einem späteren Zeitpunkt die Implementierung
  nachgeholt, muß nur der entsprechende Modul neu übersetzt werden.
  Der Compiler prüft dabei, ob die bei der ersten Übersetzung definierte Schnittstelle eingehalten ist.
  Jedoch wird kein strenges Top-Down gefordert, sondern es wird dem
  Programmierer ein gewisses Maß an Verantwortung dafür übertragen,
  mit welcher Konsequenz er Top-Down-Programmentwicklung realisiert.

- Das Bottom-up-Prinzip der Programmentwicklung:

  Eine Hilfsfunktion wird implementiert und zur Verfügung gestellt.
  Sie kann dann an den verschiedensten Stellen eines oder mehrerer
  Programmsysteme benutzt werden.

4. Diskussion

Das Kernstück der Implementierung der separaten Compilation ist das
Abspeichern der Tabelleninformation der exportierten Objekte und die
Rekonstruktion der Tabellen in den importierenden Moduln. In unserem
System werden dafür die Tabelleneinträge der GRANT-Objekte schrittweise durchlaufen und ihre Information in die Projektbibliothek eingetragen. Dieser Aufwand hätte dadurch verringert werden können, daß
der Speicherbereich der Tabellen als ganzer Block abgespeichert wird.
Das hätte jedoch große Schwierigkeiten mitsichgebracht, da sich bei
den importierenden Moduln die Tabellen stark vergrößert hätten, und
die durch Pointer realisierten Verweise in den Tabellen hätten rela-
tiviert werden müssen.

Die wesentlichen Gesichtspunkte unseres Systems der separaten Compilation sind:

- Optimale Sicherheit, gemessen an einer monolithischen Übersetzung.

- Einfachheit der sprachlichen Mittel und geringer Aufwand für den
  Programmierer.

- Flexibilität bei der Programmentwicklung.
  Die Möglichkeiten sowohl des Top-down- als auch des Bottom-up-Pro-
  grammentwurfs, sowie des Programmierens in Abstraktionsebenen wurden bereits erläutert.

- Schnittstellenkontrolle zur Übersetzungszeit.
  Die Funktion des Binders wird lediglich benutzt, um eine Umgehung
  der Schnittstellenkontrollen nach Änderungen zu verhindern. Dazu
  war keine Erweiterung des Systembinders nötig.

- Objektbezogene Versionskontrolle. Sie ermöglicht, daß bei Schnitt-
  stellenänderungen nur die tatsächlich betroffenen Moduln neu übersetzt werden müssen.

Nicht vorgesehen im CHILL-Sprachkonzept ist eine textuelle Abhebung
der Schnittstellenspezifikationen vom restlichen Programmtext. Weitere Ansatzpunkte zu kritischen Betrachtungen sind die Zulassung beliebiger durch die GRANT-/SEIZE-Beziehungen erzeugter Modulstruktu-
ren, d.h. die Möglichkeit exportierte Objekte in jedem anderen Modul
importieren zu können, und die Zulassung von Variablen als Schnittstellenobjekte, wodurch Datenmanipulationen über Modulgrenzen hinweg
möglich sind. Diese Punkte bergen die Gefahr von Verletzungen des Prinzips der Programmierung in Abstraktionen und des strengen Top-Down-
Prinzips in sich. Auf unterster Programmentwicklungsebene wollen wir
dies aber bewußt zulassen, da hier pragmatische Kriterien in Betracht
gezogen werden müssen:

- Problemlösungen können so gelagert sein, daß sie durch eine Modul-
  struktur, die nicht durch strenge Ordnungsregeln festgelegt ist,
  einfacher zu realisieren sind.

- Läßt man keine Variablen als Schnittstellenobjekte zu, müssen alle
  Daten über Parameter von Prozeduren transferiert werden. Das bedeutet aber eine Erhöhung des Programmieraufwandes durch zusätzliche
  Prozedurdefinitionen und eine Erhöhung der Laufzeit durch vermehr-
  te Prozeduraufrufe.

Auf einer höheren Ebene der Programmentwicklung, auf der zur Realisierung der zu lösenden Probleme komplexe Untersysteme eingesetzt werden, sollte jedoch ein Zwang zur Programmierung in Abstraktionen und
zu einer klaren Systemstruktur ausgeübt werden. Ein Weg dazu kann eine
Konfigurationensprache sein, wie sie für MESA /Lau 79/ vorgeschlagen
wird. Ein Schritt zu weitergreifenden Lösungen sind Spezifikationssprachen wie PLASMA/D /Bal 80/ oder INTERCOL /Tic 80/.

5. Schlußbemerkung

Die vorgestellte separate Compilation wurde nach ihrer Implementierung beim Compiler selbst eingesetzt. Dies war nicht nur eine wesentliche Hilfe für das Austesten der Strategien, sondern wirkte sich
auch positiv auf die Wartung und Weiterentwicklung des Compilers aus.

Das Haupteinsatzgebiet unseres CHILL-Compilers ist ein im Hause Siemens entwickeltes Vermittlungssystem, das eine Größenordnung von einer Million Zeilen CHILL-Quellcode hat. Die im Laufe der Entwicklung dieses Systems gewonnenen Erfahrungen mit der separaten Compilation haben die in diesem Papier angesprochenen Verbesserungen bei der Realisierung großer Programme bestätigt. Dies hat bei den Anwendern nicht unwesentlich zur Akzeptanz der höheren Programmiersprache CHILL als Implementierungssprache beigetragen.

Literatur

/Bal 80/   Balzert, H., Weber, D.:
           PLASMA/D - Eine Sprache für den Systementwurf,
           Tagung des German Chapter of the ACM, Berlin,
           Sept. 1980

/Cel 80/   Celentano, A., Della Vigna, P., Ghezzi, C.,
           Mandrioli, D.:
           Separate Compilation and Partial Specification in
           Pascal.
           IEEE Transactions on Software Engineering, Vol. SE-6,
           Nr. 4, S. 320-328, July 1980

/Dah 66/   Dahl, O.-J.:
           Simula, an Algol-Based Simulation Language
           CACM, Vol. 9, No. 9, 1966

/DeR 76/   DeRemer, Frank, Kron, Hans H.:
           Programming-in-the Large vs. Programming-in-the-Small.
           IEEE Transactions on Software Engineering SE-2(2)
           S. 80-86, June 1976

/DoD 80/   United States Department of Defense:
           Reference Manual für the ADA Programming Language
           U.S. Government, July 1980

/Ich 74/   Ichbiah, Jean D., Rissen, J.P., Heliard, J.C. Courot, P.:
           The System Implementation Language LIS.
           Technical Report, CII-Honeywell Bull, Dec. 74,
           CII Technical Report No. 4549 E1/EN.

/Ich 77/   Ichbiah, Jean D. and Ferran, Guy:
           Separate Definition and Compilation in LIS and its
           Implementation. Lecture Notes in Computer Science,
           Vol. 54, S. 288-297, Springer Verlag 1977

/Lau 79/   LeBlanc, R.J.:
           On Implementating Separate Compilation in Block-
           Struktured Languages.
           Proceedings SIGPLAN Symposium on Compiler Construction,
           S. 139-143, Denver, Aug. 1979

/Lis 74/   Liskov, B., Zilles, S.:
            Programming with Abstract Data Types.
            SIGPLAN Notices, Vol. 9, No. 4, April 1974

/Lis 77/   Liskov, B., Snyder, A., Atkinson, R., Schaffert, C.:
            Abstraction Mechanismus in CLU.
            CACM, Vol. 20, No. 8, Aug. 1977

/Tic 80/   Tichy, Walter F.:
            Software Development Control Based on System Structure
            Description.
            PhD Thesis, Carnegie-Mellon University, Computer Science
            Department, Jan. 1980

/Wir 77/   Wirth, N.:
            MODULA: A Language for Modular Programming.
            Software Practice and Experience, Vol. 7, No. 1, 1977

/Wul 74/   Wulf, W.A.:
            ALPHARD: Toward a Language to Support Structured
            Programs
            Computer Science Dept., CMU, 1974

/Wul 76/   Wulf, W.A., London, R.L., Shaw, M.:
            An Introduction to the Construction and Verification of
            Alphard Programs
            IEEE Transactions on Software-Engineering, Vol. SE-2,
            No. 4, Dec. 1976

A Separate Compilation System

for Ada

by

Manfred Dausmann, Guido Persch,
Sophia Drossopoulou, Georg Winterstein

Institut für Informatik II
Universität Karlsruhe

<u>Abstract</u>

The programming language Ada provides a concept for the separate
compilation of program units where checks have to be done across
the unit bounds at compile time. Here we describe the Separate
Compilation System which was developed for the Ada Compiler
Project at the University of Karlsruhe. The realization of the
separate compilation facility of Ada is mainly based on the use of
a library which contains information about previously compiled
units. The separate compilation system maintains the library and
provides the functions to support the compiler and other
programming tools.

This work has partially been supported by the Bundesamt für
Wehrtechnik und Beschaffung, Contract No. E/F61D/90104/95031.

Contents

========

1.0 Introduction
==================

The programming language Ada [1] provides a concept for the
separate compilation of program units. An Ada program can consist
of several compilation units submitted individually or together to
the compiler. All Ada program units, i.e. packages and subprograms
can be compilation units, moreover a body can be separated from
its specification.

The language supports two ways of program development (which can
be mixed by the user). They impose different dependencies between
compilation units. In the bottom-up form the units can depend on
each other through their visibility list, in the top-down form
they are subunits of other compilation units. The relation between
the program units must be used by the compiler to check the
compilation and recompilation order.

Besides this relation there is a lot of other information about a
compilation unit which must be kept for the analysis of a program
[7]. It is usually recorded in a so called library file.

In this paper we first give a short summary of the Ada concept for
separate compilation. The main part of this paper is concerned
with SEPAREE, the separate compilation system for the Ada Compiler
developed at the University of Karlsruhe. It maintains a library
to store the information about the separately compiled units. Its
contents and its interface are described. At the end we show how
SEPAREE can be used in further applications. The design principles
can also be adopted for languages with a similiar separate
compilation concept.

2.0 Separate Compilation in Ada
=================================

A complete Ada program consists either of one procedure or of a
succession of compilation units belonging to the same project
library.

A compilation unit may be :

       -- a library unit, i.e.
             - a package specification, or
             - a subprogram specification.

           or

    -- a subunit, i.e.
            - a task body, or
            - a subprogram body, or
            - a package body.

        or

    -- a body of a library unit

The specification of a subunit is given in the outermost declarative part of an other compilation unit and is declared as separate.

Every compilation unit has a name; subunits have the same name as their specifications. Every compilation unit has in its beginning a sequence of with clauses giving the names of those compilation units whose visible declarations can be used in the compilation unit. Throughout this paper we use the term visibility list to denote the union of all items appearing in the with clauses of a compilation unit.

Every subunit must mention its ancestors starting with the ancestor library unit, and ending with the parent unit (the unit where it is declared). Its visibility is that of its parent unit eventually enriched by the additional units of its own visibility list.

In order to prevent ambiguities, the names of all subunits in a library unit must be distinct, whereas those of different library units need not. The names of all library units of one project library must also be distinct.

As the unit-subunit relation corresponds to a general forest structure [7], where the library units are roots and the subunits are sons of their enclosing unit, the library units are also refered to as root units.

Compilation units, although compiled separately may not be compiled in any arbitrary order. The language rules require that:

        - a compilation unit may only be compiled after all the units
          mentioned in its visibility list

        - a package body must be compiled after its specification

        - a subunit must be compiled after its parent unit

The recompilation of a compilation unit, which is equivalent to the compilation of a new unit with the name of the old, requires the recompilation of all those compilation units which may be affected by this recompilation.

3.0 The Project Library

A library in the real world consists of books and a catalogue recording information about the books. It is kept in some order, e.g. alphabetical, to provide good access to its entries. A record of the catalogue additionally refers to the place where the book can be found.

An analogue system is necessary to provide information about compilation units for the compiler (or for the user). The project library of our implementation corresponds to the catalogue. It is stored as a so called library file. It records specific information for every compilation unit, e.g. the compilation date, its subunits, its name, etc. It also provides access to the intermediate representation of the compilation units.

Naturally the library corresponds to a database for the given project. This is more deeply discussed in [8]. We have not used a data base system because of portability and efficiency reasons. The library system is used in the Ada Compiler Front End which should be portable to all machines. This requirement is not fulfilled by current data base systems.

3.1 Contents of the Library

The necessary information about a compilation unit to be kept in a project library consists of (cf. [7]):

    - name and nature of the unit
    - its compilation date
    - the list of modules mentioned in the visibility list
    - a dictionary
    - a recompilation indicator

It must further represent the unit-subunit relation between the compilation units. This will be a general forest structure as discussed in [7]. The roots of the forest correspond to library units, subunits are sons of their enclosing unit. Furthermore a root can have a separately compiled body.

We have integrated the dictionary in our intermediate representation of Ada programs [2,3]. Thus the intermediate representation of a compilation unit becomes part of the library information.

To support the recompilation system the library has to record the order in which the units are presented to the compiler (see 4.1).

If we furter allow to reuse units of other program libraries then the separate compilation system must also store information about external units (see 4.4).

There should be an outstanding element in the library file describing the whole library, e.g. its name, its installation date and its actual number of units. It should also provide access to the roots of the forest structure.

3.2 Interface of the Library

The interface of the library should be carefully designed as it may be accessed by several tools of a programming environment, e.g. by linkers, debuggers and by library utilities. Therefore the interface of a library is an essential part of an Ada Programming Support Environment (APSE) as defined by [8].

We quote the requirement 5.E.8 of Stoneman [8] :

"An abstract data type definition of a library file shall be specified. This shall allow new compilation units to be added to the library file and shall allow the relationship between compilation units in the file to be determined."

As intended by [8] the library can be used by the compiler as well as by a user oriented dialog system or other tools of a programming environment.

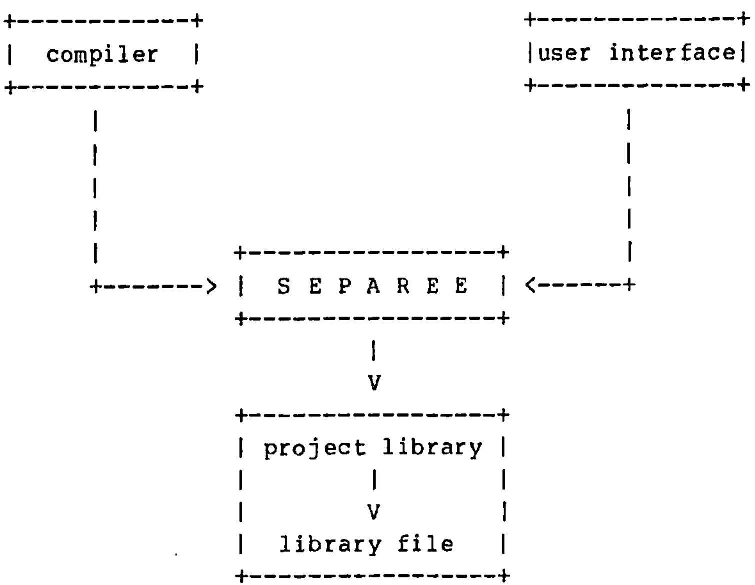

Figure 1: Interface to the library

With the notion of [8] the separate compilation system is part of KAPSE (Kernel), whereas the compiler and the dialog system are embedded in an APSE, resp. MAPSE (Minimal).

3.3 Consistency of the Library

For reasons of portability we have not chosen a database system to manage the library. So we have to consider concurrent access to the library and the consistency of the library data for our system.

Concurrent access to the library is solved by the underlying file system which locks the library file whenever a writing access is granted. Thus no other process can read from or write into the library until the writer has finished its work and closed the file. Concurrent reading is possible. This fact is useful for the reuse of units of a foreign library, as our solution (see 4.4) requires only reading from the foreign library.

The consistency of the library after system failures or compiler aborts should be ensured by the system to minimize the compilation costs (a main goal for the separate compilation facility!). The consistency can easily be ensured if the changes are made valid at once. Our first version of SEPAREE for the preliminary language

does the changes in a copy held in main store. It requires about
12 KBytes for a library with 255 compilation units.

4.0 Functions of SEPAREE
============================

In this chapter we give an overview of several functions which are
provided by SEPAREE for the compiler. The separate compilation
system is used in the semantic analysis to build and to store the
environment, and to check the order of compilations and
recompilations imposed by the language. There are additional
functions to check whether a project is completely compiled, and
to support the reuse of external library units.

4.1 Principles of Recompilation

If a compilation unit is presented to the compiler it must check
with the help of the separate compilation system whether all
compilation rules are fulfilled, e.g. whether all units of the
visibility list have been compiled before. It must further
determine those compilation units which have to be recompiled. In
a simple approach these are all units which are either elements of
the subtree with the currently compiled unit as the root, or in
the case where the unit is a root of the library forest itself,
all units refering to it in their visibility list.

For a more sophisticated approach it would be necessary to compare
the old and the new source to keep track of the changes on an
individual basis. Only those units have to be recompiled which are
affected by a change.

We have implemented the elementary approach suggested by the
language definition, see also [6]. But it is easy to substitute
the recompilation system of SEPAREE by a more clever one.

The problems of recompilations are discussed in detail in [4],
where we present different solutions and compare their complexi-
ties. The algorithm implemented in SEPAREE is linear in time and
space as well as in the number of data base accesses. It requires
that the separate compilation system maintains the list of
compilation units in the order in which they are (re)compiled. The
algorithm uses the fact that the recompilation of a unit can
affect only those units which have been compiled after it. It is
based on a relation "depends on" which holds between compilation

units. This relation comprises the unit-subunit relation as well as the dependencies which are created by with clauses.

4.2 Checking the Compilation Order

SEPAREE has to support the compiler in checking the compilation order mentioned in chapter 2. To this end the units which must be recompiled are determined before the semantic analysis starts. If the actual compilation is successfully completed these units are deleted in the library. During semantic analysis they are marked as to be recompiled.

With these solutions the analysis reports the violation of the compilation order whenever a compilation unit is referenced in a with clause which is not yet present in the library or is determined as to be recompiled. If a body is compiled before its specification then the analysis reports the violation because it tries to access the specification in order to build the environment for the body. The situation is similar.

4.3 Checking the Completion of a Project

The language does not fix a special main program which should be executed. It is possible to designate an arbitrary procedure which is a library unit as main program. Note that a project may contain several main programs. Therefore the separate compilation system must provide a function which checks whether the compilation is completed if a unit is used as the main program.

For this purpose it is necessary to determine all units which are directly or indirectly used by the main program. This is the contrary to the determination of depending units required for the recompilation checks, see 4.1. Then the resulting set has to be checked, whether all those units are completely compiled, i.e. whether the necessary bodies are compiled and all their subunits are completely compiled.

4.4 Reusing Units of Other Libraries

In [1] it is stated that the reuse of units of other libraries should be supported by the separate compilation system. But it is not required, see also [6].

In a separate compilation system for languages like Ada it is possible to use library units of foreign libraries in the following different ways:

(S1) Every change of the foreign unit must be recognized immediately.

(S2) The actually valid specification of the other unit should be fixed and further used, but if the corresponding implementation (body) is changed, this should be recognized.

(S3) The actually valid specification of the other unit and its implementation (body) should be fixed and further used.

Of course, it is also possible to reuse units of other libraries by copying the source text and compiling it for the new project. This solution is not further discussed because it does not require any effort from the library system. Moreover this way introduces maintenance problems as the program exists twice and as the source can be modified by the user.

The above possibilities require different actions from the separate compilation system of a compiler. They can be sketched by two aspects: what should be made visible from the foreign library for the actual compilation and what impacts has a recompilation of a unit of the foreign library. These questions are now discussed separately for the three solutions.

(S1) Within solution 1 the compilation or recompilation of a unit must use the most actual version of the foreign unit. The most actual version of the corresponding implementation must be linked to the project, if the specification was not changed in the meantime. With dynamic binding facilities it would be possible to use the most actual version of the implementation at run time. Any recompilation (which changes the specification) of the foreign unit must cause the recompilation of the units using it.

(S2) Solution 2 requires that the fixed version of the foreign unit must be made visible for the units using it. Therefore the recompilation of its specification must not have any effect for the using project, as it introduces another version of this unit. The same rules as in S1 can be applied to implementations of this unit.

(S3) As in solution 3 also a fixed specification is used, the compiler must proceed as in solution 2 above. Within solution 3 the implementation is fixed, too. So the linker must use the fixed version every time.

Note that the recompilation of the implementation is not considered to have an effect on the recompilation of units using the corresponding specification.

The full discussion of the implications of the above solutions can be found in [5]. We have decided to implement solutions (S1) and (S3). (S2) implies that writing access to other libraries must be possible or a lot of garbage must remain within the foreign library. The writing access leads to synchronization problems which are difficult to handle because it would lock the foreign library. (S1) and (S3) may be efficiently implemented without writing access and without garbage. Also the consistency problems are local to the single libraries. For the use of standard libraries, where changes are not very probable, (S2) can be simulated by (S1). To increase the efficiency the checks of (S1) can be delayed until link time (the completion check). By these pragmatics (S1) and (S3) are sufficient for interactions among libraries.

5.0 Structure of SEPAREE

The separate compilation system consists of a collection of packages each of which corresponds to a different level of abstraction. The levels are hierarchically ordered. Accesses to higher levels are not allowed. Accesses to lower levels are not restricted to the level directly beneath of the calling one. Thus the structure can be compared with a set of hierarchically levelled abstract machines.

5.1 Hierarchical Structure

```
+----------------------------------------------------+
|                 S   E   P   A   R   E   E          |
+----------------------------------------------------+
   |     |     |       |       |
   |     |     |       |       |
   |     |     |       |       |
   |     |     |       |       |
   |     |     |       |       |
   |     |     |       |       V
   |     |     |       |     +------------------+
   |     |     |       .V   | recompilations  |
   |     |     |       +-------------------------+
   |     |     V   | library_manager         |
   |     |     +---------------------------------+
   |     V   | unit_relations                  |
   |     +---------------------------------------+
   V   | unit_descriptions                       |
+---------------------------------------------------+
| project_library                                   |
+---------------------------------------------------+
```

Figure 2: Structure of SEPAREE

The bottom level abstracts from the library file. Above this level
it is hidden whether the library is held in main memory or resides
in the physical file. In the next level we define the abstract
data   types   for   unit   descriptions   (see   appendix)   hiding   the
implementation of the main data structure of the system. With the
operations on the unit descriptions we can define the abstract
data   types for the more complex relations between the units. These
three levels would satisfy the requirements of Stoneman   [8] .cited
in 3.2. The upper two levels collect together complex procedures
which are useful for several tools besides semantic analysis.

5.2 Module Descriptions

The module project_library realizes the library as a set of
descriptions of compilation units. It is possible to enter new
descriptions and to delete or to replace old ones. It facilitates
to reuse the space of unit descriptions which are deleted. The
abstract data type of the unit descriptions is provided by the

corresponding module. We have separated the physical representation of the library and the definition of the abstract data type of unit descriptions for reasons of efficiency. Any higher level can decide how long a description should be held in main memory to avoid unnecessary file accesses.

A unit description consists of components to store the information about a compilation unit as described in 3.1. It has additional links to maintain the various lists and relations between the units. The module unit_relations contains the more complex operations for these links.

The library manager provides complex updating, inserting and searching functions which can be used by the separate compilation system interface embedded in the compiler. At the highest level the recompilation system uses besides other functions the lists and relations to determine the more complex dependencies for recompilations.

5.3 Extensions for an APSE

The separate compilation system maintains the intermediate representation of the compilation units. It is used for the analysis of other compilations, as the intermediate representation contains the symbol table of the represented unit. As this representation is an attributed abstract syntax tree it contains most of the source information. By several commands it is possible to print the intermediate representation directly (tree form, tripel form), or to reconstruct the source program in a formatted form; also a cross reference listing may be generated. These tools can be viewed as part of an APSE. They may be invoked by a command interpreter, cf. 6.1.

To cover the complete area of an APSE SEPAREE must be extended to maintain the source text and the object code of compilation units. Appropriate tools which access these data have to communicate with the separate compilation system.

5.4 Adaption to Other Languages

Although SEPAREE is primarily designed for Ada and an Ada programming environment it can easily be adapted for other languages which have separate compilation facilities similar to Ada. The main reason is its modular structure. The four lower layers of Figure 2 in 5.1 are more or less independent from the

language which is supported by SEPAREE. Therefore a few changes
are sufficient to adapt it for another language.

The module which checks recompilation rules depends heavily on the
underlying language. It must probably be substituted if the system
is to be adapted for another language. But due to the modularity
it causes no problem for the system.

6.0 Application of SEPAREE

As an example of the application of SEPAREE we describe LUSY, the
Libary User SYstem. It allows a user to request data from a
project library and provides display functions. LUSY is part of an
APSE. At the end we give some sample outputs of LUSY to show the
information which can be obtained from the library by an
application.

6.1 Library-User-System

The command interpreter of LUSY uses the lexical conventions of
Ada. A command generally consists of an command identifier
followed by a fixed number of arguments separated by blanks. The
arguments may be numeric literals, character strings, or
identifiers (reserved words are also considered to be identifiers).

There are commands which create or open libraries and print
general library information (name, creation date etc.). All
compilation units known to the library can be displayed in a form
which reflects the forest structure of the unit-subunit relation.
The data of single compilation units (name, nature, compiled/recom-
piled, subunits etc.) can be inspected.

All separate compilation actions can be done explicitly. The
deletion of units (which corresponds to the recompilation) and its
effects can be studied. The completion of the project may be
checked.

The tools which prepare the intermediate representation can be
invoked. If the separate compilation system is extended for an
APSE (see 5.3), then the tools to access the source text (e.g.
editors) and the object code (e.g. linkers, loaders, debugers) can
be connected to LUSY as well. Then the complete system would build
a MAPSE as required by Stoneman [8].

6.2 Sample Outputs

We give here some sample outputs of LUSY to show the information which is present in the library and can be requested by application programs. We use here the library which has been created for the project LUSY itself.

A single unit description looks like:

```
NAME            :  LIBRARY_COMMAND_INTERPRETER
KIND            :  SUBUNIT
NATURE          :  PROCEDURE
DATE            :  17.02.80
AIDA_NO         :  112
COMP_UNIT_NO    :  2
```

The more structured information (list of subunits, list of imported items) can be displayed by other commands. The last two numbers are internally used by the system.

The forest structure is displayed like:

```
PROCEDURE  MAIN_PROGRAM  (1)
     PROCEDURE LIBRARY_COMMAND_INTERPRETER (2)

PACKAGE  LIBRARY_USER_COMMUNICATION  (6)
     PACKAGE BODY  LIBRARY_USER_COMMUNICATION   (7)

PACKAGE  LIBRARY_SYSTEM_INTERFACE   (8)
     PACKAGE BODY  LIBRARY_SYSTEM_INTERFACE  (4)
          PACKAGE BODY  DISPLAY_FUNCTIONS   (5)
```

The library contains three library units: MAIN_PROGRAM, LIBRARY_COMMAND_INTERPRETER and LIBRARY_SYSTEM_INTERFACE. The procedure MAIN_PROGRAM has a subunit LIBRARY_COMMAND_INTERPRETER, and so on. The number in parentheses is the internal compilation unit number of the system.

7.0 Conclusion

The separate compilation facility of Ada offers a powerful tool to the programmer. It does not enforce a special way of program development. The rules of compilation, resp. recompilation order seem to be well suited for the reliability of the compilation process of a complete program.

The implementation depends mainly on a library recording information about compilations. We have given an overview of the necessary contents of a library and its interfaces which are in accordance with the requirements of Stoneman [8]. We have developed an efficient algorithm to check the recompilation order and a concept that allows the reuse of other libraries.

We have presented SEPAREE, a separate compilation system for Ada, which is designed to become an important tool in an Ada Programming Support Environment. Nevertheless it can easily be adapted for other languages.

8.0 References

[1]   Reference Manual for the
       Ada Programming Language
       United States Department of Defense, July 1980
       Proposed Standard Document

[2]   M. Dausmann, S. Drossopoulou,
       G. Persch, G. Winterstein
       AIDA - An Informal Introduction
       Universität Karlsruhe, Inst. f. Informatik II
       Bericht Nr 1/80, Jan. 1980

[3]   M. Dausmann, S. Drossopoulou, G. Goos
       G. Persch, G. Winterstein
       Preliminary AIDA Reference Manual
       Universität Karlsruhe, Inst. f. Informatik II
       Bericht Nr. 2/80, Jan. 1980

[4]   M. Dausmann, S. Drossopoulou
       G. Persch, G. Winterstein
       Efficient Recompilation Checks for Ada
       Universität Karlsruhe, Inst. f. Informatik II
       Bericht Nr. 30/80, Nov. 1980

[5]   M. Dausmann, S. Drossopoulou
       G. Persch, G. Winterstein
       On Reusing Units of Other Program Libraries
       Universität Karlsruhe, Inst. f. Informatik II
       Bericht Nr. 31/80, Nov. 1908

[6]   J. Goodenough
       Ada Compiler Validation - Implementor's Guide
       SOFTECH Inc. Waltham Ma 02154

[7]   J. Ichbiah et al.
       Rationale for the Design ot the ADA
       Programming Language
       ACM SIGPLAN Notices Vol.14, Nr.6 Part B
       June 1979

[8]   Stoneman Report
       Department of Defense
       September 1979

Software Entwicklung für Mikroprozessoren bei der
NIXDORF Computer AG

Klaus Angermann
Manfred Sedello
NIXDORF Computer AG, Pontanusstr. 55, 4790 Paderborn

Summary: Das im Bereich "Entwicklung Systemsoftware" der Nixdorf Computer AG eingesetzte Timesharingsystem UNIX* unterstützt mit
seinen Software Tools wichtige Softwareproduktionsschritte.
Andererseits bieten Mikroprozessor Entwicklungssysteme (MDS)
durch spezielle Hardware eine gezielte Unterstützung des Testens hardwarenaher Betriebssoftware. Um die Vorteile der
Softwareentwicklung auf UNIX und des Testens mit dem MDS zu
vereinigen, wurde eine Kopplung von UNIX und einem MDS realisiert. Der Beitrag erläutert den so ermöglichten Software-
produktionsablauf, die zur Verfügung stehenden Tools und
weist am Beispiel der realisierten Übertragungsprozedur auf
einige Programmentwurfs- und Dokumentationsstandards hin.

1. Einführung

Der Bereich "Entwicklung Systemsoftware" in Paderborn ist verant-
wortlich für die Erstellung und Pflege der Betriebssysteme, Compiler
und Utilities mehrerer Produktfamilien der Nixdorf Computer AG. Bei
den betreuten Produkten handelt es sich vornehmlich um kommerzielle
Dialog- und Verarbeitungssysteme mit stark ausgebauten Datenfernver-
arbeitungskomponenten.
Als Antwort auf die zunehmende Komplexität der Produkte und die damit
wachsenden Softwareerstellungskosten unternimmt das Unternehmen seit
einer Reihe von Jahren verstärkte Anstrengungen zu softwaretechnolo-
gischen Verbesserungen.

---

* UNIX ist Trademark der Bell Laboratories

Sie betreffen die Überarbeitung der Entwicklungsmethodik, den Ausbau
der Werkzeuge einer Softwareentwicklungsumgebung und die Ablösung der
Assemblerprogrammierung durch höhere Implementationssprachen.

Der vorliegende Beitrag befasst sich mit der Programmentwicklung für
Mikroprozessoren, die auch bei Nixdorf durch das zunehmende Vordrin-
gen der Mikroprozessoren in heutige Computersysteme an Bedeutung zu-
genommen hat. Mikroprozessoren, die als dedizierte Prozessoren Einsatz finden (z.B. zur Steuerung von Arbeitsplätzen oder als Peri-
pheriecontroller), verfügen i.a. nicht über die für Softwareentwicklung nötige Hardware- und Softwareausstattung. Daher ist man auf ein
Entwicklungssystem mit entsprechenden Funktionen zum Editieren, Übersetzen und Testen angewiesen.

Hier sind zwei Vorgehensweisen denkbar:

ò Man setzt eines der auf dem Markt verfügbaren Mikroprozessor-Ent-
   wicklungssysteme ein.

   Solche Systeme verfügen i.a. über ein zu dem Standard des jeweiligen
   Mikroprozessorhersteller kompatibles Toolsystem (Editor, Assembler,
   Linker, Debugger), ihre Verarbeitungsleistung und insbesondere ihre
   Datenhaltungskapazitäten reichen für die Bedürfnisse grösserer Pro-
   jekte oft nicht aus. Zudem besteht ein Bruch zu den sonst eingesetzten Standards - speziell im Hinblick auf den Einsatz von Hilfsmitteln für Programmdokumentation und Releaseverwaltung.

o Man implementiert auf einem Entwicklungsrechner, der leistungsfähigere Editier- und Filemanagementfunktionen hat, einen entsprechenden Crossübersetzer.

   In diesem Fall entstehen nicht selten die Probleme der Übertragung
   des ablauffähigen Programmcodes in den dedizierten Mikroprozessor
   und einer dort unzureichenden Testumgebung.

   Aus industrieller Sicht ist auf die Gefahr zu achten, dass die auf
   dem Markt erworbenen bzw. selbst entwickelten Crosswerkzeuge unter
   Umständen nicht zum Herstellerstandard kompatibel sind. Die damit
   erzeugten Sprachdialekte erschweren die Wiederverwendung bereits
   erstellter Softwarekomponenten z.T. erheblich.

Bei Nixdorf wurden in der Vergangenheit beide Wege praktiziert und
zum Teil negative Erfahrungen gesammelt. Mit dem Aufbau des nachfol-
gend erläuterten Entwicklungsrechnersystems entstand gleichzeitig der
Wunsch nach einer leistungsfähigen Programmierumgebung für Mikroprozessoren. Der Beitrag erläutert, wie durch eine rationelle Verknüpfung
vorhandener Einzelwerkzeuge eine solche Umgebung aufgebaut wurde.

2. Die Programmentwicklungsumgebung bei Nixdorf

Seit Mitte 1980 setzt der Entwicklungsbereich "Systemsoftware" ein
Rechnersystem ein, das eine weitgehend produktübergreifend verein-
heitlichte Abwicklung der Softwareproduktion für Nixdorfs dedizierte
Systeme gestattet. Es besteht aus einem Vorrechner PDP 11/70 und einem
System OMEGA 480 (kompatibel zum System IBM 370).

Das System PDP 11/70 läuft unter dem von Bell Labs eigens für Programmentwicklung konzipierten Time-sharing System UNIX mit dem zugehörigen "Programmers's Workbench" Package (siehe (2), (5)).

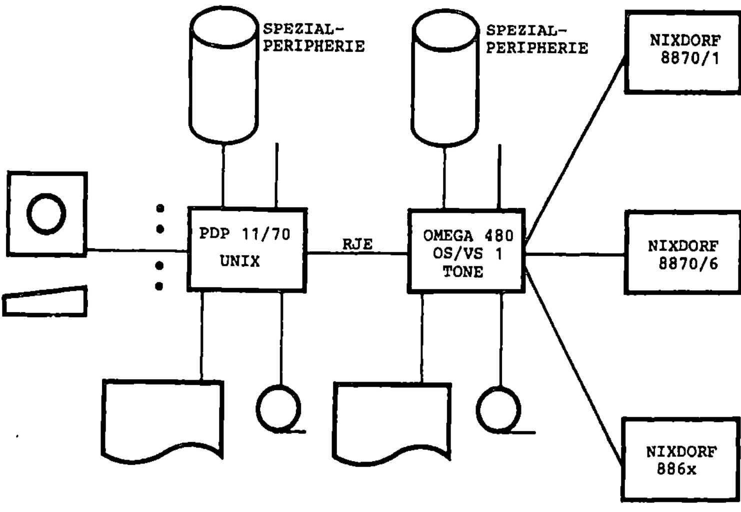

Abb. 2.1. Konfiguration des Entwicklungsrechnersystems

Die Komponenten übernehmen folgende Aufgaben:

1. PDP 11/70 unter UNIX

o Interaktive Bearbeitung von Entwicklungsunterlagen (Spezifikationen,
  Programmquellen, Testdaten, Berichte)

o Generierung von Entwicklungsdokumenten mittels Textformatierung und
  Standarddokumenterzeugung

o Management von Projektdaten (Projektbibliotheken, Versions- und
  Releaseverwaltung, Archivierung, Freigabeprozeduren)

o Remote Job Entry für das System OMEGA bzw. angeschlossene Nixdorf
  Systeme

o Hilfsmittel für Entwicklung eigener Softwaretools (programmierbarer
  Kommandointerpreter SHELL, höhere Systemimplementationssprachen z.B.
  C, Programmgenerierungshilfe MAKE, Source Code Control System SCCS,
  etc)

2. OMEGA 480 unter OS/VS1 und TONE

o Übersetzen von Programmquellen (Crossassembler und Crosscompiler
  für Nixdorf Code)

o Transport von Objektprogrammen zu den angeschlossenen Nixdorf Systemen

o Rückgabe von Programmlistings zu UNIX

o Mainframe-orientierte Spezialanwendungen (Projektplanungs- und
  - kontrollwerkzeug, Simulationsmodelle für Performance-Analyse bei
  Nixdorf Betriebssystemen bzw. Netzkonfigurationen, Test von Daten-
  fernübertragungsanschlüssen an IBM Systeme,...)

3. Nixdorf Zielsysteme

o Ausgabe von Objektprogrammen und Testdaten auf produktkompatiblen
  Datenträgern zum Zweck des Tests auf geeigneten Testkonfigurationen

3. Kopplung UNIX - ZDS

Bei der NCAG werden viele Hardware-Komponenten hergestellt, die auf
einem Z80-Mikroprozessor basieren (z.B. Arbeitsplätze, programmierbarer Leitungscontroller, intelligenter Plattencontroller). Die Software für diese dedizierten Prozessoren kann nur auf einem anderen
Rechner erstellt werden. Im Fall des Z80 bietet sich für den Modultest
ein Z80 Entwicklungssystem (benutzt wird das Zilog Development System
ZDS) an, zur Erfassung und Verwaltung der Programme ist allerdings ein
Rechner mit anderen Eigenschaften erforderlich. Für diese Aufgaben
wird das UNIX-System eingesetzt.

Um die Software-Entwicklung für den ZDS unter Benutzung von UNIX zu
erleichtern, schien eine Kopplung zwischen UNIX und ZDS am besten geeignet zu sein. Diese Kopplung muss den folgenden Anforderungen genügen:

o Übertragung von Quell- und Objektprogrammen muss in jeder Richtung
  möglich sein

o Die Zykluszeit zum Erfassen/Ändern - Assemblieren - Testen von Programmen ist zu verkürzen

o Die Kopplung muss ohne Eingriffe in die Betriebssysteme UNIX und RIO
  realisierbar sein

o Die Kopplung muss unter ausschliesslicher Verwendung "normaler"
  Hardware zustande kommen

Durch die Hardware-Restriktion kam nur eine asynchrone, serielle
Übertragungsleitung infrage. Damit war gleichzeitig die Voraussetzung
für die Verwendung des UNIX-Programmes Connect geschaffen (siehe Abb.
3.1.):

o Die zweite Ausnahme betrifft den "transcription"-Modus. Dieser
  wird durch Connect-Kommandos ein- und ausgeschaltet. Im trans-
  cription-Modus werden alle Daten vom ZDS statt auf den Bildschirm
  in eine UNIX-Datei geschrieben.

Man kann also mit Connect

o im Dialog mit dem ZDS arbeiten

o Dateien übertragen

o Port Charakteristika setzen (z.B. Geschwindigkeit, Parity,...)

Als Beispiel sei hier ein Dateitransfer von UNIX zum ZDS aufgeführt:

copy sCON receive. data
Dieses RIO-Kommando kopiert die Eingabe von der Tastatur (in diesem
Fall also von UNIX) auf die Datei mit dem Namen receive.data.

~i send.data
Dieses Connect-Kommando sendet die UNIX-Datei send.data zum ZDS. Auf
dem ZDS läuft bereits das copy-Programm, welches diese Daten auf eine
Disketten-Datei kopiert.

Zwei Probleme gibt es bei dieser Art des Datentransfer:

o wenn das ZDS einen Disketten-Zugriff ausführt, kann es während
  dieser Zeit (bis zu 30 sec) keine weiteren Daten von UNIX empfangen.
  Wegen fehlender Synchronisation zwischen Sender und Empfänger sendet
  UNIX jedoch weiterhin Daten, die allerdings verloren gehen.

o Beim ZDS wird der Console driver zum Empfangen der Daten benutzt.
  Dies hat zur Konsequenz, dass nur alphanumerische Zeichen gesendet
  werden dürfen (andere Zeichen - z.B. backspace - werden vom Console
  driver als Steuerzeichen behandelt und nicht als normale Datenzei-
  chen weitergereicht).

Eine Kopplung dieser Art erfüllt daher noch nicht alle oben aufgeführten Anforderungen.

Mittels Connect kann man eine Leitung zwischen UNIX und einem beliebigen anderen Rechner bedienen (sofern die Hardware-Schnittstellen
kompatibel sind). Dies geschieht in der Art, dass Connect einen Bildschirm und eine Tastatur des Kommunikationspartners simuliert, d.h.

o (fast) jede Eingabe von einem UNIX-Terminal an Connect wird von
  Connect zum ZDS gesendet

o (fast) jede Ausgabe vom ZDS auf den Bildschirm wird von Connect auf
  den UNIX-Bildschirm geschrieben

Ausnahmen:

o Beginnt eine Eingabezeile mit einem speziellem Zeichen ("Flucht-
  symbol", verwendet wird "~"), so wird diese Zeile nicht zum ZDS
  geschickt, sondern als Connect-Kommando interpretiert.

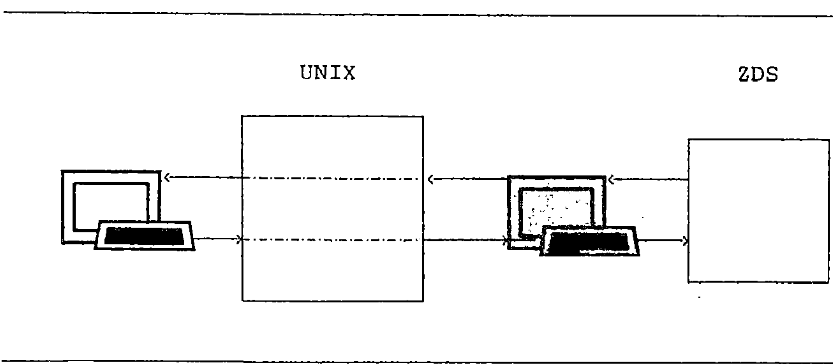

Abb. 3.1. Hardware-Konfiguration für Connect

Ein Connect-Kommando ist z.B. "führe UNIX-Kommando aus", ein anderes
"insert file", d.h. die spezifizierte UNIX-Datei wird zum ZDS geschickt.

Dies erreicht man durch Verwendung eines Übertragungsprotokolls,
welches folgende Eigenschaften hat:

o Jedes mögliche Zeichen (8 Bit) kann als Datum übertragen werden

o Die zu übertragenden Daten werden zum Zweck der Datenübertragung
  zu Blöcken zusammengefasst. Maximale Blocklänge ist 4096 Zeichen

o Der Empfang eines Blockes ist von Empfänger zu quittieren (positiv
  oder negativ). Erst nach Empfang der Quittung darf der Sender den
  nächsten Block senden. Im Fall einer negativen Quittung wird der
  gleiche Block noch einmal gesendet

Durch die Verwendung eines solchen Protokolls ist Datenübertragung
mit Geschwindigkeiten bis zu 9600 Baud möglich (höhere Geschwindigkeiten lässt die Hardware nicht zu).

4. Die Programmentwicklungsumgebung für Z80-Programmierung

Zur Programmentwicklungsumgebung gehören alle Komponenten, die zum
Erfassen, Ändern, Testen, Verwalten und Archivieren der Programme
erforderlich sind bzw. diese Tätigkeiten unterstützen. In diesem Kapitel wollen wir kurz erläutern, wie diese Programmentwicklungsumgebung für Z80-Programmierung verwendet wird.

Zunächst werden die Quellprogramme vom Entwickler auf UNIX erfasst
bzw. geändert. Anschliessend wird das Programm Connect aufgerufen
und dadurch die Verbindung zum Entwicklungssystem hergestellt.

Es folgt die Übertragung der Quellprogramme zum Entwicklungssystem.
Dort werden sie assembliert und gebunden. Auf dem Entwicklungssystem
wird auch der Modultest durchgeführt. Wenn beim Assemblieren bzw.
Testen ein Fehler auftritt, wird dieser Fehler im Quell-Programm auf
UNIX behoben und der beschriebene Weg beginnt erneut.

Alle bisher beschriebenen Tätigkeiten können vom selben Terminal ausgeführt werden. Erst wenn zum weiteren Testen die reale Umgebung
(Hardware und/oder Software) benötigt wird, ist ein Wechsel des

Arbeitsplatzes erforderlich. Dazu werden die zu testenden Quell- und
Objektprogramme auf eine Diskette geschrieben.

Zum Programmtest in realer Umgebung steht ebenfalls ein Entwicklungssystem zur Verfügung. Der zentrale Bus dieses Entwicklungssystems ist
mit dem Bus der Test-Hardware direkt verbunden und wird zur Steuerung
und Überwachung des Tests eingesetzt (in-circuit emulation). Ausserdem
werden die Objektprogramme von der Diskette über dieses Entwicklungssystem in die Test-Hardware geladen.

Werden bei diesem Test Fehler gefunden, so gibt es zwei Möglichkeiten,
die erforderlichen Programmänderungen durchzuführen:

o Falls der Fehler unmittelbar lokalisiert und behoben werden kann, so
  werden die Quellprogramme auf dem Entwicklungssystem abgeändert, neu
  übersetzt, gebunden und getestet. Anschliessend müssen die auf dem
  Entwicklungssystem geänderten Programme auf jeden Fall zum UNIX-
  System übertragen werden

o Falls der Fehler nicht sofort behoben werden kann, so werden die
  Quellprogramme später auf UNIX abgeändert und der beschriebene
  Zyklus beginnt erneut

Wenn der Entwickler seine Programme auf diese Weise so weit getestet
hat, dass er keine Fehler mehr findet, erfolgt die Übergabe der Quellprogramme an die Projektleitung. Die Projektleitung führt mit Hilfe
spezieller UNIX-Funktionen eine Versionsverwaltung aller Programme
eines Systems durch. Nur die Quellprogramme, die offiziell vom Entwickler übergeben wurden, werden benutzt, um gemäss der Dokumentation
des Entwicklers ein ladefähiges Programm zu erstellen. Dieses lade-
fähige Programm wird vom Projektleitungsteam für den Abnahmetest benutzt, aber auch von anderen Entwicklern, die dieses Programm für den
Test ihrer eigenen Programme benötigen. Auf diese Weise ist auch
sichergestellt, dass alle Änderungen, die evtl. am Entwicklungssystem
im Quellprogramm durchgeführt wurden, auf das UNIX-System übertragen
wurden.

5. Verwendung von Standards und Werkzeugen

An dieser Stelle wollen wir kurz einige der Standards und Werkzeuge
aufführen, die bei Nixdorf zur Z80-Softwareentwicklung benutzt werden.

Dazu gehören das UNIX-System mit dem INed Editor (3). Dieser Editor
hat einige recht angenehme Eigenschaften. So gibt es z.B. keine For-
mateinschränkungen für Dateien. Auf dem Bildschirm sieht man einen
Dateiausschnitt, der beliebig verschoben werden kann. Die Datei wird
geändert, indem man alte mit neuer Information überschreibt. Zeilen,
Zeichen und rechteckige Textteile können an beliebiger Stelle der
Datei eingefügt, gelöscht und kopiert werden. Der Bildschirm kann in
mehrere "Fenster" aufgeteilt werden, um gleichzeitig mehr als eine
Datei oder unterschiedliche Ausschnitte der gleichen Datei zu editieren. Dies wird häufig benutzt, indem man in einem Fenster die Programmspezifikation (bzw. eine Fehlerliste vom Übersetzer) hat, in
einem anderen Fenster das dazu gehörende Quellprogramm.

Neben dem Editor, der überwiegend zur Erfassung von Dokumenten (dazu
gehören auch Programme) benutzt wird, existieren auf UNIX komfortable
Funktionen zur Textformatierung (4). Als Eingabe akzeptiert die Textformatierung Textzeilen mit eingestreuten Formatierungsanweisungen und
erzeugt eine druckbare, in Seiten unterteilte Datei.

Man kann

o Fussnoten sowie Kopf- und Fusszeilen erzeugen

o Paragraphen und Abschnitte automatisch mehrstufig numerieren

o automatisch ein Inhaltsverzeichnis erzeugen

o mehrspaltige Ausgabe erzeugen

o selbst neue Makros zur Formatierung definieren

Die letztgenannte Möglichkeit wird bei Nixdorf im Zusammenhang mit
Richtlinien für die Gliederung von Dokumenten (z.B. für die Anforde-
rungsspezifikation, funktionale Spezifikation, Programmspezifikation,
aber auch für standardisierte Programmkommentierung) dazu benutzt,

um ein entsprechendes Skelett für ein Dokument zu erzeugen. In Abb.
5.1. ist als Beispiel ein den Richtlinien entsprechender Programmkommentar abgebildet.

Zusätzlich existieren Werkzeuge zur Erleichterung der Versionskontrolle (Configuration Management). In erster Linie zählt dazu das UNIX
Source Code Control System SCCS (1).

Das SCCS ist eine Menge von UNIX-Kommandos, die sowohl den einzelnen
Entwickler als auch die Projektleitung bei der

```
------------------------------------------------------------------------
;ctcfunc module
ident   defm      'Module: ctcfunc, date: 24,11,80, version: 0.1'
; Author: 'Angermann'
; Purpose:
;        'This module contains subroutines to facilitate the usage of
;        the processors CTC.
;
;        In all procedures it is assumed that the CTC has been loaded
;        previously with the vector intad.
;            '
; Global procedures:
;        'alarm, sleep;'
; Internal procedures:
;        'wakeup, ctcint;'
; Module used:
;        'none;'
;-----------------------------------------------------------------------
usad    defw      0 ; address of user timeout-routine
seconds defb      0 ; number of seconds to wait as specified by the user
remsec  defb      0 ; remaining seconds until user routine is to call
     .
     .
;*********************************************************************
 global alarm procedure
    GLOBAL alarm
; Purpose:
;     'Alarm causes the execution of a routine after the time specified
;     as first parameter has elapsed. The address of that routine is
;     given as second parameter.
;
;     Alarm requests are not stacked; successive calls reset the alarm
;     clock. If one (or both) of the parameters is 0, any alarm request
;     is cancelled.
;
;     This procedure uses CTC channel 3 to interrupt every 16.384 msec
;     and inserts the address of an internal interrupt service routine
;     into the interrupt vector.'
;
; Input parameters:
;     'time:   Byte which specifies the number of seconds after which
;              the user procedure is called.
;     usproc: word which gives the address of the user routine.
;            '
; Global data written:
;     'usad, seconds, remsec;'
;----------------------------------------------------------------------
alarm:
usproc: defl    4       ; address of second parameter is (ix+usproc)
time:   defl    6       ; address of first  parameter is (ix+time)
        enter   0       ; 0 bytes of local data used
        ld      a,(ix+time)
        .
        .
------------------------------------------------------------------------
```

Abb. 5.1. Standardisierter Programmkommentar

Überwachung von Änderungen an Dokumenten und Programmen unterstützen.
Das SCCS verwaltet unterschiedliche Versionen einer Datei, kontrolliert vor Änderungen die Zugriffsrechte und führt Protokoll darüber,
wer wann und warum welche Änderungen vorgenommen hat. Dabei werden
nur die ursprüngliche Datei und die zugehörigen Änderungen gespeichert.
Dadurch wird der Zugriff auf jede zurückliegende Version ermöglicht,
ohne dass unnötig viel Speicherplatz belegt wird.

Von den ZDS-Werkzeugen wollen wir hier auf die Übersetzer (für PLZ/
SYS und Assembler) und den Binder nicht weiter eingehen. Wichtiger in
diesem Zusammenhang ist die Testunterstützung, die das ZDS durch die
in-circuit emulation bietet.

Um Z80-Programme in realer Hardware-Umgebung mit ZDS-Unterstützung
zu testen, muss der zentrale Bus (das sind Adress-, Daten- und Steuer-
leitungen) der Zielhardware kompatibel zum Bus des ZDS sein. Ein Modul
des ZDS (Real Time Storage Module, RTSM) kann alle Daten, die über den
Bus der Zielhardware laufen, speichern. Das sind alle Daten, Instruk-
tionen und Adressen, die zwischen CPU und Speicher bzw. Peripherie
transferiert werden. Der Speicherinhalt des RTSM kann anschliessend
analysiert und in symbolischer Form ausgegeben werden. Damit wird der
gesamte Daten- und Instruktionstransfer nachvollziehbar.

Die Ausführung des zu testenden Programmes kann bei Vorliegen bestimmter Bedingungen (die vom Tester formuliert werden), unterbrochen
werden. Es können dann über das ZDS interaktiv der Speicher und die
CPU-Register der Zielhardware analysiert und manipuliert werden, um
anschliessend die Ausführung des zu testenden Programmes an der unter-
brochenen (oder auch einer anderen) Stelle fortzusetzen.

Diese Arbeitsweise bietet ganz besonders Vorteile beim Testen hard-
ware-naher Programme, da hierbei häufig zeitliche Abhängigkeiten
existieren, die durch eine simulierte Testumgebung nicht fassbar sind.

Der Funktionsverbund UNIX – ZDS bietet dem Entwickler eine wesentliche
Arbeitserleichterung, da er Werkzeuge sowohl von UNIX als auch vom ZDS
ohne Wartezeiten und ohne Wechsel des Arbeitsplatzes benutzen kann.

6. Erfahrungen und Ausblick

Durch den Funktionsverbund UNIX - ZDS ist eine effiziente Programmierumgebung für Z80-Programmierung vorhanden. Aus verschiedenen Gründen
können wir leider keine quantitativen Angaben über die Verbesserung
des Entwicklungsprozesses machen. Die Benutzer berichten, dass z.B.
symbolisches Testen selbst beim hardware-nahen Testen sinnvoll eingesetzt werden kann. Allein dadurch und durch die Möglichkeit der Pro-
tokollierung von Testresultaten werde das Testen wesentlich erleichtert.

Bei Nixdorf sind noch Erweiterungen und Leistungsverbesserungen der
Programmierumgebung (nicht nur für Z80-Programmierung) in der Planung
bzw. Realisierung. Dazu gehören

o Eine auf UNIX implementierte Verwaltung mehrerer Entwicklungssysteme, die die Benutzung der angeschlossenen Entwicklungssysteme
  durch mehrere Entwickler ermöglicht. Dadurch würde beispielsweise
  die Übertragung von Objektprogrammen per Diskette an die Testumgebung entfallen (jedes Entwicklungssystem wäre an UNIX angeschlossen)

o Entwicklung eines Übersetzers, der eine alte Z80-Assemblersprache
  in die ZDS-Assemblersprache übersetzt. Damit können auch alte Z80-
  Programme, die nicht mit dem ZDS-Assembler implementiert wurden, die
  Programmentwicklungsumgebung benutzen

o Nachbildung der Programmierumgebung für andere Mikroprozessor-Fa-
  brikate

Indirekt ergeben sich weitere Verbesserungen durch die Realisierung
zusätzlicher Werkzeuge auf UNIX:

o Ein in der Entwicklung befindlicher Assembler-Generator wird z.B.
  die Implementierung eines ZDS-kompatiblen Assemblers unter UNIX
  vereinfachen. Die dadurch auf UNIX mögliche Generierung von Z80-
  Objektcode senkt die Wartezeit auf eine Assemblierung weiterhin
  (es entfällt der Transport der Programme zum ZDS), was insbesondere
  zu Beginn der Codierungsphase von Wert ist

o Die gleichen Vorteile bringt die Implementierung eines PLZ/SYS-Compilers auf UNIX (PLZ/SYS ist eine Systemimplementierungssprache des ZDS) sowie eines Pascal-Compilers, der Objektcode für die Nixdorf-Rechner erzeugt

o Ausserdem sind Werkzeuge zur rechnerunterstützten Projektabwicklung (Projektdatenbank, "automatischer Projektsekretär",...) geplant. Dadurch wird eine weitere Systematisierung und Vereinfachung des Software-Erstellungsprozesses erreicht.

7. Literaturverzeichnis

(1) L.E. Bonanni, A. L. Glasser: SCCS/PWB Users's Manual, Bell Telephone Laboratories, Inc., November 1977

(2) T. A. Dolotta, R. C. Haight: PWB/UNIX - Overview and Synopsis of Facilities, Bell Telephone Laboratories, Inc., June 1977

(3) Interactive Systems Corp.(ed): INed - INTERACTIVE CRT Text Editor Reference Manual, September 1978

(4) Ossana, J.F.: NROFF/TROFF User's Manual. Bell Laboratories, September 1976

(5) D. M. Ritchie, K. Thompson: The Unix Time-sharing System, Bell System Technical Journal vol. 57 no. 6, July-August 1978, 1905-1930

ERFAHRUNGEN AUS ENTWICKLUNG UND
EINSATZ EINES PROGRAMMGENERATORSYSTEMS
MIT KOMFORTABLER BENUTZERSCHNITTSTELLE
ZUM 'BILDHAFTEN SPEZIFIZIEREN'.

Rainer Michael Gerkens
ACTIS GmbH
Angewandte Computertechnik
für Informationssysteme
Robert-Koch-Str. 10 (Villa Leicht)
7000 Stuttgart 80

1   Grundlegende Betrachtungen

Der erste Teil dieses Betrags enthält einige grundsätzliche Überlegungen und Erfahrungen zur Implementierung von Software-Tools zur computergestützten Programmerstellung.
Im zweiten Teil wird das System DIALIS vorgestellt, welches von der ACTIS GmbH im
Auftrage der NIXDORF CAG für den Einsatz zunächst auf dem Rechnersystem 8860 entwickelt
wurde. Es ist auch ein Einsatz des Systems auf den Rechnern 8890 und 8870/3 geplant.

1.1 Situation in der Softwareentwicklung

Es ist allgemein bekannt, daß sich die anteiligen Kosten der Software im Hardware/
Software-Vergleich immer mehr zur Softwareseite verschieben. Dies hat mehrere Gründe.
Zum einen natürlich die sinkenden Hardwarepreise, obwohl diese sich meistens nicht in
niedrigeren Verkaufspreisen äußern, sondern in einem verbesserten Preis-Leistungsver-
hältnis. Hierdurch werden sehr viel komplexere Softwarelösungen möglich, als das
früher der Fall war, was wiederum die Softwarekosten anteilig erhöht.
Waren es 1955 nur etwa 20% der Gesamtkosten einer Rechneranwendung, die für Software-
entwicklung und Wartung aufgewendet wurden, so waren es 1970 schon 60% und für 1985
rechnet man mit einem Anteil von 90%.
Ein Hauptgrund für diese Entwicklung ist aber auch, daß zur Produktion der benötigten
Software auch heute noch im wesentlichen die gleichen Methoden angewendet werden wie
vor 20 Jahren. Mann kann dabei zwei Arten von Software unterscheiden. Zum einen
individuell programmierte Software, zum anderen Standardpakete. Diese beiden Softwarearten werden heute etwa im Verhältnis 75 zu 25 verwendet. Um daraus Forderungen für
eine Änderung der Softwaretechnologie ableiten zu können, sollen die Vor- und Nachteile dieser beiden Softwarearten einmal kurz aufgezeigt werden.
Der Einsatz von individuell erstellten Programmen ermöglicht meistens eine recht gute
Umsetzung der genauen Benutzerwünsche. Auch lassen sich solche Programme, wenn auch
mit einigem Aufwand wechselnden Anforderungen anpassen, sofern der Systementwurf sorgfältig durchgeführt wurde.
Die gravierenden Nachteile individueller Software sind die hohen Erstellungskosten und
die relativ große Fehleranfälligkeit. Weitere Gefahren sind Mehrfach- und Insellösungen.
Diese Nachteile werden durch die Verwendung von Standard-Software weitgehend vermieden;
auch ist Standard-Software durch höhere Auflagen und damit Verteilung der Kosten auf
mehrere Anwender vergleichsweise billig und sicher. Jedoch muß man beim Einsatz von
Standard-Software andere Nachteile in Kauf nehmen. Zunächst wird die auf dem Markt
verfügbare Software nur in seltenen Fällen genau den Benutzerwünschen entsprechen.
Dadurch kann es erforderlich sein Organisationsabläufe auf die einzusetzende Software
auszurichten. Erschwerend kommt hinzu, daß Standard-Software in den weitaus meisten
Fällen nicht veränderbar und damit besonderen Benutzerwünschen anpaßbar ist.

Im Bestreben diesen Mangel auszugleichen, werden die Programme der Standard-Software
oft mit vielen Funktionen versehen um möglichst vielen Wünschen gerecht zu werden.
Dies wirkt sich jedoch negativ auf Programmgröße und Laufzeitverhalten aus.

1.2 Konsequenzen und Forderungen

Auf Grund des eben gesagten muß eine Möglichkeit gefunden werden, um die gewünschte
Software auf einfache Weise, billig und sicher zu erstellen. In der industriellen
Fertigung hat man sich zu diesem Zweck Maschinen geschaffen, die die zu fertigenden
Produkte aus Bauteilen zusammensetzen und andere Maschinen, die diese Bauteile her-
stellen. Ein Ausweg wäre also der Einsatz von Werkzeugen zur Softwareerstellung und
damit die Ablösung der reinen 'Handarbeit' durch eine Art von 'Serienfertigung'. Dazu
wird es erforderlich sein, den Programmierer für gewisse Teilprobleme vom Denken auf
der prozeduralen Ebene zu befreien. Das Programmieren auf der prozeduralen Ebene,
also in einer Programmiersprache, muß für die betrachteten Fälle ersetzt werden durch
ein Spezifizieren oder Beschreiben und noch zu entwerfende 'abstrakte Maschinen'
müssen die Umsetzung auf die prozedurale Ebene leisten, die eine elektronische Rechenanlage nun einmal erfordert. Das bedeutet, der Programmersteller gibt an, was er erhalten möchte und nicht, wie das Problem gelöst werden soll. Es soll durch den Einsatz
eines Software-Werkzeuges also möglich werden, ergebnisorientiert zu 'programmieren';
ein anderes Stichwort hierfür ist auch 'programing by example'. Um nun diese Programm-
beschreibungen von der hohen Spezifikationsebene auf die prozedurale Ebene der Ablauf-
umgebung abzubilden benötigt man ein entsprechendes Programmsystem. Bei bereits
existierenden Software-Tools wird oft der Weg des Interpreters eingeschlagen, der eine
Parametersprache direkt ausführt. Es soll hier die Alternative eines Konstruktors vorgestellt werden, die gegenüber einem Interpreter erhebliche konzeptionelle Vorteile
bietet. Die Bezeichnung Generator wird hier bewußt nicht so oft gebraucht, da diese
Bezeichnung sehr oft für ganz andere Systeme auf dem Markt üblich ist.
Abbildung 1 zeigt die Systemarchitektur für ein Konstruktorsystem.

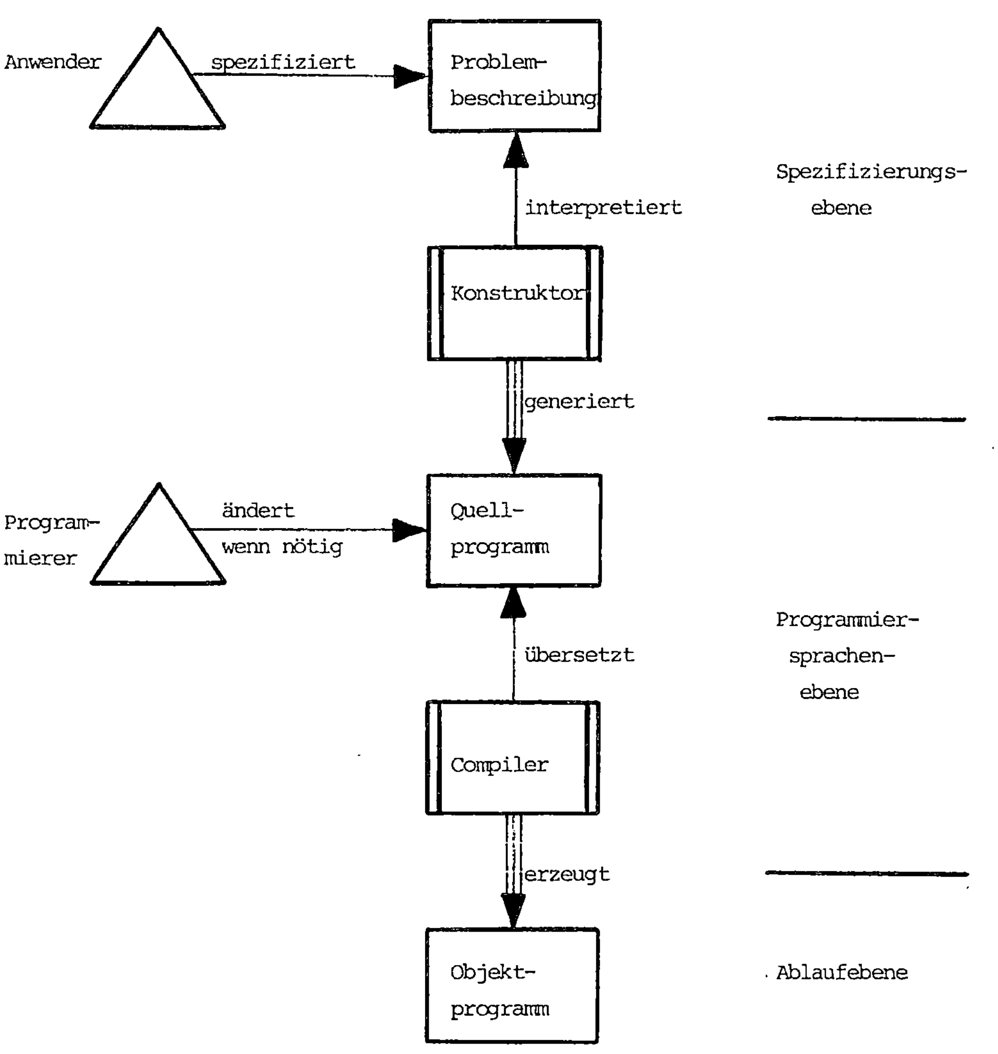

Abbildung 1: Systemarchitektur

1.3 Lösung des Problems durch ein Konstruktorsystem

Unter Konstruktor ist in diesem Falle ein Programmsystem zu verstehen, welches die
Programmspezifikation des zu erstellenden Programms in Quellstatements einer höheren
Programmiersprache (z.B. COBOL) umsetzt. Die erzeugten Programme unterscheiden sich
nicht von handgeschriebenen Programmen und können direkt kompiliert und eingesetzt
werden. Die erzeugten Programme sind modular aufgebaut und ihre Ablauflogik läßt sich
leicht nachvollziehen. Die Programmgröße und das Laufzeitverhalten sind mit entsprechenden 'handgeschriebenen' Programmen vergleichbar. Hinzu kommen noch einige weitere
Vorteile, die für den Einsatz von generierter Software sprechen. Die Programmspezifikation bleibt für evtl. Änderungen verfügbar und ist gleichzeitig Dokumentation des
Programms, die damit immer aktuell ist.
Da die Programme vom System in einer höheren Programmiersprache erstellt werden, ist
der Eingriff eines Programmerstellers auf der Programmiersprachenebene möglich, um
das generierte Programm an evtl. auftretende spezielle Anforderungen anzupassen. Das
generierte Programm selbst benötigt für den Betrieb keinerlei Teile des Generatorsystems, sondern ist in der normalen Betriebssystemumgebung ablauffähig. Testzeiten
entfallen, da die generierten Programme stets fehlerfrei sind. Ganze Problemklassen
werden nur einmal, nämlich bei Erstellung des Generatorsystems gelöst.
Abbildung 2 stellt die Eigenschaften der verschiedenen Softwarearten vergleichend
gegenüber und der große Nutzen von generierter Software wird hier besonders deutlich.

1.4 Grundzüge des Systemdesigns

Besondere Beachtung beim Entwurf des Generatorsystems muß die Verwaltung der von den
zu erzeugenden Programmen verwendeten Daten finden. Ein spezielles Dateiverwaltungssystem sorgt dafür, daß die gemeinsamen Daten nur einmal beschrieben werden müssen.
Es wird kaum gelingen, alle in der Datenverarbeitung anfallenden Probleme mit Hilfe
eines Generators zu lösen. So wird es nach dem heutigen Stand der Technik z.B. kaum
möglich sein, komplexe algorithmische Strukturen sinnvoll mit einem Generator in Programme umzusetzen. Schränkt man jedoch die Zahl der Probleme ein, die bearbeitet
werden sollen, so läßt sich sicherlich ein problemnahes und benutzerfreundliches
Generatorsystem realisieren. Versucht man, den Leistungsumfang eines Generators über
ein gewisses Maß hinaus zu vergrößern, so gehen diese Problemnähe und Benutzerfreund-
lichkeit durch die dann notwendigen komplexeren Beschreibungsmittel wieder verloren.
Bildet man nun sogenannte Problemklassen, so kann man durch den Einsatz verschiedener
Generatoren für die verschiedenen Problemklassen erreichen, daß insgesamt doch ein
großer Prozentsatz der Probleme durch die verschiedenen Generatoren abgedeckt wird.
Abbildung 3 soll diesen Sachverhalt verdeutlichen.

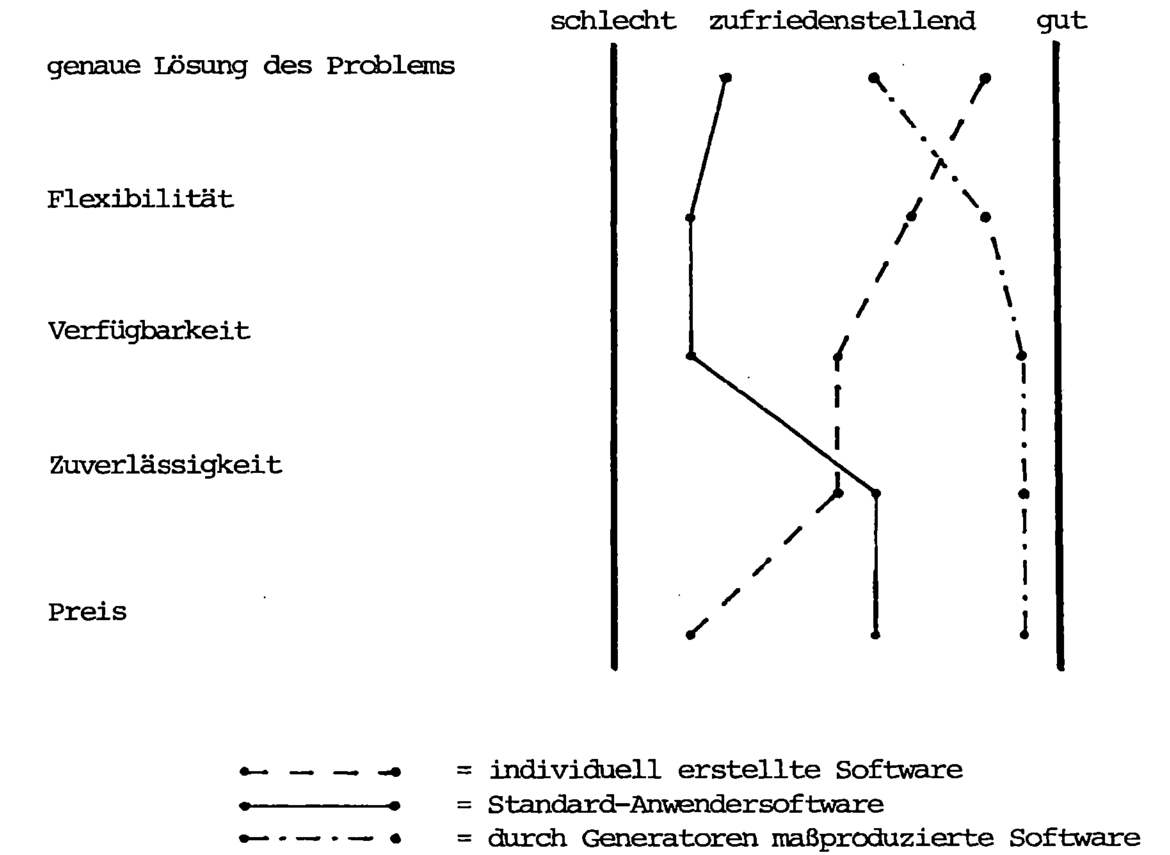

Abbildung 2: Zusammenfassender Vergleich der verschiedenen Anwendungssoftware-Arten

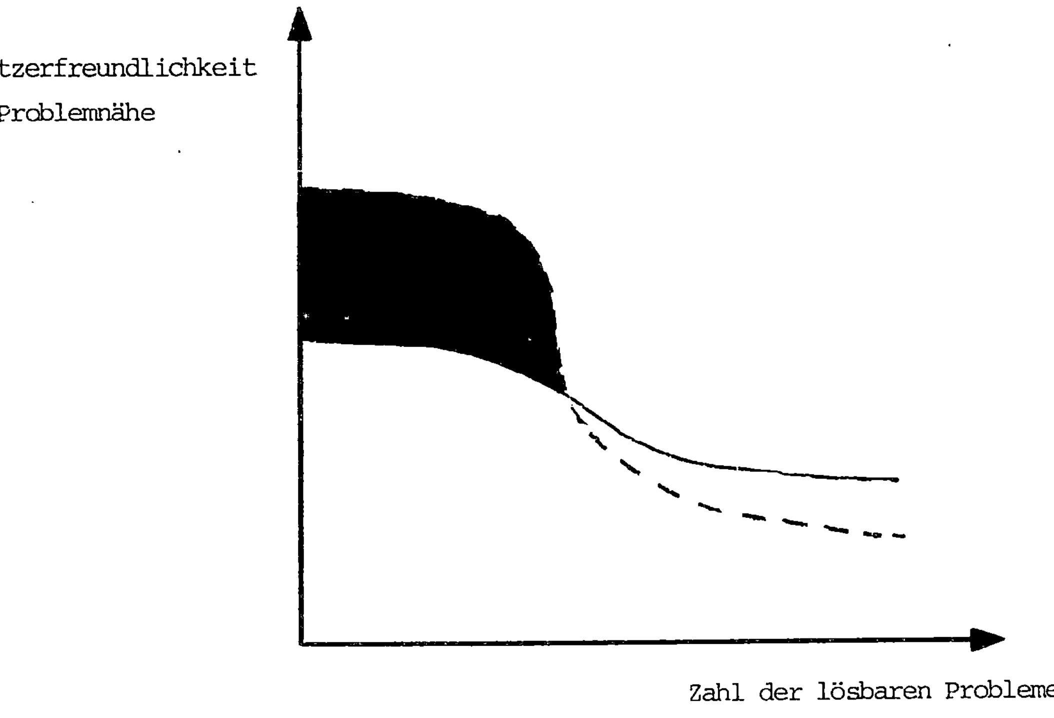

Abbildung 3:   Durch Generatoren lösbare Probleme

Klassifiziert man die Summe aller in der kommerziellen Datenverarbeitung anfallenden
Probleme unter funktionalen Gesichtspunkten, so bietet sich eine Einteilung in folgende
drei Funktionsklassen an:

- Eingabe von Daten, d.h. erfassen, ändern, lesen
  und löschen von Daten in Dateien.

- Weiterverarbeitung der Daten

- Ausgabe bzw. Auswertung von Daten aus Dateien,
  die durch Eingabeprogramme gepflegt werden, bzw.
  bei der Weiterverarbeitung entstanden sind.

Besonders gut für den Einsatz von Generatoren eignen sich die Problemklassen Eingabe
und Ausgabe. Programme dieses Typs haben im Gegensatz zu den verarbeitenden Programmen
eine geringe algorithmische Komplexität bzw. können in Teilen so standardisiert werden,
daß sie nach stets gleichen Algorithmen ablaufen. Der Nutzen von Generatoren in diesen
Bereichen wird auch deshalb besonders groß sein, weil der Programmieraufwand für Bild-
schirm- bzw. Durckaufbereitung in prozeduralen Programmiersprachen vergleichsweise
sehr hoch ist.
Auch für Programme der Funktionsklasse Verarbeitung lassen sich sicherlich Ansätze
finden, um die Benutzerschnittstelle bei der Programmierung von der Prozeduralen Ebene
auf ein mehr deskriptives Niveau anzuheben, jedoch sollen diese aus den oben genannten
Gründen zunächst nicht untersucht werden.
Als Folge der Trennung in Funktionsklassen benötigt man ein übergeordnetes Organisationskonzept, um die Teilsysteme miteinander betreiben zu können. Teil dieser Organisation ist der Zugriff auf die gemeinsam verwendeten Daten.
Dazu ist es notwendig, eine Beschreibung dieser Daten zentral zu verwalten, ähnlich
einem Schema in einem Datenbanksystem. Diese zentrale Beschreibung gewährleistet zum
einen ein reibungsloses Operieren auf gemeinsamen Datenbeständen und zum anderen können
hier von den Generatoren Informationen über Daten und Dateien abgerufen werden, die der
Benutzer so bei seiner Problemspezifikation schon nicht mehr im einzelnen anzugeben
braucht.

2 Das System DIALIS

Das System DIALIS wurde auf der Grundlage der im ersten Teil dargestellten Überlegungen von der Firma ACTIS im Auftrag der NIXDORF CAG entwickelt und im Herbst 1980
erstmals eingesetzt. Das System wurde für die Rechenanlage 8860 in COBOL geschrieben
und erzeugt auch Programme in COBOL. Es ist jedoch auf Grund der Systemarchitektur
möglich, ohne größere Änderungen des Konstruktorsystems Programme auch in anderen Programmiersprachen (z.B. PL/1) zu erzeugen. Die in DIALIS enthaltenen Systemkomponenten
sind ein Dateiverwaltungssystem, ein Teilsystem zur Generierung von Dialogprogrammen
für die Dateiverwaltung und ein Teilsystem zur Erzeugung von Listprogrammen.

2.1 Dateiverwaltung

In der Dateiverwaltungskomponente des DIALIS-Systems werden alle Anwenderdateien beschrieben, die von den erzeugten Programmen bearbeitet werden sollen. Auf die hier
gespeicherten Informationen wird auch bei der Programmspezifikation in der Dialog-
und der Listkomponente zugegriffen. Neben den allgemeinen Angaben zu den Dateien
(Name, Organisationsart usw.) kann pro Feld z.B. auch angegeben werden, ob dieses
Feld änderbar und/oder anzeigbar ist. Durch das Anlegen von mehreren Dateibeschreibungen für die gleiche physische Datei lassen sich so mehrere logische Sichten
realisieren und Daten gegen unberechtigten Zugriff schützen.

2.2 Leistungsumfang Dialog-Komponente

Mit der Dialog-Komponente des DIALIS-Systems lassen sich Programme der Problemklasse
'Dateipflege im Dialog' erzeugen. Der Leistungsumfang geht weit über die üblichen Er-
fassungsprogramme hinaus. So kann ein Programm mehrere Teilmasken bearbeiten, die sich
auch ganz oder teilweise überlappen können. Die generierten Programme werden auch
standardmäßig mit zahlreichen Funktionen versehen, die ihre Handhabung sehr komfortabel
machen. So kann während der Bearbeitung eines Dateisatzes jederzeit jedes Feld der
Maske direkt angesprungen werden; schon eingegebene Feldinhalte können dupliziert
werden und innerhalb der Datei kann vorwärts und rückwärts 'geblättert' werden. Bei
der Spezifikation des Programms können diverse Plausibilitätsprüfungen und Wertebe-
reiche für die einzelnen Felder eingegeben werden, die dann jeweils bei der Feldein-
gabe abgeprüft werden. Die Einhaltung der Plausibilitätsregeln werden von den erzeugten Programmen auch bei Benutzung von Sprungfunktionen usw. voll gewährleistet.

2.3 Leistungsumfang List-Komponente

Mit der List-Komponente des DIALIS-Systems lassen sich Batch-Programme zum Erstellen
von Listen und Reports erzeugen. Dabei wird eine Hauptdatei sequentiell nach DIN 66220
ausgewertet. Die 'Verarbeitung von Dateien nach Satzgruppen' ist dabei jedoch nur die
Basis der angebotenen Funktionen. So können Daten aus beliebig vielen Nebendateien
verarbeitet werden. Für die Hauptdatei können Selektionskriterien formuliert werden,
die die Auswahl bestimmter Sätze ermöglichen. Die Hauptdatei kann auch aus mehreren
Satzarten bestehen, die vom generierten Programm so behandelt werden, daß die inhaltlich zusammengehörigen Sätze bei der Verarbeitung alle parallel zur Verfügung stehen.
Alle Daten aus Haupt- und Nebendateien lassen sich für die Ausgabe auch beliebig
arithmetisch verknüpfen und mit der Summenfunktion lassen sich sehr einfach Summen
über Datenfelder oder für die Ausgabe berechneten Felder bilden. In Abhängigkeit von
Bedingungen, die bei der Programmspezifikation formuliert werden können, sind im erzeugten Listprogramm verschiedene Aktionen möglich, wie z.B. das Unterdrücken einer
Zeile, der Ansprung einer benutzereigenen Routine oder ein Programmabbruch. Die
generierten Programme werden ferner optional mit einer Probedruckroutine versehen,
die eine Einrichtung eines speziellen Formulars auf dem Druckgerät ermöglicht.
Typischer Einsatzbereich für die List-Komponente ist die Erstellung von Programmen
für:
Dateiauszüge, Statistiken, Rechnungen, Lieferscheine, Angebote, Aufträge, Stammblätter,
Etiketten, Bestandslisten, Gehaltslisten usw.
Auch spontane oder einmalige Auswertungen sind durch die schnelle und komfortable
Programmerstellung leicht möglich.
Abbildung 4 zeigt den Aufbau des DIALIS-Systems.

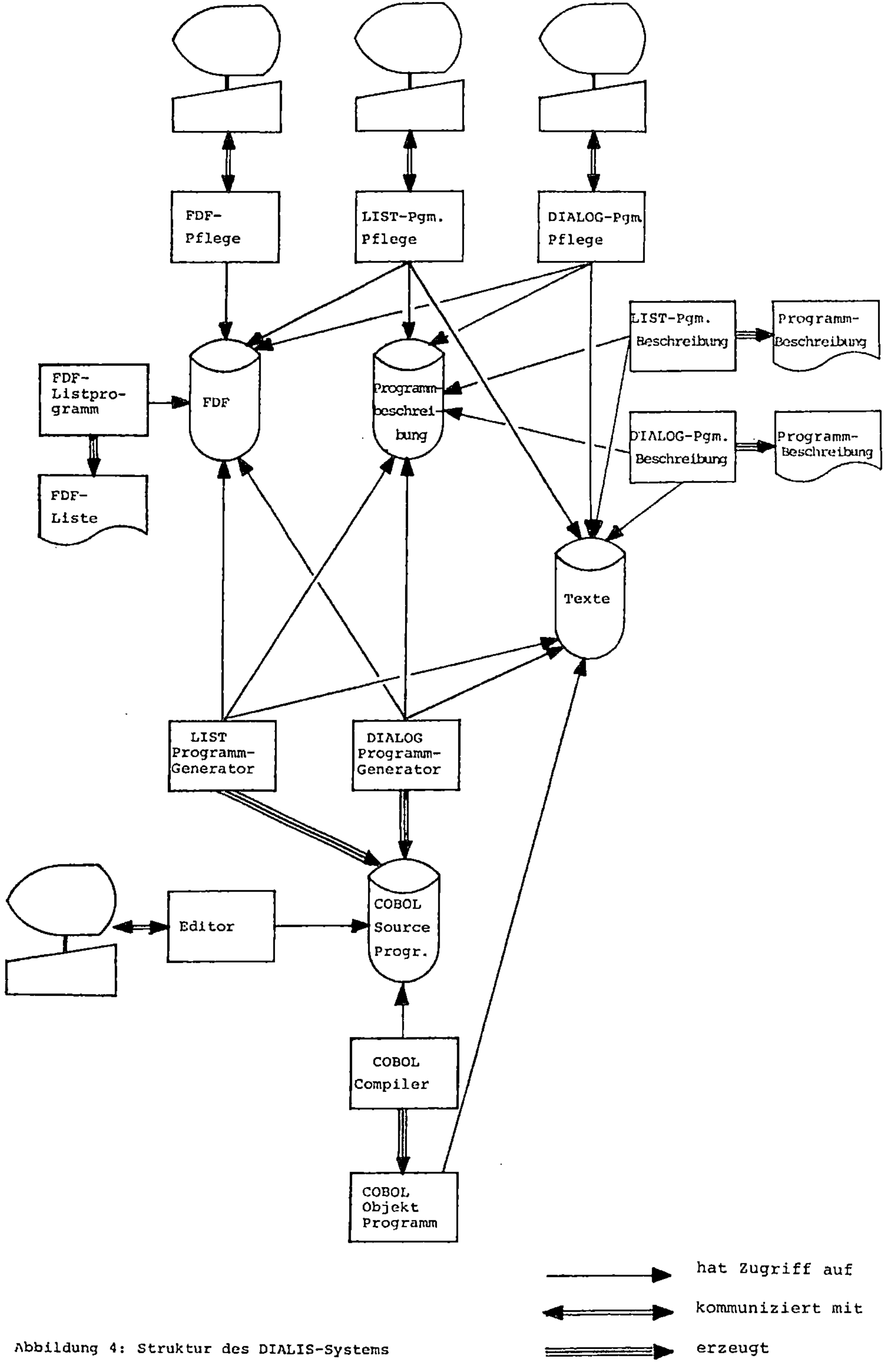

Abbildung 4: Struktur des DIALIS-Systems

2.4 Bedienungsablauf

Der besondere Komfort und das fortschrittliche Konzept des DIALIS-Systems liegt in der sehr hohen, deskriptiven Benutzerschnittstelle zur Spezifikation der gewünschten Programme. Insbesondere ist zur Beschreibung der Programme keine Sprache und keine Formulierung von Anweisungen nötig. Damit entfällt auch der Entwurf und die Programmierung einer Programmstruktur oder einer Ablauffolge. Das Erlernen einer Syntax erübrigt sich und auch ein Sachbearbeiter ohne größere Programmierkenntnisse kann das System nach einer kurzen Einweisung bedienen und für sich nutzen. Diese Aussagen haben sich auch im praktischen Einsatz völlig bestätigt.

Die Spezifikation des gewünschten Programms erfolgt in vier Schritten:

1. Eingabe der allgemeinen Programmdaten (Name, Hauptdatei usw.)

2. Lokale Beschreibung des gewünschten Ausgabemusters am Bildschirm durch Einsetzen von Text bzw. Platzhaltesymbolen für Felder an den gewünschten Stellen. Der Text für Feldnamen und die entsprechenden Platzhaltesymbole können dabei auch aus dem Dateiverwaltungssystem eingespielt werden. Dieses Ausgabemuster kann durch Verschieben, Einsetzen und Löschen von Text und Platzhaltesymbolen so lange verändert werden, bis der gewünschte optische Eindruck erreicht ist.

3. Die lokale Beschreibung des Ausgabemusters wird noch ergänzt durch qualitative Beschreibungen der einzelnen Felder, wie z.B. Prüfbedingungen usw.
   Die Platzhaltesymbole der jeweiligen Felder werden dabei von einem Scanner aufgesucht und am Bildschirm durch hellere Ausgabe hervorgehoben.

4. Die in der Programmbeschreibung verwendeten Nebendateien werden nacheinander aufgesucht und die Referenz von der Hauptdatei auf die entsprechende Nebendatei abgefragt.

Die so eingegebene Programmbeschreibung dient als Grundlage für das Konstruktorprogramm und bleibt als Programmdokumentation und für evtl. spätere Änderungen verfügbar. Durch das Konstruktorprogramm wird nun aus der Programmbeschreibung das entsprechende COBOL-Programm erzeugt und in der Quellbibliothek abgestellt. Von nun an wird das generierte Programm mit den normalen Betriebssystemhilfsmitteln weiterbehandelt (editiert, kompiliert usw.).
Die Erstellung eines Dialog- oder eines Listprogramms mit dem DIALIS-System dauert mit Erfassung der Datenbeschreibung und der Programmbeschreibung sowie dem Konstruktorlauf etwa 1 Stunde. Wie Tests ergaben, würde eine Programmierung von Hand bei einem geübten Programmierer etwa 3-5 Tage in Anspruch nehmen.

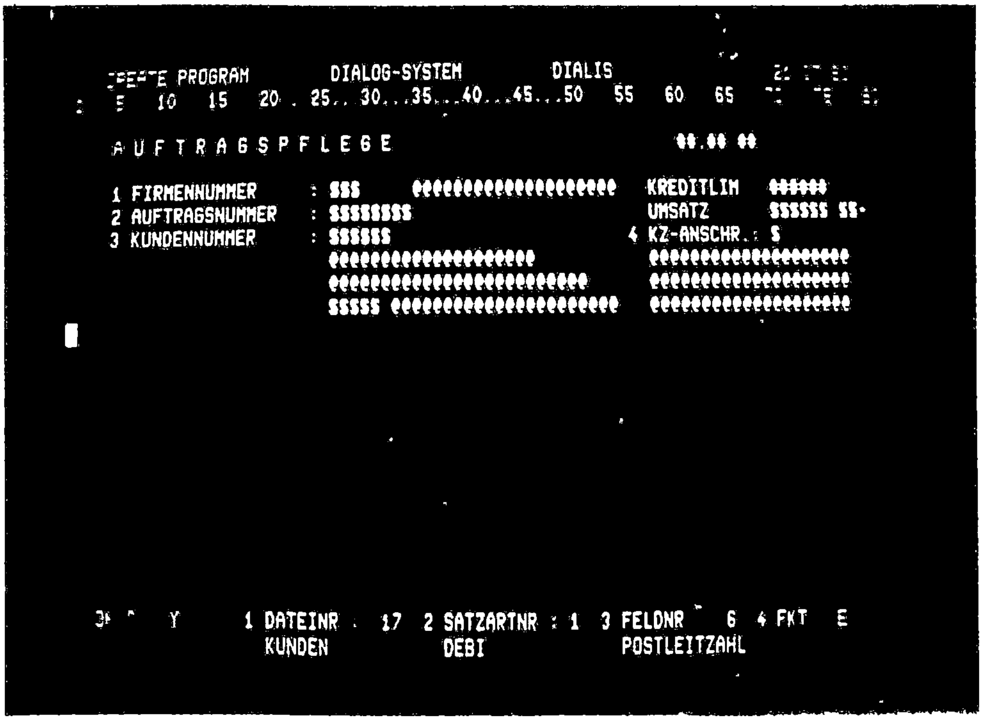

Abbildung 5: Beispiel einer Programmspezifikation

2.5 Erzeugte Programme

Die vom DIALIS-System erzeugten Programme sind modular aufgebaut und sauber strukturiert. Dadurch sind sie gut lesbar und evtl. notwendige Erweiterungen können leicht
auf der Programmiersprachenebene vorgenommen werden. Ausführliche Untersuchungen haben
ergeben, daß die generierte Software in Bezug auf Quellprogrammgröße, Objektprogramm-
größe, benötigte CPU-Zeit, Durchsatz usw. durchaus handgeschriebenen Programmen eben-
bürtig sind. Durch die einheitliche Struktur und die vorhandenen Kommentare sind sie
jedoch meistens besser lesbar und schneller zu durchschauen.

Da die Dateibeschreibungen separat verwaltet werden und auch die dateibezogenen Teile
des COBOL-Programms separat generiert und erst bei der Kompilierung einkopiert werden,
ist bei einer evtl. Änderung eines Dateiaufbaus kein neuer Konstruktorlauf, sondern
nur eine neue Übersetzung des entsprechenden COBOL-Programms notwendig.

Abbildung 6 zeigt einen Ausschnitt aus einem vom DIALIS-System erstellten Programm.

```
SOURCE LISTING      PROG: LEID/LEIC-000/000      DATE: 02.02.81

/                                                                    GEN
 PROCEDURE DIVISION.                                                 GEN
                                                                     GEN
 **** MAIN CONTROL *********************************************     GEN
  Y-MAIN.                                                            GEN
      PERFORM Y-INITIALIZE THRU Y-INITIALIZE-END.                    GEN
  Y-READ-MAIN-FILE.                                                  GEN
      READ EINGANGS-RE NEXT RECORD                                   GEN
          AT END MOVE Y-READY TO Y-PGM                               GEN
          GO TO Y-PROCESS-MAIN-FILE.                                 GEN
      MOVE ZERO TO Y-SELECT.                                         GEN
      MOVE YNEW-RECORD0 TO Y-SAVE-EINGANGS-RE.                       GEN
      MOVE Y-EINGANGS-RE-RECORD TO YNEW-RECORD0.                     GEN
      MOVE Y-PRUEF-RECORD TO Y-SAVE-PRUEF.                           GEN
      PERFORM Y-READ-PRUEF THRU Y-READ-PRUEF-END.                    GEN
      IF GUTSCHRIFTS-BETR OF Y-EINGANGS-RE-RECORD0 NOT = PRUEFNULL   GEN
      OF Y-PRUEF-RECORD0                                             GEN
          MOVE 1 TO Y-SELECT.                                        GEN
      MOVE Y-SAVE-PRUEF TO Y-PRUEF-RECORD.                           GEN
      IF Y-SELECT NOT = ZERO                                         GEN
          GO TO Y-READ-MAIN-FILE.                                    GEN
      MOVE Y-EINGANGS-RE-RECORD TO YNEW-RECORD0.                     GEN
      MOVE ZERO TO Y-EMPTY.                                          GEN
  Y-PROCESS-MAIN-FILE.                                               GEN
      PERFORM Y-PROCESS THRU Y-PROCESS-END.                          GEN
      IF Y-PGM = Y-LASTRECORD OR Y-CANCEL                            GEN
          GO TO Y-END.                                               GEN
      MOVE YNEW-RECORD-ARRAY TO YOLD-RECORD-ARRAY.                   GEN
      IF Y-PGM = Y-READY                                             GEN
          MOVE Y-LASTRECORD TO Y-PGM                                 GEN
          MOVE SPACES TO YNEW-RECORD-ARRAY                           GEN
          MOVE 1 TO Y-EMPTY                                          GEN
          MOVE ZERO TO YNEW-RECHNUNGS-BETRAG                         GEN
          MOVE ZERO TO YNEW-GUTSCHRIFTS-BETR                         GEN
          MOVE ZERO TO YNEW-VORSTEUER-BETRAG                         GEN
          GO TO Y-PROCESS-MAIN-FILE.                                 GEN
      MOVE SPACES TO YNEW-RECORD-ARRAY.                              GEN
      MOVE 1 TO Y-EMPTY.                                             GEN
      MOVE ZERO TO YNEW-RECHNUNGS-BETRAG.                            GEN
      MOVE ZERO TO YNEW-GUTSCHRIFTS-BETR.                            GEN
      MOVE ZERO TO YNEW-VORSTEUER-BETRAG.                            GEN
      GO TO Y-READ-MAIN-FILE.                                        GEN
  Y-END.                                                             GEN
      PERFORM Y-ENDPGM THRU Y-ENDPGM-END.                            GEN
  Y-MAIN-END.                                                        GEN
      EXIT PROGRAM.                                                  GEN
  Y-MAIN-STOP-RUN.                                                   GEN
      STOP RUN.                                                      GEN
                                                                     GEN
                                                                     GEN
 **** OUTPUT OF DETAIL *****************************************     GEN
  Y-DETAIL.                                                          GEN
      MOVE 001 TO Y-LINE.                                            GEN
      PERFORM Y-SPACELINES THRU Y-SPACELINES-END.                    GEN
      MOVE 'LEID0001' TO Y-TEXT-KEY.                                 GEN
      READ Y-TEXT                                                    GEN
          INVALID KEY MOVE SPACES TO Y-TEXT-RECORD.                  GEN
      MOVE Y-TEXT-TEXT TO Y-PRINTLINE.                               GEN
      MOVE YNEW-RECHNUNGS-DATUM TO YPR-OD-001-012.                   GEN
      MOVE YNEW-RECHNUNGS-NR TO YPR-OD-001-031.                      GEN
      MOVE YNEW-RECHNUNGS-KZ TO YPR-OD-001-052.                      GEN
      MOVE YNEW-RECHNUNGS-BETRAG TO YPR-OD-001-062.                  GEN
      MOVE YNEW-VORSTEUER-BETRAG TO YPR-OD-001-083.                  GEN
      IF YNEW-VORSTEUER-BETRAG NOT < 0                               GEN
          COMPUTE VORSTEUERS = YNEW-RECHNUNGS-BETRAG * 0/13          GEN
      ELSE                                                           GEN
          MOVE 0 TO VORSTEUERS.                                      GEN
      MOVE VORSTEUERS TO YPR-OD-001-103.                             GEN
      PERFORM Y-PRINT-LINE THRU Y-PRINT-LINE-END.                    GEN
  Y-DETAIL-END.                                                      GEN
      EXIT.                                                          GEN
```

Abbildung 6: Auszug aus einem mit DIALIS erstellten Programm

3 Zusammenfassung

Abschließend läßt sich feststellen, daß die guten Erfahrungen, die bei der Implementierung und dem Einsatz des DIALIS-Systems gemacht wurden, zu einigem Optimismus An-
laß geben.
Sicherlich werden sich in absehbarer Zukunft nicht alle Probleme der kommerziellen
Datenverarbeitung mit Konstruktoren lösen lassen, jedoch bringt der Einsatz eines
solchen Systems sehr große Erleichterungen und Vorteile bei der Programmerstellung
für bestimmte Problemklassen. Dies wiegt um so schwerer, da gerade diese Programme,
trotz ihrer geringen algorithmischen Komplexität, einen hohen Aufwand bei der manuellen Programmierung erfordern.
Würde man in einer Problembeschreibungsmethode wie HIPO, SADT, Michael-Jackson, ISAC
oder Constantine auf einer im Sinne dieser Methode elementaren Ebene Beschreibungsmittel eines Konstruktorsystems anbieten, so läßt sich ein integriertes, computergestütztes System denken, das von der Systemanalyse über den Entwurf bis zur Implementierung und Dokumentation reicht.

4 Literatur

/1/   Deutsche Normen, DIN 66220, Mai 1977
      Programmablauf für die Verarbeitung von Dateien nach Satzgruppen.

/2/   Gerkens, R.M., Kurzawski, R., Schneider, H.J., Stübel, G.
      Programmieren von Reportprogrammen durch Spezifizieren am Bildschirm.
      Angewandte Informatik Nr. 5/80, S. 189-193, 1980

/3/   Gerkens, R.M., Kurzawski, R.
      Entwurf und Implementierung eines tabellengesteuerten Reportprogrammgenerators
      zur Erstellung von Ausgabeprogrammen durch bildhaftes Spezifizieren.
      Diplomarbeit, Institut für angewandte Informatik, Technische Universität
      Berlin, 1980

/4/   NIXDORF Computer AG (Hrsg.)
      Systemliteratur 8860, DIALIS Bedienungsanleitung, 1980

/5/   Portner, N., Stübel, G.
      Computergestütztes Programmieren durch Spezifizieren am Bildschirm.
      Angewandte Informatik Nr. 10/79, S. 441-445, 1979

/6/   Schneider, H.J.
      Maßproduzierte Software statt Standardpakete.
      Interner CIS-Bericht 11/76, Technische Universität Berlin, 1976

<u>SYSTEME R / SAP   Real-Time Systeme</u>

Hasso Plattner, Walldorf

1. <u>Die verallgemeinerte Anwendung</u>

   Im Bereich der kommerziellen Anwendungen haben sich in den letzten
   Jahren die Dialogsysteme immer mehr in den Vordergrund geschoben.
   Viele dieser Systeme waren Neukonzeptionen bereits bestehender
   Anwendungen, mit dem Versuch die verschiedenen von einander unabhängig operierenden Insellösungen zusammenfassen. Zwangsläufig ergibt sich so eine immer größer werdende Komplexität der Systeme.
   Soll dieser Weg der Integration, der dem betrieblichen Ablauf entspricht und damit dem Anwender entgegenkommt, fortgesetzt werden,
   muß die Programmentwicklung und -wartung selbst auf einen höheren
   technischen Stand gebracht werden.
   Es gibt eine Vielzahl von Ansätzen zur Lösung dieser Probleme,
   unter anderen:

   - Programmentwurfshilfen
   - spezielle Programmiersprachen
   - Programmcodegeneratoren
   - Dialogorientierte Testhilfen
   - Data-Dictionary-Systeme
   - Datenbank-Systeme

   Mit diesen Hilfsmitteln kann sicherlich schneller eine auch quali-
   tativ bessere Anwendungssoftware entwickelt werden, die interne
   Struktur der Programme bleibt aber nahezu erhalten und ähnelt immer
   noch dem Aufbau konventioneller Stapelprogramme, die sich ihrerseits an den Aufbau mathematisch-technischer Programme zu Beginn
   der sechziger Jahre anlehnten.

   So bleiben heute viele programmtechnische Probleme, die durch die
   interaktive Verarbeitungsweise der Dialogsysteme erst neu entstanden sind, allein dem Programmierer überlassen. Moderne DB/DC-Sy-
   steme unterstützen zwar die Verwaltung von Datenstationen, Programmen, Bildschirmmasken, Datenbankzugriffen und Arbeitsspeicher, haben Einrichtungen für den Datenschutz, die Ablaufsicherung von
   Transaktionen und allgemeine Testhilfen, aber in die Struktur der
   Anwendungsprogramme greifen sie nicht ein. Hier aber liegt meines
   Erachtens ein ganz entscheidender Ansatzpunkt zur Reform der Anwendungsprogrammierung.

   Wenn wir einmal typische kaufmännische Anwendungen wie Einkauf, Ver-
   trieb, Buchhaltung näher betrachten, so fällt auf, daß bestimmte
   einander ähnliche Verarbeitungsschritte und Programmsteuerungstech-
   niken immer wieder Verwendung finden. Was liegt eigentlich näher
   als diese zu isolieren und als genormte Funktionen, die in einer
   verallgemeinerten Ablaufsteuerung abrufbar sind, zur Verfügung zu
   stellen. Ein Konzept dieser Art wurde von der SAP bereits Anfang
   der siebziger Jahre entworfen und ist seitdem die Basis für eines
   der grössten Dialog-Anwendungs-Systeme im Universalrechnerbereich.

2. Abriß der feldorientierten Dialogprogrammierung

Wir definieren eine betriebswirtschaftliche Teilaufgabe als Transaktion. Der Umfang einer Transaktion ergibt sich durch die Kommunikationsmöglichkeiten zwischen dem Benutzer und dem System und kann über die Aufzählung aller vorkommenden Datenelemente beschrieben werden (Abb.1). Es liegt nahe,den Informationsaustausch auf mehrere verschiedene Kommunikationsebenen zu verteilen, die ihrerseits hirarchisch oder netzartig mit rekursiver Verwendung geordnet sind (Abb.2). Die Wahl der Kommunikationsebenen richtet sich nach dem betriebswirtschaftlichen Inhalt der Transaktion, der Struktur der Datenelemente und dem Kommunikationsmedium. In der weiteren Betrachtung beschränken wir uns hier auf Bildschirmgeräte, eine Bildschirmmaske stellt also eine Kommunikationsebene dar.

Der Inhalt einer Transaktion kann nun auf jeder Kommunikationsebene feldbezogen definiert werden. Legt man eine Menge von Standard-Abläufen wie Senden, Empfangen, Feldaufbereitung, Formalprüfung, Modifikation, Datentransfer, Datenkonvertierung etc. als Teil eines anwendungsneutralen Steuerungssystem zugrunde, die beliebig in der Feldbeschreibung aufgerufen werden können, so kommen wir zu einer voll descriptiven Programmiersprache für Dialogtransaktionen.
Eine solche Programmiersprache ist denkbar, wäre aber sehr umfangreich und damit schwerfällig, bezogen auf ihre Erlernbarkeit und die Weiterentwicklung. Wir haben deshalb auf eine total formalisierte Feldbeschreibung verzichtet und stellen neben die normierte Definition von Feldeigenschaften und Verarbeitungsregeln (Tafel 1) die individuelle Programmierung, in Form von feldbezogenen Programmroutinen. Auf diese Weise ist eine weitgehende Normierung der Dialogprogramme ohne Einschränkung der Komplexität erreichbar. Selbstverständlich sind innerhalb dieser Programmroutinen die Struktur der Kommunikationsebene und die normierten Feldbeschreibungen bekannt und können in der Codierung verwendet werden. Die bei der individuellen Feldbearbeitung auftretenden Dialoge werden über normierte Aufrufe (Hinweis, Korrekturmöglichkeit, Korrekturzwang, Abbruch etc.) abgewickelt, wobei die Feldbeschreibungen auf der Kommunikationsebene wieder die Arbeitsgrundlage bilden. So wird z. B. die Ausgabenachricht mit gewünschtem Hinweistext und der Wiedereingabebereitschaft der betroffenen Felder automatisch erstellt und gesendet. Der momentane Zustand der Verarbeitung wird festgehalten und nach erfolgter Dateneingabe wird die Verarbeitung an dem entsprechenden Punkt wiederaufgenommen.
Die Beschreibung einer Kommunikationsebene nennen wir DYNPRO (dynamisches Programm), denn obwohl es sich um eine statische Definition handelt, stellt sie doch den datenabhängig dynamisch veränderbaren Teil der Programmierung einer Transaktion dar. Die feldbezogenen, individuellen Programmroutinen heißen Module.

Die Module für eine oder eine Gruppe von Transaktionen werden in einem Modul-Pool zusammengefaßt. Die Verknüpfung zwischen Feldbeschreibung im Dynpro und Modul im Modul-Pool geschieht über den 5-stelligen Feldnamen (Abb.3).

Die Programmierung einer Transaktion umfaßt somit die Definition der DYNPRO's für alle Kommunikationsebenen und der individuellen Verarbeitungsmodule. Ein Anwendungsprogramm im herkömmlichen (proceduralen) Sinn gibt es nicht.

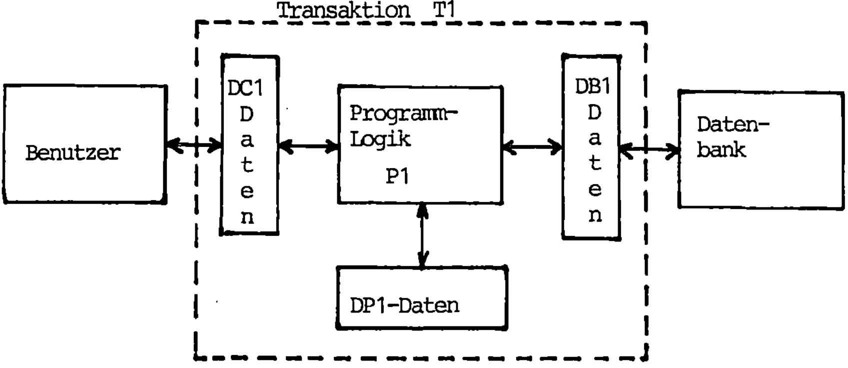

Abb. 1   Umfang einer Transaktion

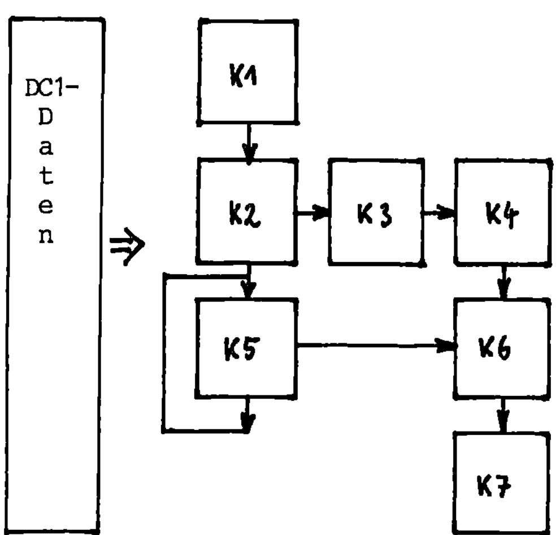

Abb. 2.   Aufteilung der Kommunikation auf mehreren Ebnen (K1 - K7)

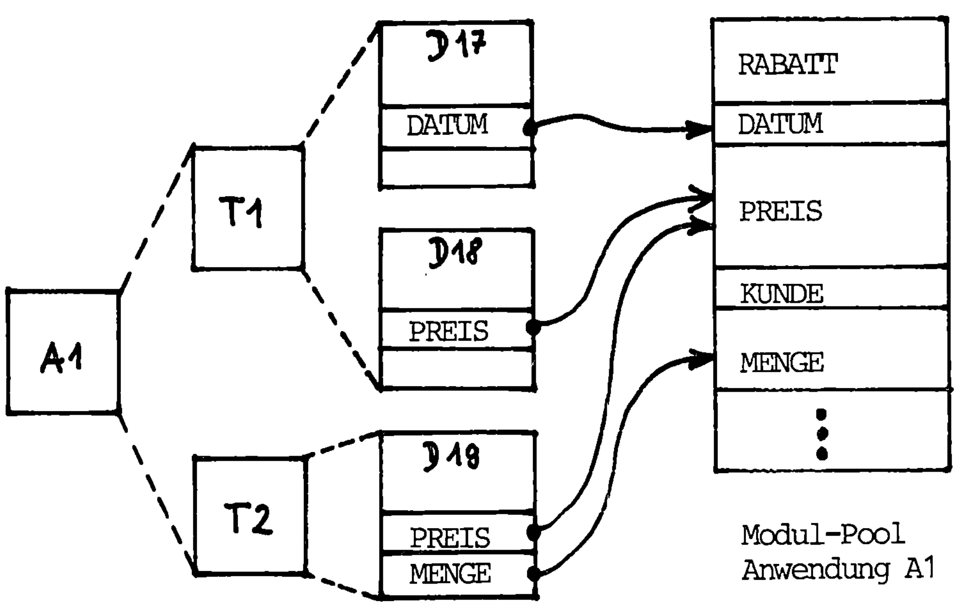

Abb. 3   Aufbau Arbeitsgebiet

<u>Beschreibung der Kommunikationsebene</u>

. Masken-Layout (Zeilen, Spalten)

. Verkettung mit anderen Kommunikationsebenen

<u>Beschreibung der Felder</u>

- statische Eigenschaften
  . Feldname
  . Zeichenzahl
  . Editionsanweisung
  . Feldbezeichnung (in mehreren Sprachen)
  . Maskenposition
  . Verknüpfung mit DC-, DB-, DP-Feldern

- Verarbeitungsregeln
  . Feldinhalt anzeigen?
  . Feldinhalt eingeben?
  . Definition der erlaubten Feldinhalte
  . Aufruf von Prüftabellen
  . Verknüpfung mit anderen Feldern der Maske
  . Konvertierungsvorschriften
  . Steuerungsmerkmale für Maskenmodifikation
  . alternative Verarbeitungsregeln
  . Aufruf von speziellen Verarbeitungsmodulen

<u>Ablaufbeschreibung der Verarbeitung</u>

. Modifizieren der Maske
. Senden der Maske
. formale Interpretation der Eingabenachricht
. Aufruf der Feldprüfung und -verarbeitung (feldweise)
. Aufruf des nachfolgenden DYNPRO's

Tafel 1   <u>Übersicht der im DYNPRO gespeicherten Informationen</u>

Die hier skizierte Programmstruktur hat Einfluß auf

- Programmdesign und -erstellung
- Programmtest
- Programmdokumentation
- Schulung
- Wartung.

Die normierte Beschreibung der Kommunikationsebenen in Form der
DYNPRO's bildet die Basis für eine Reihe allgemeiner, d. h. anwen-
dungsneutraler Systemfunktionen (Abb.4), die hier in Form einer
Aufzählung erwähnt werden, um anschließend über ihre Verwendung
zu berichten:

- automatische Aufbereitung der Nachricht für Initialausgaben und
  Dialoge innerhalb einer Kommunikationsebene.

- datenabhängige Modifikation der Kommunikationsebene durch Ent-
  fernen von Feldern oder Änderung der Eingabebereitschaft (Pflich-
  felder, Wahlfelder) vor der Initialausgabe

- Statusverwaltung bei der Abwicklung von Dialogen.

- Substitution der Benutzereingaben durch formatierte Datensegmente,
  die den Kommunikationsebenen entsprechen und transaktionsweise
  gespeichert sind.

- Bereitstellung von Testhilfen wie

  . schrittweise Bearbeitung eines DYNPRO's
  . Anzeige der Felddefinition
  . Anzeige der Datenfelder

  während des Ablaufs einer Transaktion, in normaler Umgebung (kein
  Testmonitor).

- Anbindung von Dokumentationselementen zur maschinellen Dokumentation einer Kommunikationsebene und zur Bedienungsanleitung.

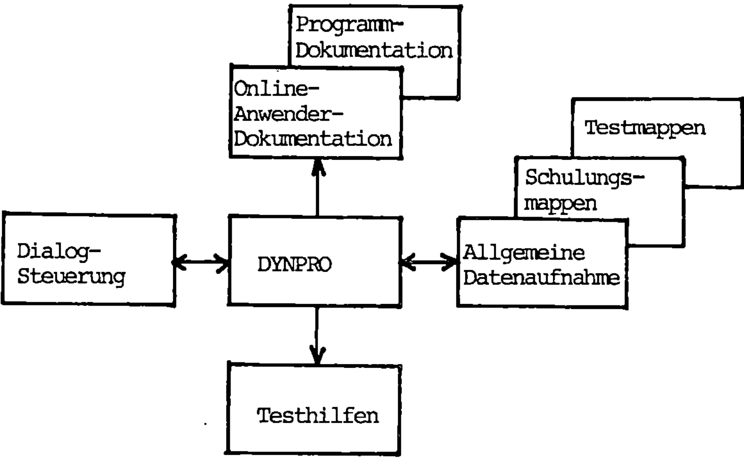

Abb. 4   Systemkomponenten basierend auf dem DYNPRO

3. <u>Programmerstellung</u>

Das Programmdesign zerfällt in Schritte

. Definition Transaktionsumfang
. Aufteilung der Datenelemente auf Kommunikationsebenen
. Feldbeschreibung der Kommunikationsebenen
. Funktionsbeschreibung der individuellen Verarbeitungsmodule

und ist damit direkt mit der Programmerstellung verwoben; Änderung
des Designs erfolgen iterativ.
Ein DYNPRO wird mit Hilfe spezieller Anweisungen definiert, umgewandelt und als Satz in eine Datenbank gestellt. Dabei werden soweit wie möglich alle formalen Fehler bereits angezeigt. Ein korrekt
geladenes DYNPRO ist in der Regel sofort ablauffähig. Spezielle Verarbeitungsmodule werden nur für die Beschaffung von Daten aus der
Datenbank benötigt, auf alle weiteren Module kann für einen ersten
Test verzichtet werden. Nach und nach werden fertiggestellte Verarbeitungsmodule in den Modul-Pool aufgenommen und im Dialog getestet. Die Entkoppelung der Verarbeitungsmodule untereinander ist
verglichen mit konventionellen Programmen sehr hoch. Auf einen
Maskenentwurf am Bildschirm wird verzichtet. Der Aufwand für die
Definition der Maske ist gering im Vergleich zur Beschreibung der
Ablaufsteuerung und der feldbezogenen Verarbeitungsregeln, so daß
sich hier die Verwendung spezieller Werkzeuge nicht mehr lohnt.
Die Verarbeitungsmodule sind befreit von der Dialogabwicklung und
beinhalten ausschließlich die Bearbeitung von Feldinhalten, den
Aufruf von Datenbankzugriffen und die Definition der verschiedenen
Dialoge in Abhängigkeit von den Verarbeitungsergebnissen. Sie bestehen
oft aus nur wenigen Anweisungen. Es ist überraschend, auf welche
Ausmaße die eigentlichen betriebswirtschaftlichen Programmroutinen
reduzierbar sind. Durch Entkopplung von Maske und Programm können
die einzelnen Verarbeitungsmodule beliebig in verschiedenen Transaktionen, d. h. DYNPRO's wieder verwendet werden. Auch die Übertrag-
barkeit auf andere Anwendungen ist sehr hoch. Die meisten Verarbeitungsmodule werden ohne jede Programmentwurfshilfe direkt auf Grund
der Funktionsbeschreibung codiert.
Der stark gegliederte Programmaufbau führt automatisch zu einer
Normierung der Programmierung, und eignet sich besonders für die
Erstellung großer Programmkomplexe, die nur von mehreren Mitarbeitern in gemeinschaftlicher Entwicklung bewältigt werden kann. Der
Rückfluß aus dem Testbetrieb bereits fertiggestellter Teilbereiche
wird leicht aufgenommen und in die Weiterentwicklung integriert.

4. Programmtest

Für das Austesten von Transaktionen stehen Testhilfen innerhalb der
Anwendung selbst zur Verfügung. Das hat den Vorteil, daß ohne die
Verwendung von aufwendigen Testmonitoren mehrere Benutzer gleichzeitig wie normale Anwender verschiedene Transaktionen testen können. Grundsätzlich werden alle Programmfehler abgefangen, aber die
laufende Transaktion wird nicht sofort abgebrochen sondern nur angehalten und der Fehlerort mitgeteilt.
Alle Datenbereiche der Transaktion bleiben erhalten; mit speziellen Anzeigefunktionen können sie am Schirm dargestellt werden um
die Fehlerursache festzustellen.
Der Benutzer kann anschließend die Transaktion selber abbrechen und
erneut aufrufen. Kann ein Fehler nicht sofort lokalisiert werden,
besteht die Möglichkeit, die Verarbeitung eines DYNPRO's bei jedem
einzelnen Verarbeitungsschritt auf Feldebene zu unterbrechen und
die Datenbereiche anzuzeigen. Auf diese Weise ist die Entwicklung
der Daten innerhalb einer Transaktion kontrollierbar.

Diese Funktionen sind nicht prinzipiell neu, nur, daß sie innerhalb
der Anwendung, d. h. in einem Testsystem mit vernünftigen Datenbanken und Dateninhalten, von mehreren Benutzern gleichzeitig verwendet werden, macht sie effizient. Der Test mit nahezu realistischen Datenbeständen wird zentraler Bestandteil der Entwicklungsarbeit, und umso bedeutsamer je umfangreicher die Anwendung und die
Zahl der damit befassten Mitarbeiter wird. Nur in ganz selten Fällen wird ein echter Testmonitor (TSO, BS2000) benötigt, um besonders
komplizierte Fehler zu erkennen.

5. Schulung

Die Möglichkeit, über die Kommunikationsebene auch bereits abgespeicherte Daten an Stelle von Bildschirmeingaben zu verarbeiten, wird zu Schulungszwecken sehr erfolgreich genutzt. Komplette Transaktionsabläufe inclusive beschreibender Kommentare werden als sogenannte Schulungsmappen in einer speziellen Datenbank gespeichert. Die Datensätze haben ein Format, daß mit der entsprechenden Bildschirmmaske korreliert ist (Abb. 5). Bei der Verarbeitung solcher Schulungsmappen werden die Datenfelder automatisch in die entsprechenden DYNPRO's übernommen und als Quasi-Eingabewerte angezeigt. Diese Eingaben können überschrieben also verändert werden oder die Verarbeitung wird einfach mit Datenfreigabe fortgesetzt. Die nun zu bearbeitende Eingabe unterscheidet sich in keiner Weise von normalen Dialogeingaben, und die folgende Verarbeitung ist absolut identisch (Abb. 6). In den Schulungsmappen können auch Antworten auf Dialoge, z. B. Fehler in der Ersteingabe, abgespeichert werden. Auf diese Weise können realistische Abläufe von Transaktionen als "Konserve" zu Verfügung gestellt werden.
Bei der Schulung ruft man die gewünschte Mappe auf und wird nun automatisch durch die Transaktion geführt. Eine Wiederholung einer Transaktion durch die Eingabe eines Kommandos ist vorgesehen. Eine Schulungsmappe kann gleichzeitig von mehreren Terminals aus abgerufen werden. Die Ergebnisse der Transaktionen sind mit Anzeigetransaktionen, die man geschachtelt zum normalen Ablauf der Mappe aufruft, zu betrachten.
Mit Hilfe der Schulungsmappen erreichen wir ein auf den individuellen Benutzer zugeschnittenes Lerntempo, was bei der heterogenen Zusammensetzung normaler Betriebsabteilungen sehr hilfreich ist.
Verbindet man diese Schulungsmethode mit der im nachfolgenden Abschnitt erläuterten Dokumentationstechnik, kann man nahezu von einer Selbstschulungsmöglichkeit ausgehen.
Die Erstellung der Schulungsmappen erfolgt selbst wieder im Dialogbetrieb. Beim normalen Arbeitsablauf können alle Eingaben aufgezeichnet, d. h. als Datensatz in eine Datenbank gestellt werden, mit der zusätzlichen Möglichkeit, reine Texteingaben für die Erläuterung einzuschieben. Der Anwender kann sich also seine Schulungsunterlagen am Bildschirm mit dem Anwendungssystem selbst erstellen. Somit bleiben die Schulungsunterlagen auf dem jeweils neuesten Systemstand und die sonst übliche schnelle Alterung kann vermieden werden.
Werden für spezielle Programmabläufe umfangreiche Testdaten benötigt, so bietet sich die Erstellung dieser Testdaten mit Hilfe von Testmappen an, die analog zu den Schulungsmappen aufgebaut sind.
SAP stellt heute bei der Auslieferung eines Standardanwendungssystems eine Vielzahl solcher Schulungs- und Testmappen zur Verfügung. Die selben Mappen werden bei Vorführungen der Systeme eingesetzt.

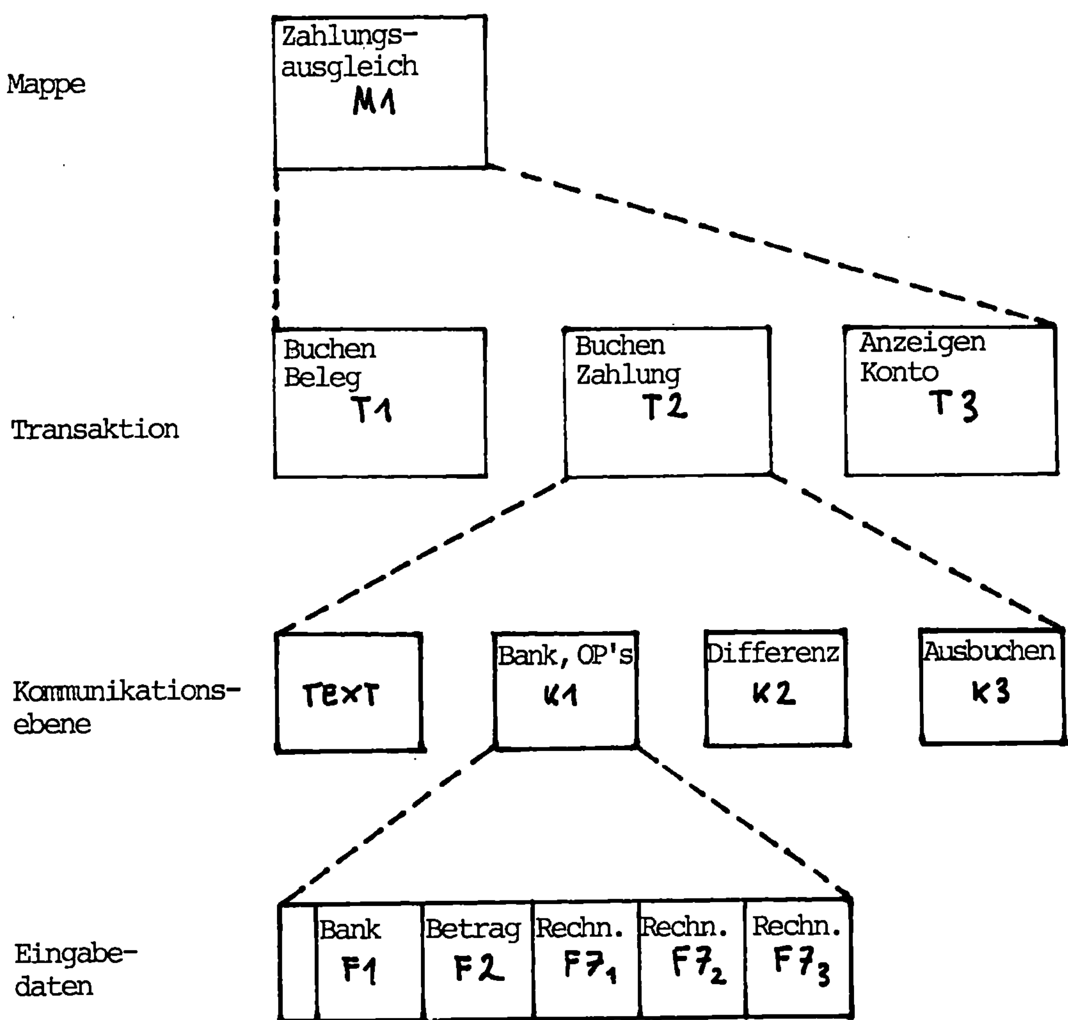

Abb. 5   Aufbau einer Mappe

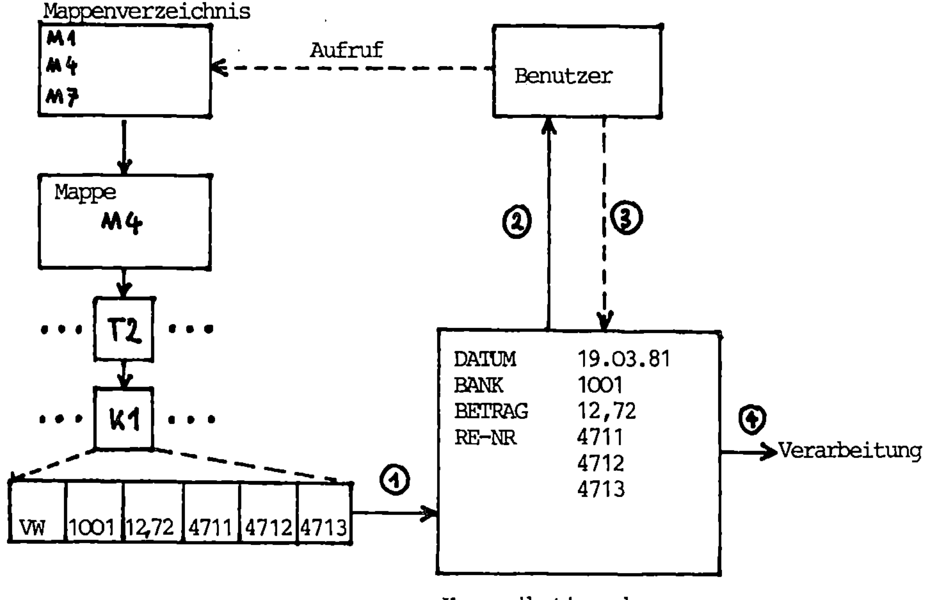

Abb. 6   Ablauf der Schulung mit Hilfe von Mappen (1 Datenübernahme,
2 Anzeige, 3 eventuelle Eingaben, 4 Verarbeitung)

6. Dokumentation

Durch die formalisierte Beschreibung der Kommunikationsebene ergeben sich einige interessante Aspekte, sowohl für die Anwender-als auch die Programmdokumentation. Der Ausgangspunkt ist das DYNPRO. Mit anwendungsneutralen Systemprogrammen, die Bestandteil des Anwendungssystems im Ganzen sind, werden die in den DYNPRO's enthaltenen Informationen aufbereitet und mit einer Dokumentationsdatenbank dynamisch, d. h. im laufenden Dialogbetrieb verknüpft.

6.1 Anwenderdokumentation

Die Anwenderdokumentation gliedert sich in folgenden Einheiten:

- allgemeine Bedienungshinweise
  . Transaktions- und Maskenaufbau
  . Fehlersuche
  . System-Wiederanlauf
  . etc.

- Arbeitsgebiete mit Transaktionsverzeichnissen (Menue)
- Transaktionsbeschreibung
- Maskenbeschreibung
- Feldbeschreibung
- Erläuterung von Dialognachrichten in Langtexten
- Erläuterung von Funktionscodes
- Erläuterung von Fehlercodes

Zu jedem Zeitpunkt hat das Anwendungssystem alle Informationen über den Stand der laufenden Transaktion eines Benutzers und die oben genannten Dokumentationselemente können mit einem Minimum an Eingabezeichen aufgerufen werden (Tafel 2).

Wesentlich ist dabei, daß der Dokumentationsaufruf an beliebiger Stelle innerhalb einer Transaktion erfolgen kann und die normale Verarbeitung nach Betrachtung der Information sofort wiederaufgenommen wird. Selbstverständlich können verschiedene Dokumentationsaufrufe aufeinanderfolgend eingegeben werden. Die laufende Dokumentationsanzeige wird dann abgebrochen und die neue angeboten. Auf diese Weise kann über Verzeichnisse, Auswahlinformation (Menue-Technik) auch eine hierarchisch gegliederte Information schnell überflogen werden.

Die Verknüpfung zur Dokumentationsdatenbank wird automatisch über Maskennummer, Transaktionscode, Feldname etc. hergestellt. Die einzelnen Dokumentationselemente können ihrerseits aus mehreren Elementen zusammengesetzt sein. Ein Feld wird nur einmal beschrieben; eine Besonderheit, die für mehrere Felder gemeinsam gilt, ebenfalls.

```
?A    Arbeitsgebiet
?T    Transaktion
?D    Bildschirmmaske
?F    Erläutern alle Felder der Maske
?F?   Erläutern alle Muß-Eingabe-Felder
?F*   Erläutern ein oder mehrere mit*  gekennzeichnete Felder
?FI   Erläutern alle Eingabe-Felder
?TC   Erläutern alle in der augenblicklichen Situation er-
      laubten Funktionscodes
?TF   Folgetransaktionen
?FO   Erläutern alle Ausgabe-Felder
?H    Helpfunktion (Einstieg)
?HS   Systemfunktion
?HH   Online-Testhilfen
?HE   Leitfaden zur Fehlersuche
?HD   Erläutern laufendes DYNPRO (technisch)
```

Tafel 2   <u>Dokumentationsaufrufe (Auswahl)</u>

Darüberhinaus können bestimmte Textteile eines Dokumentationselementes mit Bedingungen (Transaktion, DYNPRO, etc.) versehen werden (Abb.7). Die abgerufene Dokumentation wird aus den Dokumentationselementen unter der Berücksichtigung der erwähnten Bedingung zusammengefügt, sie kann mehrere Seiten umfassen.

Nur wenn der Zugriff auf die Dokumentation für den Benutzer bequem genug ist, wird er sie im praktischen Betrieb nützen. Durch die hierarchische Gliederung der Information kann man auf jeder Ebene direkt einsteigen, dies ist bedeutsam, denn die häufigsten Fragen beziehen sich entweder auf ein bestimmtes Feld oder auf die möglichen Funktionscodes zur Beeinflußung der Ablaufsteuerung. Die Benutzung dieser Anwenderdokumentation ist mit wenigen Worten erklärt und stellt keine zusätzliche Belastung dar. Auf konventionelle Bedienungshandbücher konnte nach Einführung dieses Systems völlig verzichtet werden.

Ein weiterer interessanter Aspekt ist auch die Pflege dieser Dokumentation. Die Dokumentationsdatensätze können am Schirm über das Anwendungssystem gepflegt oder die ganze Datenbank neu geladen werden. Die Verteilung von Dokumentations   läuft in diesem Fall den gleichen Weg wie Programmänderungen.

2 Programmdokumentation

Von einer auf DYNPRO-Ebene automatisch aus Dokumentationselementen aufgebauten Anwenderdokumentation ist es nur noch ein kleiner Schritt zu einer automatischen Programmdokumentation, die dynamisch, d. h. während der Ausführungsphase, erstellt wird.

Vor dem Beginn einer beliebigen Transaktion wird die Dokumentationsfunktion eingeschaltet. Die ein- und ausgegebenen Nachrichten werden in Maskenform aufgezeichnet. Der augenblickliche Stand, d. h. nach allen dynamischen, datenabhängigen Modifikationen des DYNPRO's wird interpretiert und im Klartext aufbereitet. Dabei finden die Dokumentationselemente der Transaktions-, DYNPRO- und Feldbeschreibungen Verwendung. Die Dokumentation einer Transaktion erstreckt sich in der Regel über mehrere DYNPRO's und kann relativ umfangreich werden, es ist daher überaus interessant diese Dokumentation nur noch auf Abruf, dann allerdings auf Basis der laufenden Programmversion und mit geeigneten Testdaten versehen, zu erstellen (Abb.8).

Für die individuellen Verarbeitungsmodule müssen noch manuell die Dokumentationselemente erstellt und in die Dokumentationsdatenbank aufgenommen werden. Eine maschinelle Dokumentation der Module ist denkbar, insbesondere da die wesentlichen Verarbeitungskomponenten wie Datenbankaufrufe und Dialogausgänge sich für eine Interpretation im Quellcode eignen.

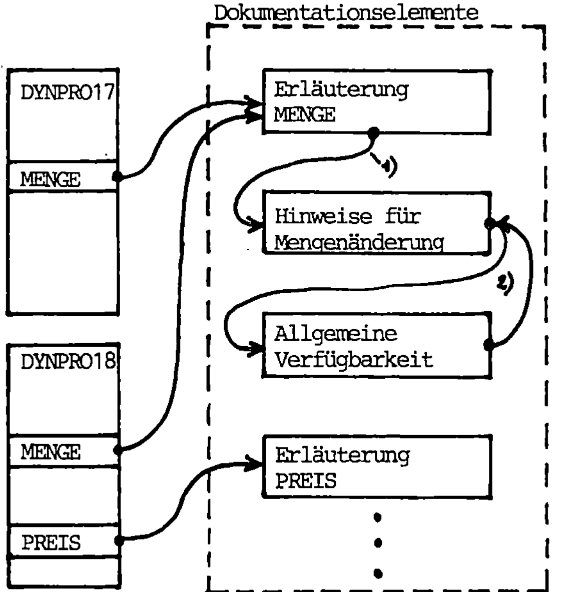

Abb. 7   Verknüpfung zwischen DYNPRO und Dokumentationselementen

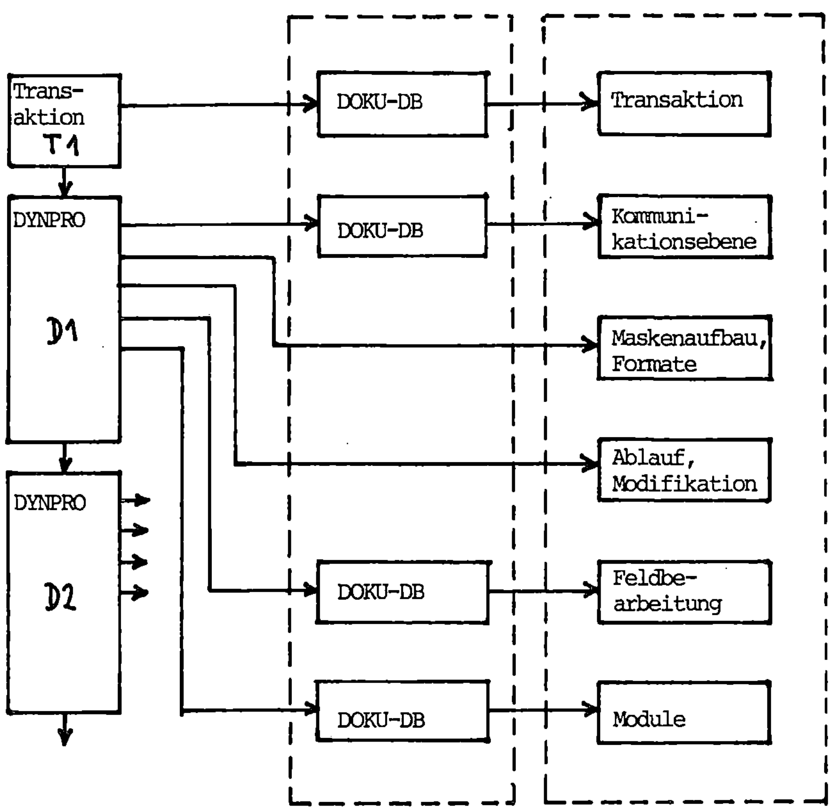

Abb. 8   Programmdokumentation einer Transaktion über DYNPRO's

7. Wartung

Die Wartung von Standard-Anwendungs-Paketen umfaßt neben den Mängel-
beseitigungen auch in der Regel die Übernahme von Programmverbes-
serungen. Durch die zwangsweise Segmentierung des Programmcodes in
kleine, feldbezogene Module ist der Einbau von Änderungen in eine
laufende Anwendung übersichtlicher und damit risikoärmer als in
konventionell aufgebauten Programmen. Mit Hilfe von Testmappen
können die wesentlichen Transaktionen einer geänderten Anwendung
aufgerufen und auf ihre Funktionsfähigkeit überprüft werden.
Dabei eventuell auftretende Fehler werden mit den bereits erwähnten
Testhilfen eingekreist. Hierbei ist es wiederum von Bedeutung, daß
mehrere Benutzer gleichzeitig mit realistischen Datenbanken in einem gemeinsamen System testen können, ohne spezielle Betriebssystem-
hilfen in Anspruch zu nehmen. Sollten Fehler erst nach Inbetrieb-
nahme der Änderungen auftreten, müssen sie in der Regel im laufenden Betrieb untersucht werden, d. h. nun sind wir wirklich auf die
im Anwendungssystem enthaltenen Testhilfen angewiesen. Wie schon
bei der Programmentwicklung geschildert, hat der Normungseffekt in
der Programmierung auch Auswirkungen in der Wartung. Ein Teil der
Weiterentwicklungen oder Verbesserungen werden beim Anwender oder
sogar vom Anwender durchgeführt. Sind die Änderungen zwangsweise
in normierter Form durchgeführt worden, so lassen sie sich natürlich viel leichter in zukünftige Standard-Systeme integrieren oder
direkt zwischen den Anwendern austauschen.

8. Schlußbetrachtung

Diese Ausführungen stellen eine Anregung dar, die traditionelle
Programmierung von Online-Anwendungen, auch in komfortablen DC-
Systemen, zu überdenken. Die Erfahrung von SAP zeigt, daß der grundsätzliche Ansatz, die Ablaufsteuerung zu normieren und getrennt von
den eigentlichen Programmroutinen maskenbezogen zu speichern, erfolgreich ist.

Anschriften der Autoren:

K. Angermann
Dr. M. Sedello
Nixdorf Computer AG
Entwicklung Systemsoftware
Abt. Softwaretechnologie
Pontanusstr. 55

4790 Paderborn

A. Büchler
Siemens AG
DV ST DB 1
Postfach 83 29 40

8000 München 83

J. Christ
Dr. H. Balzert
Griumph Adler AG
Postfach 49 29

8500 Nürnberg 1

M. Dausmann
G. Persch
S. Drossopoulou
G. Winterstein
Universität Karlsruhe
Institut für Informatik II
Postfach 63 80

7500 Karlsruhe 1

K. Eckert
L. Ludewig
Kernforschung Karlsruhe
Postfach 36 40

7500 Karlsruhe 1

Dr. G. Fischer
softlab GmbH
Arabellastr. 3

8000 München 81

R. M. Gerkens
ACTIS GmbH
Postfach 80 01 44

7000 Stuttgart 80

H. L. Hausen
M. Müllerburg
Gesellschaft für Mathematik
und Datenverarbeitung mbH
Institut für Software-
Technologie
Postfach 12 40

5205 St. Augustin 1

Dr. W. Hesse
softlab GmbH
Arabellastr. 3

8000 München 81

A. Laut
Institut für Informatik
der TU München
Postfach 20 24 20

8000 München 2

H. Plattner
SAP GmbH
Max-Planck-Str. 8
Postfach 13 48

6909 Walldorf

Dr. P. Schnupp
InterFace
Karolinenstr. 4

8000 München 22

Dr.-Ing. Th. Spitta
MIREKON
Marburger Str. 3

1000 Berlin 30

K. Truöl
Gesellschaft für Mathematik
und Datenverarbeitung mbH
Rheinstr. 75

6100 Darmstadt

Lecture Notes in Computer Science

Vol. 40: Optimization Techniques. Modeling and Optimization in the Service of Man. Part 1. Proceedings, 7th IFIP Conference, Nice, September 1975. Edited by J. Cea. XIV, 854 pages. 1976.

Vol. 41: Optimization Techniques. Modeling and Optimization in the Service of Man. Part 2. Proceedings, 7th IFIP Conference, Nice, September 1975. Edited by J. Cea. XIV, 852 pages. 1976.

Vol. 42: J. E. Donahue: Complementary Definitions of Programming Language Semantics. VIII, 172 pages. 1976.

Vol. 43: E. Specker, V. Strassen: Komplexität von Entscheidungsproblemen. Ein Seminar. VI, 217 Seiten. 1976.

Vol. 44: ECI Conference 1976. Proceedings of the 1st Conference of the European Cooperation in Informatics, Amsterdam, August 1976. Edited by K. Samelson. VIII, 322 pages. 1976.

Vol. 45: Mathematical Foundations of Computer Science 1976. Proceedings, 5th Symposium, Gdańsk, September 1976. Edited by A. Mazurkiewicz. XII, 606 pages. 1976.

Vol. 46: Language Hierarchies and Interfaces. International Summer School. Edited by F. L. Bauer and K. Samelson. X, 428 pages. 1976.

Vol. 47: Methods of Algorithmic Language Implementation. Edited by A. Ershov and C. H. A. Koster. VIII, 351 pages. 1977.

Vol. 48: Theoretical Computer Science, Darmstadt, March 1977. Edited by H. Tzschach, H. Waldschmidt and H.-G. Walter on behalf of GI. VII, 418 pages. 1977.

Vol. 49: Interactive Systems. Proceedings 1976. Edited by A. Blaser and C. Hackl. VI, 380 pages. 1976.

Vol. 50: A. C. Hartmann, A Concurrent Pascal Compiler for Minicomputers. VI, 119 pages. 1977.

Vol. 51: B. S. Garbow, Matrix Eigensystem Routines – Eispack Guide Extension. VIII, 343 pages. 1977.

Vol. 52: Automata, Languages and Programming. Fourth Colloquium, University of Turku, July 1977. Edited by A. Salomaa and M. Steinby. X, 569 pages. 1977.

Vol. 53: Mathematical Foundations of Computer Science. Proceedings 1977. Edited by J. Gruska. XII, 608 pages. 1977.

Vol. 54: Design and Implementation of Programming Languages. Proceedings 1976. Edited by J. H. Williams and D. A. Fisher. X, 496 pages. 1977.

Vol. 55: A. Gerbier, Mes premières constructions de programmes. XII, 256 pages. 1977.

Vol. 56: Fundamentals of Computation Theory. Proceedings 1977. Edited by M. Karpiński. XII, 542 pages. 1977.

Vol. 57: Portability of Numerical Software. Proceedings 1976. Edited by W. Cowell. VIII, 539 pages. 1977.

Vol. 58: M. J. O'Donnel, Computing in Systems Described by Equations. XIV, 111 pages. 1977.

Vol. 59: E. Hill, Jr., A Comparative Study of Very Large Data Bases. X, 140 pages. 1978.

Vol. 60: Operating Systems, An Advanced Course. Edited by R. Bayer, R. M. Graham, and G. Seegmüller. X, 593 pages. 1978.

Vol. 61: The Vienna Development Method: The Meta-Language. Edited by D. Bjørner and C. B. Jones. XVIII, 382 pages. 1978.

Vol. 62: Automata, Languages and Programming. Proceedings 1978. Edited by G. Ausiello and C. Böhm. VIII, 508 pages. 1978.

Vol. 63: Natural Language Communication with Computers. Edited by Leonard Bolc. VI, 292 pages. 1978.

Vol. 64: Mathematical Foundations of Computer Science. Proceedings 1978. Edited by J. Winkowski. X, 551 pages. 1978.

Vol. 65: Information Systems Methodology. Proceedings 1978. Edited by G. Bracchi and P. C. Lockemann. XII, 696 pages. 1978.

Vol. 66: N. D. Jones and S. S. Muchnick, TEMPO: A Unified Treatment of Binding Time and Parameter Passing Concepts in Programming Languages. IX, 118 pages. 1978.

Vol. 67: Theoretical Computer Science, 4th GI Conference, Aachen. March 1979. Edited by K. Weihrauch. VII, 324 pages. 1979.

Vol. 68: D. Harel. First-Order Dynamic Logic. X, 133 pages. 1979.

Vol. 69: Program Construction. International Summer School. Edited by F. L. Bauer and M. Broy. VII, 651 pages. 1979.

Vol. 70: Semantics of Concurrent Computation. Proceedings 1979. Edited by G. Kahn. VI, 368 pages. 1979.

Vol. 71: Automata. Languages and Programming. Proceedings 1979. Edited by H. A. Maurer. IX, 684 pages. 1979.

Vol. 72: Symbolic and Algebraic Computation. Proceedings 1979. Edited by E. W. Ng. XV, 557 pages. 1979.

Vol. 73: Graph-Grammars and Their Application to Computer Science and Biology. Proceedings 1978. Edited by V. Claus, H. Ehring and G. Rozenberg. VII, 477 pages. 1979.

Vol. 74: Mathematical Foundations of Computer Science. Proceedings 1979. Edited by J. Bečvář. IX, 580 pages. 1979.

Vol. 75: Mathematical Studies of Information Processing. Proceedings 1978. Edited by E. K. Blum, M. Paul and S. Takasu. VIII, 629 pages. 1979.

Vol. 76: Codes for Boundary-Value Problems in Ordinary Differential Equations. Proceedings 1978. Edited by B. Childs et al. VIII, 388 pages. 1979.

Vol. 77: G. V. Bochmann, Architecture of Distributed Computer Systems. VIII, 238 pages. 1979.

Vol. 78: M. Gordon, R. Milner and C. Wadsworth, Edingburgh LCF. VIII, 159 pages. 1979.

Vol. 79: Language Design and Programming Methodology. Proceedings, 1979. Edited by J. Tobias. IX, 255 pages. 1980.

Vol. 80: Pictorial Information Systems. Edited by S. K. Chang and K. S. Fu. IX, 445 pages. 1980.

Vol. 81: Data Base Techniques for Pictorial Applications. Proceedings, 1979. Edited by A. Blaser. XI, 599 pages. 1980.

Vol. 82: J. G. Sanderson, A Relational Theory of Computing. VI, 147 pages. 1980.

Vol. 83: International Symposium Programming. Proceedings, 1980. Edited by B. Robinet. VII, 341 pages. 1980.

Vol. 84: Net Theory and Applications. Proceedings, 1979. Edited by W. Brauer. XIII, 537 Seiten. 1980.

Vol. 85: Automata, Languages and Programming. Proceedings, 1980. Edited by J. de Bakker and J. van Leeuwen. VIII, 671 pages. 1980.

Vol. 86: Abstract Software Specifications. Proceedings, 1979. Edited by D. Bjørner. XIII, 567 pages. 1980.

Vol. 87: 5th Conference on Automated Deduction. Proceedings, 1980. Edited by W. Bibel and R. Kowalski. VII, 385 pages. 1980.

Vol. 88: Mathematical Foundations of Computer Science 1980. Proceedings, 1980. Edited by P. Dembiński. VIII, 723 pages. 1980.

Vol. 89: Computer Aided Design – Modelling, Systems Engineering, CAD-Systems. Proceedings, 1980. Edited by J. Encarnacao. XIV, 461 pages. 1980.

Vol. 90: D. M. Sandford, Using Sophisticated Models in Resolution Theorem Proving. XI, 239 pages. 1980.

Vol. 91: D. Wood, Grammar and L Forms: An Introduction. IX, 314 pages. 1980.

Vol. 92: R. Milner, A Calculus of Communication Systems. VI, 171 pages. 1980.

Vol. 93: A. Nijholt, Contett-Free Grammars: Covers, Normal Forms, and Parsing. VII, 253 pages. 1980.

Vol. 94: Semantics-Directed Compiler Generation. Proceedings, 1980. Edited by N. D. Jones. V, 489 pages. 1980.